Mit mir selbst in Harmonie

Meditationsbücher für Frauen

Diane Mariechild

Mit mir selbst in Harmonie

Weibliche Spiritualität
für jeden Tag

Aus dem Englischen von
Nicole Hölsken

SCHERZ

Für meine spirituellen Lehrerinnen –
Ruth Denison,
Anandi Ma
und Dhyani Ywahoo

Erste Auflage 1998

Published by arrangement with HarperSanFrancisco,
a division of HarperCollins Publishers, Inc.

Umschlaggestaltung: Gerhard Noltkämper
Umschlagbild: Unter Verwendung einer Zeichnung
von Flavia Travalini

Schon in sehr jungen Jahren hatte ich mystische Träume und Visionen, und jahrelang trug ich mich mit dem Gedanken, ein abgeschiedenes, religiöses Leben zu führen. Statt dessen beschloß ich, eine Familie zu gründen und mehrere Wochen oder Monate im Jahr mit intensiven spirituellen Übungen zu verbringen.

Etliche sehr bewegende spirituelle Lehren von Frauen haben mein Leben bislang bereichert. Durch mein Buch «Mit mir selbst in Harmonie» möchte ich diese Lehren mit Ihnen teilen. Jahrelang habe ich mir immer wieder Vorträge über Spiritualität angehört, und wenn die Lehrer und Lehrerinnen Gedichte oder sonstige Beiträge vorlasen, stammten diese Zitate überwiegend von Männern. Es gibt sehr wohl brillante, inspirierende und kreative Lehren von Frauen und ich hoffe, daß diese Sammlung dabei hilft, sie zu erschließen.

Dieses Buch beruft sich auf die lange Tradition weiblicher Weisheit. Die Zitate stammen von Frauen, die unterschiedlichen spirituellen Richtungen angehören. Unter ihnen sind Künstlerinnen, Schriftstellerinnen und spirituelle Lehrerinnen, sowohl aus vergangenen Tagen als auch aus heutiger Zeit.

Meine erste spirituelle Lehrerin war meine Mutter. Jede Nacht vor dem Einschlafen streichelte sie mir den Rücken und sang mir vor. Auf diese Weise lehrte sie mich, daß wir nie allein sind, daß uns sowohl aus dem Bereich der Spiritualität als auch durch unsere irdische Familie Geleit und Liebe zuteil werden. Dankbarkeit, Ehrlichkeit, Respekt und Fürsorge waren nicht nur das geistige Ziel meiner Familie, sondern wurden wirklich praktiziert. Anfang

Zwanzig verließ ich die Religionsgemeinschaft, in der ich aufgewachsen war, und folgte meiner eigenen inneren Stimme – ich hörte auf meine Träume, meine Intuition, das Geräusch des Windes und der Wellen und den Geist der Natur.

Als ich Anfang der siebziger Jahre nach Cambridge, Massachusetts, zog, begann ich, Workshops für Frauen über weibliche Heilpraktiken und übersinnliche Fähigkeiten zu halten. Die Schriftstellerin Sue Silvermarie besuchte einen dieser Workshops und lud mich zu einem Vollmondritual mit ihr und einigen anderen Frauen ein. Unsere Gruppe, die bald so groß war, daß wir uns aufteilen mußten, blieb viele Jahre bestehen. Als meine beiden Söhne ungefähr acht und zehn Jahre alt waren, lud mich eine Freundin zu einer viertägigen buddhistischen stillen Vipassana-Meditation für Frauen ein. Ich war froh, endlich die Technik des bewußten Atmens erlernen zu dürfen. Obwohl die stille Meditation etwas Neues für mich war, fehlten mir das Reden und die üblichen hektischen Aktivitäten des täglichen Lebens überhaupt nicht. Ich war zufrieden damit, diese Tage schweigend zu verbringen, zu meditieren oder spazierenzugehen.

Im darauffolgenden Jahr traf ich Dhyani Ywahoo von der Green Mountain Band der Cherokee-Indianer, die Gründerin und spirituelle Leiterin der Sunray Meditation Society. Ich studierte zehn Jahre bei Dhyani und begann während jener Zeit, in der Peacekeeper-Mission zu unterrichten, einem Aus- und Weiterbildungsprogramm, das auf den Ywahoo-Abstammungslehren basiert. Sunray ist auch ein tibetisch-buddhistisches Dharma-Zentrum. Während dieser Zeit, in der ich sowohl tibetischen Buddhismus als auch die spirituellen Traditionen der nordamerikanischen Indianer studierte und praktizierte, nahm ich immer wieder an stillen Vipassana-Meditationen teil.

«Mit mir selbst in Harmonie» soll Ihr spirituelles Leben inspirieren und Sie auf Ihrem Weg begleiten. Was versteht man unter dem Begriff «spirituelles Leben»? Ein Mensch, der ein wahrhaft spirituelles Leben führt, ist gütig zu sich selbst und zu allen Lebewesen. Er folgt einer tiefen Wahrheit und lebt weder nach fremden Dogmen, noch fügt er Menschen Schaden zu, die andere Anschauungen haben.

In uns allen steckt die Veranlagung, sowohl gütig als auch grausam zu sein. Durch spirituelles Training und Achtsamkeitsübungen können wir einerseits mehr Güte erlangen und andererseits das Dunkle in uns immer mehr erhellen. Indem wir meditieren, stärken und erweitern wir unseren Geist. Analytisches Denken, Logik und Vernunft sind uns dabei keine große Hilfe. Wir neigen dazu, Gedanken und Gefühle mit unserem Geist gleichzusetzen und zu glauben, daß sie unseren ganzen Geist ausmachen, während sie in Wahrheit nur seine Oberfläche darstellen. Unser Geist ist von Natur aus so klar, weit und allumfassend wie ein strahlend blauer Himmel. Unsere Gedanken und Gefühle sind wie Wolken, die über ihn hinwegziehen. Wir können üben, unsere Gedanken zu beobachten, ohne sie zu bewerten. Habgier, Zorn und falsche Überzeugungen sind nicht unauslöschlich in unseren Geist eingeprägt. Sie sind nichts anderes als einschränkende Energien, die durch unseren Geist kreisen. Sie kommen und gehen so schnell, daß wir gar nicht imstande sind wahrzunehmen, wo sie anfangen und wo sie aufhören. Deshalb erscheinen sie uns von Anfang an beständig und konstant. Wir dürfen uns aber von unseren Gedanken und Gefühlen nicht beherrschen und unsere Handlungsweise nicht von ihnen bestimmen lassen. Wir können uns zwar nicht dazu zwingen, unsere negativen Gedanken und Gefühle völlig zu unterdrücken, aber wir können aufhören, ihnen hinterherzulaufen.

Sich täglich Zeit zu nehmen für innere Einkehr und Meditation ist ein notwendiger Bestandteil des spirituellen Lebens. In den einzelnen Textbeiträgen dieses Buches finden Sie Übungen zur Steigerung der Konzentration und der Achtsamkeit. Auf letztere bin ich stärker eingegangen, denn welcher religiösen oder spirituellen Gemeinschaft Sie auch angehören, Achtsamkeit wird Ihnen Hilfestellung und Unterstützung sein. Sie verlangt nicht, daß wir bestimmte religiöse oder metaphysische Anschauungen teilen. Achtsamkeit und eine feministische Haltung bilden die Grundlage für das Leben der Frau außerhalb unserer patriarchalischen Gesellschaftsordnung. Achtsamkeit wie Feminismus bedeuten: Sei aufmerksam, erforsche und prüfe selbst.

Ich wünsche Ihnen den Mut, in schwierigen wie auch in einfachen Zeiten zu meditieren. Mögen Sie sich den spirituellen Übungen mit Wärme, Humor und leichten Herzens hingeben. Mögen alle Ihre Handlungen von Ihrer Achtsamkeit zeugen und dieser Erde Frieden bringen.

Januar

Eine Frau kann nicht allein durch ihren eigenen Atem überleben. Sie muß die Stimmen der Berge hören. Sie muß das ewige Blau erkennen. Sie muß mit den flüchtigen Körpern der Nachtwindfrau fließen, die sie in sich aufnehmen wird. Schau mich an. Ich bin keine einzelne Frau. Ich bin ein Teil des blauen Himmels. Ich bin die Kehle der Sandia-Berge, eine Nachtwindfrau, die mit jedem Atemzug brennt.

Joy Harjo

Joy Harjo regt uns an, aufzuwachen und die universelle Wahrheit zu erkennen, die Wahrheit, daß alles Leben miteinander verbunden ist. Jede von uns ist Teil allen Lebens: ein Teil der Berge, des Himmels, der Elemente und aller anderen lebenden Wesen. Das ist die Weisheit des Windes. Sie klammert sich an nichts, tief durchdringt sie alles Leben und hat keine Grenzen. Unser Geist kann sich öffnen wie der Wind. Unser Geist ist imstande, eine Wahrheit zu erfassen, die über die einzelne Person hinausgeht. Die Zitate und Kommentare in diesem Buch sollen Sie dazu einladen, sich auf diese Weise zu öffnen. Jeden Tag leise zu meditieren schult unseren Geist. Sobald sich der Geist öffnet, empfinden wir Freude.

Ich will mich öffnen. Ich will die tiefe Wahrheit in mich aufnehmen, daß alles Leben verbunden ist und die Weisheit keine Grenzen kennt.

Ein behütetes Leben kann auch ein wagemutiges Leben sein. Denn echter Wagemut entsteht in unserem Inneren.

Eudora Welty

Als behütete Erstgeborene war ich begeistert, als ich diesen Kommentar in Eudora Weltys Autobiographie las. Lange Zeit hatte ich Mut und Kühnheit mit Heldentaten und absoluter Selbständigkeit verbunden. Jemand, der allein einen hohen Berg erklomm, kam mir wagemutig vor. Als ich älter wurde, erkannte ich, daß die spirituelle Suche, der «echte Wagemut», in unserem Inneren beginnt. Es erfordert ungeheuren Mut, die hektische Aktivität des täglichen Lebens aufzugeben, nach innen zu blicken und bereit zu sein, was immer wir in uns finden, zu akzeptieren und zu verbessern.

Ich finde den Mut für den Weg der Spiritualität in mir selbst. Dieser Mut ist oft nicht nach außen hin sichtbar, obwohl er viel stärker ist als der Mut, den ich für physische Taten aufbringen muß.

Man sagt, sie sei verschleiert und geheimnisvoll. Das ist die eine Betrachtungsweise. Die andere ist, daß sie dort ist, wo sie immer war, genau an der richtigen Stelle, und wir sind es, die ein Rätsel sehen, die verschleiert sind und ohne Gesicht.

Judy Grahn

Das Universum erscheint uns geheimnisvoll, weil wir das Wunder der Schöpfung nicht erkennen können. Die Schöpfung ist voller Schönheit. Aber wir sind blind, sind nicht in der Lage, sie zu erkennen und zu enträtseln. Wir müssen großzügig, voller Begeisterung und Tatkraft, geduldig, gütig und mitfühlend sein, wir müssen uns besinnen und meditieren, um wirklich voranzuschreiten. Nur wenn wir uns der Schleier der Angst, des Zorns, des Schmerzes und des Zweifels entledigen, wird uns die Göttin ihr Gesicht zeigen und wir werden ihr Geheimnis erfahren.

Ich befreie mich von Angst, Zweifel, Schmerz und Zorn, um das Geheimnis der Schöpfung klar und deutlich erkennen zu können.

Wenn wir sagen, daß das Leben eine Kunst ist und man es nur verstehen kann, wenn man es als einen künstlerischen Prozeß betrachtet, dann meinen wir, daß – wie im Theater oder in der Alchemie – etwas über seine äußere Form fest verschmolzen ist. Und um die äußere Form genau zu verstehen, muß man zweimal hinsehen.

M. C. Richards

Besonders in einer Gesellschaft, die Wert auf schöne Verpackungen legt, läßt man sich leicht durch die äußere Form der Dinge täuschen. Wenn wir aber erforschen, was sich unter der Oberfläche befindet, stellen wir fest, daß sich hinter dieser Form mehr verbirgt, als die äußere Erscheinung vermuten läßt. Das kann bedrohlich sein. Man hat uns beigebracht, einen kühlen Kopf zu bewahren und auf Nummer Sicher zu gehen. Wir haben Angst vor Gefühlen. Unser Leben ist voller Hast, wir sind ständig auf der Suche, ohne wirklich zu leben. Wir meinen, keine Zeit zu haben. Gründlich hinzusehen bedeutet nicht, Zeit zu verschwenden, sondern sich für das Leben zu interessieren. Für jene, die dieses Interesse haben, wird das Leben zur Kunst. Etwas gründlich zu betrachten verändert uns. Jedesmal, wenn wir wirklich hinsehen, sehen wir mit neuen Augen. Was ist das? Was will es mir sagen? Was kann ich hier und jetzt entdecken? Wir sind offen. Wir sind auf der Suche. Wir leben die Frage: Was ist das?

Ich will hinschauen und das Leben neu entdecken. Ich will mich nicht von äußerem Schein blenden lassen, sondern das Wesen der Dinge erkunden, das in ihrem Inneren verborgen ist.

Sterne, gebt ihr Kraft; Sonne, lenk ihren Blick; Mond, weis ihr den Weg; drehende Erde, halte sie fest. Wir beten für sie. Wir singen für sie. Wir schlagen die Trommel für sie. Wir beten.
Chrystos

Beim Beten öffnen wir unser Herz und sind im Einklang mit der Schönheit des Universums. Wir beten, um die spirituelle Kraft in uns zu spüren, um Wärme und Licht zu verbreiten. Wir öffnen uns sowohl der Kraft, klar zu sehen, als auch der Kraft, innezuhalten und gelassen und gütig zu handeln. Wir sind Teil dieser Erde und die Erde ist ein Teil von uns. Deshalb müssen wir achtgeben auf sie und auf alles Leben, das sie hervorbringt. Wir sind alle miteinander verbunden. Wir danken der Erde für unser Leben und für das große Geschenk, wachsen und teilen zu dürfen.

Nehmen Sie sich Zeit, dieses Gebet langsam und mehrere Male zu wiederholen, und lassen Sie sich dabei von seiner Energie durchströmen. Diese Energie ist überwältigend und bringt sehr viel Verantwortung mit sich. Wir werden durch sie gesegnet, und indem wir sie teilen, empfangen wir wiederum Segen.

Im Gebet danke ich für alles Leben und dafür, ein Teil des Ganzen zu sein. Ich übernehme die Verantwortung für mich selbst und diese Erde und will beides beschützen und erhalten.

Einzig die Schönheit des Gewöhnlichen, das Irdische und die Freiheit, das Spirituelle und Gewöhnliche zu trennen, machen das Wesen des spirituellen Weges aus.

Dr. Thynn Thynn

Unser spirituelles Leben hängt nicht davon ab, wie viele Meditationsseminare wir besuchen, ob wir imstande sind, heilige Schriften zu zitieren, oder davon, wieviele Riten und Rituale wir ausführen. Jemand, der ein spirituelles Leben führt, steht allem in seinem Leben offen gegenüber. Unsere von Männern dominierte Gesellschaft glaubt irrtümlicherweise, daß die starke Verbindung der Frauen mit der physischen Welt uns vom spirituellen Leben ablenkt; daß Frauen weniger dazu imstande oder sogar unfähig sind, wirklich tiefe spirituelle Erkenntnisse zu gewinnen. Die traditionellen Aufgaben der Frauen aber – Kinder gebären und betreuen, Kranke und Sterbende pflegen, pflanzen, ernten und die Menschen ernähren – sind notwendige und lebensbejahende Tätigkeiten. Wenn wir sie achtsam ausführen – mit Sorgfalt, Freude und Liebe –, dann führen wir ein spirituelles Leben.

Ich will meinem Leben offen gegenüberstehen und allen meinen Aufgaben mit Freude und Hingabe nachkommen. Denn ich erkenne, daß die Spiritualität im Alltag beginnt.

Wer immer du bist, was immer du bist – beginne damit; ob als Salz dieser Erde, ob als weißer Zucker bloß.

Alice Walker

Die einzige Person, die wir ändern können, sind wir selbst. Und der einzige Ort, an dem wir damit beginnen können, ist der, an dem wir uns gerade jetzt befinden. Wir müssen daran glauben, daß wir vollkommen und ganz sind, daß wir uns öffnen und die Weisheit in uns entdecken können. Wenn wir wahrhaft leben, lieben wir. Und wie unvollkommen wir auch scheinen mögen, diese Liebe ist uns gegeben.

Die folgende Übung soll Ihnen helfen, sich selbst mehr zu lieben. Begrüßen Sie sich jeden Morgen, wenn Sie in den Spiegel schauen, wie eine Freundin, die Sie schon lange nicht mehr gesehen haben – mit all der Wärme und Zuneigung, die Sie aufbringen können. Segnen Sie sich. Wünschen Sie sich einen wunderbaren Tag voller Freude. Machen Sie sich bewußt, daß Sie geliebt werden und selbst liebevoll und liebenswert sind. Sagen Sie zu sich selbst all die Dinge, die Sie über Ihre innere Kraft, Stärke und Schönheit hören möchten, und werden Sie eins mit dem Gehörten. Glauben Sie daran. Leben Sie danach.

Ich will mich lieben und segnen und erkennen, daß ich die Macht habe, mich zu verändern. Alles, was zur Vollkommenheit führt, liegt in mir selbst.

Der erste Schritt zur Heilung unseres Planeten besteht darin, auf die Schönheit in uns selbst zuzugehen – und die Schönheit in unserem Herzen zu erkennen, uns jene Gedanken zu vergeben und jene unserer Denkweisen zu korrigieren, die das wahre Feuer der Weisheit in unserem Geist verdunkeln.

Dhyani Ywahoo

In unserer hektischen Welt, in der sich Gefühle wie Kummer und Angst immer mehr ausbreiten, können wir leicht alle Hoffnung verlieren und unfähig werden, etwas zu tun. Wir haben aber die Kraft, uns selbst zu ändern. Ein erster Schritt besteht darin, unsere eigene Kraft zu erkennen und anzunehmen. Verzeihen wir uns all die Gedanken, daß wir nicht gut genug, nicht klug oder reich genug sind, und lassen wir sie los. Jedesmal, wenn wir einen Gedanken, der uns einschränkt, loslassen, schaffen wir Raum für einen Gedanken, der uns stärkt. Denken Sie: Ich bin wertvoll und kann daher Wertvolles tun.

Auch wenn wir unsere Selbsteinschätzung selbst nicht für wichtig halten, wirkt sie sich auf unsere Umgebung aus. Unsere Selbstachtung beeinflußt die Energie, die wir verspüren, unsere Gefühle und Gedanken, unsere Leistungsfähigkeit und die Wirkung, die wir auf andere Menschen haben.

Ich will mir meine Fehler und meine unnützen Gedanken vergeben und daran denken, daß ich kostbar und wertvoll bin. Indem ich mich selbst schätze, empfange ich Energie, die ich wiederum anderen zukommen lassen kann.

Die ganze Natur ist der Menschheit überantwortet. Wir müssen mit ihr arbeiten. Ohne sie können wir nicht überleben.
Hildegard von Bingen

Wir müssen mit der Natur zusammenarbeiten. Viele Tierarten sind entweder bedroht oder ausgestorben. Mehr als die Hälfte der Bäume auf unserem Planeten sind gefällt. Es gibt enorme Probleme mit der Wasserversorgung und der Luftverschmutzung. Wir müssen jetzt damit beginnen, unsere Umwelt zu schützen, statt sie zu zerstören. Um Veränderungen zu bewirken, müssen Gesetze erlassen werden, aber nur ein Sinneswandel kann unser Verhalten wirklich beeinflussen. Die Erde, das Leben und die Natur sind wertvolle Geschenke. Wir müssen dankbar dafür sein und uns unseres Planeten annehmen.

Viele Menschen behaupten, daß die Erde stirbt, und hoffen, daß derart drastische Aussagen wachrütteln. Was der Wahrheit näher kommt, ist, daß wir selbst sterben werden. Wenn wir unsere Habgier nicht zügeln, wenn wir keine saubere Luft zum Atmen und kein Süßwasser zum Trinken mehr haben, können wir nicht überleben. Die Erde wird weiterbestehen, aber die Menschen werden aussterben.

Ich nehme die Natur als Geschenk an, das ich mit Liebe und Fürsorge behandeln will. Denn ich bin ein Teil der Natur: Wenn ich sie nicht am Leben erhalte, schade ich mir selbst.

Tod, ich nenne dich Freund. Dir schreiben will ich, bevor du kommst, zu sprechen von der Form, die unter meiner Haut du machst, zu sehen, wie die Form sich ändert, da du dich näherst. Freund, ich weiß, du kommst.

Sue Silvermarie

Es ist durchaus nicht morbide, sich mit dem Tod auseinanderzusetzen und ihn zu akzeptieren. Wenn wir uns der eigenen Sterblichkeit bewußt sind, wird unser tägliches Leben lebendiger und wertvoller. Indem wir den Gedanken an den Tod in unserem Geist und unserem Herzen tragen, vereinfachen wir unser Leben und handeln bewußter. Fragen Sie sich gelegentlich, bevor Sie etwas tun: Wenn das meine letzte Tat auf Erden wäre, würde ich sie ausführen? Und welche Absicht würde ich damit verfolgen? Mit den meisten unserer Handlungen wollen wir gewisse Dinge erlangen und sind enttäuscht, wenn wir nicht bekommen, was wir wollen, oder etwas anderes als das, was wir angestrebt haben.

Ich will mir meiner Sterblichkeit bewußt sein und alles, was ich tue, so tun, als ob es meine letzte Tat wäre.

Alle Dinge müssen die Seele von ihren Wurzeln aus erreichen, von dort aus, wo sie ihren Ursprung haben. Der Baum, der am Fluß steht, ist gesünder und trägt mehr Früchte.
Teresa von Avila

Viele von uns sind Kopf- und Vernunftmenschen, die kaum mehr auf Körper und Seele hören. Um unsere Seele zum Vorschein zu bringen, müssen wir eins mit unserem Körper sein, eins mit der Erde und fähig, aus der universellen Quelle des Lebens zu schöpfen. Wenn wir das nicht tun, verkrampfen wir uns und werden gefühllos. Wir müssen uns bewußt sein, daß die Verbindung zur Quelle des Lebens ständig vorhanden ist. Wenn wir uns ihrer Energie öffnen, spüren wir die Umarmung der Göttin. Es erscheint uns natürlich, zu geben, zu teilen und Mitgefühl zu empfinden.

Konzentrieren Sie sich auf Ihren Atem und richten Sie Ihre Aufmerksamkeit nach innen. Stellen Sie sich vor, ein mächtiger alter Baum zu sein. Fühlen Sie Ihre langen Wurzeln, die tief in die Erde reichen. Strecken Sie Ihre Zweige, wiegen und biegen Sie sich im Wind, aber brechen Sie nicht. Hören Sie dem raschelnden Geräusch der Blätter zu, die der Wind bewegt. Fühlen Sie die Wärme der Sonne und die Wohltat des Regens. Trinken Sie reichlich mit Ihren Wurzeln. Seien Sie eins mit dem Wesen des Baumes.

Ich trinke von der Quelle des Lebens, die mir alle zum Leben, Gedeihen und Wachsen nötige Energie spendet und zu der ich immer Zugang habe.

Durch Meditation werden wir der Bewegung unserer Haut und jener unter der Haut gewahr. Wir erfahren uns selbst und den Rest der Welt auf andere Weise, denn jetzt wissen wir aus eigener Erfahrung, daß nichts stabil oder statisch ist, am wenigsten unser Körper.

Ayya Khema

Leben ist Veränderung. Dies wurde mir teilweise dadurch bewußt, daß ich Gefühle wie Schmerzen in meinem Körper erforschte. Zuerst dachte ich, Schmerzen seien immer gleich. Ich stellte jedoch fest, daß sie keineswegs so unveränderlich sind, wie ich zunächst angenommen hatte: Es gibt keinen Schmerz ohne Unterbrechungen – und seien sie auch noch so kurz. Indem ich meine Schmerzen aufmerksam erforschte, konnte ich sie ohne Angst vor noch Schlimmerem erfahren und mein Geist war plötzlich von Glück und Frieden erfüllt.

Bewegungsübungen, wie zum Beispiel Yoga, helfen uns, Schmerzen und Veränderungen auf diese Weise zu erfahren. Bei jeder Übung fragen wir uns: Wie will sich mein Körper bewegen? Dadurch bemerken wir allmählich die ständige Bewegung. Unsere Stärke und Beweglichkeit nehmen zu, aber nicht gleichmäßig. Damit unser Körper erwacht, müssen wir an unsere Grenzen gehen und versuchen, sie zu überwinden.

Ohne Angst erlebe ich meine Schmerzen, denn ich weiß, daß auch sie Veränderungen unterworfen sind und bald stärker, bald weniger stark auftreten, bald ganz verschwinden, zurückkehren und wieder verschwinden.

Abgesehen von unseren Meditationsübungen gibt es nichts, was uns besser zeigen könnte, wo wir nicht weiterkommen, als unsere Partnerschaften. Solange wir jemanden haben, der uns anspornt, können wir lernen und wachsen. Eine Partnerschaft ist ein großartiges Geschenk – nicht weil sie uns glücklich macht –, sondern weil sie der klarste Spiegel ist, den wir uns wünschen können.

Charlotte Joko Beck

In jungen Jahren fällt es uns oft leichter, Risiken einzugehen, uns zu verlieben, uns einem anderen Menschen zu öffnen. Wir geben uns der romantischen Vorstellung hin, daß uns nur eine bestimmte Person für immer und ewig glücklich machen kann, daß wir selbst imstande sein werden, immer in einem Zustand der Verliebtheit zu verharren, daß wir niemals enttäuscht sein werden oder Konflikte austragen müssen. Während unsere Liebe wächst, erkennen wir jedoch, daß es in einer Partnerschaft um mehr geht als nur darum, daß uns die andere Person glücklich macht. Die wahre Glückseligkeit liegt in uns selbst und wir können sie finden, indem wir uns von unseren Anschauungen, Erwartungen und Verhaltensmustern lösen. Unser Partner kennt unsere Schwächen und ist wie ein Spiegel für uns, der sie uns ebenfalls erkennen läßt. Je mehr wir über sie wissen, desto eher können wir uns ihrer entledigen.

Ich erkenne meine Schwächen und wachse an ihnen. Mein Partner ist dabei wie ein Spiegel für mich, der mich alle meine guten und schlechten Seiten sehen läßt und mir somit ermöglicht, mich zu ändern.

Mitgefühl bedeutet wortwörtlich, mit jemandem mitzufühlen und mit ihm zu leiden. Jeder von uns kann mitfühlend sein, aber jeder sträubt sich dagegen, weil es unbequem ist. Dadurch jedoch stumpfen wir ab – wir weigern uns, Schmerz für die Welt und unsere Mitmenschen zu empfinden.
Joanna Macy

Als Kind neigte ich dazu, schnell in Tränen auszubrechen, besonders, wenn ich jemanden leiden sah. Meine Kindheit habe ich hinter mir gelassen, nicht aber meine Sensibilität. Ich erinnere mich daran, wie ich einmal meine Eltern anrief, um ihnen von einem Ereignis zu berichten, das mich traurig machte. Mein Vater fragte sanft: «Weinst du noch immer über allen Schmerz dieser Welt?» Ein anderes Mal äußerte sich meine Mutter besorgt darüber, daß ich so unglaublich traurig sein konnte. Ich versicherte ihr, daß ich auch große Freude empfinden konnte und daß ich Trauer und Freude gegenüber gleichermaßen empfänglich war.

Wenn wir dem Leid der anderen gefühllos gegenüberstehen, schränken wir damit unsere Fähigkeit ein, Freude zu empfinden. Wir können nicht einen Teil unserer selbst verleugnen, ohne damit alle unsere Gefühle zu beeinflussen. Wenn wir unser Mitgefühl unterdrücken, fällt es uns leichter, anderen Schaden zuzufügen. Wenn wir aber den Schmerz der anderen ebenso fühlen, können wir uns neue Quellen der Liebe erschließen.

Ich will mich der Trauer und dem Schmerz gegenüber genauso öffnen wie der Freude.

Rassismus entsteht zum Teil deshalb, weil wir die Vielfalt nicht zu schätzen wissen. Anstatt uns zu freuen, daß jeder anders ist, brauchen wir Menschen, die überlegen, und Menschen, die unterlegen sind.

Gloria Dean Randle Scott

Man hat uns beigebracht, uns zu fürchten, gegenseitig zu hassen und miteinander zu konkurrieren. Die Folge sind Machtstreben und Rassismus. Macht zu haben bedeutet aber keineswegs, Macht *über* jemanden zu haben. Wahre Macht braucht keine Über- und Unterlegenen. Wir müssen unsere gewohnten Denkschemen aufgeben. Menschen, die sich in einer untergeordneten Position befinden, sind häufiger dazu bereit. Menschen in einer übergeordneten Position haben Angst, dadurch ihre Privilegien zu verlieren. Man hat uns nie beigebracht, unsere eigene Ganzheit und Einzigartigkeit zu würdigen, geschweige denn die Vielfalt der Rassen und Kulturen.

Die folgende Übung soll Ihnen helfen, Ihre Angst loszulassen und Dankbarkeit für die Vielfalt des Lebens zu empfinden. Konzentrieren Sie sich auf Ihre Atmung. Denken Sie an einen Menschen, der einer anderen Rasse oder Kultur angehört. Denken Sie an etwas aus dieser Kultur, das Ihnen gefällt oder das Sie mögen. Nehmen Sie dieses Geschenk an und atmen Sie Dankbarkeit ein. Fühlen Sie die Dankbarkeit in sich. Atmen Sie aus voller Dankbarkeit für dieses Geschenk.

Ich liebe und schätze, was den anderen ausmacht: seine Eigenheiten.

Gestrüpp muß man wegschneiden, sogar die Sprößlinge. Von selbst erblüht im Wesen der Dinge eine wunderschöne Lotusblüte. Eines Tages wird ganz plötzlich ein Bild des Lichts erscheinen; wenn du dies erkennst, dann bist du selbst dieses Licht. Sun Bu-Er

Mein Großvater war Gärtner. Er lebte in einer Kleinstadt, nicht weit von meinem Elternhaus entfernt. Ich erinnere mich, wie er jeden Herbst zu uns kam und die Tage damit verbrachte, die Fliedersträuche zurückzuschneiden, die eine Hecke zwischen unserem und dem Nachbarsgarten bildeten. Alles Unkraut und Gestrüpp, das neben ihnen sproß, wurde ausgegraben. Jeden Frühling erfüllte dann der wunderbare Duft von lila und weißen Fliederblüten unseren Garten.

Unser Geist ist mit einem Garten zu vergleichen. Wir müssen ihn auf dieselbe Weise pflegen. Unnütze Gedanken und Handlungen, die der Gier, dem Haß und der Unwissenheit entspringen, müssen wir bekämpfen. Heilsame Gedanken und Handlungen, die aus Liebe, Großzügigkeit und Weisheit entstehen, müssen wir pflegen.

Ich pflege meine guten und nützlichen Gedanken, die mich gütig und liebevoll handeln lassen. Sie sind wie die Blumen im Garten meines Geistes, die ich durch meine Pflege zum Erblühen bringen will.

Die vielleicht wichtigste Lektion, die wir lernen können, ist die folgende: Unsere Enttäuschung einfach loslassen, wenn unser Ehrgeiz auf Grenzen stößt, ist ein Akt der Demut. Und was erlangen wir durch diese Demut? Nichts weniger als einen flüchtigen Eindruck der Unsterblichkeit, des Lebens jenseits der Grenze. Catherine Peck

Der Ehrgeiz schleicht sich so leicht an uns heran! Ich habe das bei meinen Yoga-Übungen erlebt. Es gibt Zeiten, in denen ich den langsamen, stetigen Fortschritt, den ich mache, als selbstverständlich erachte. Wenn ich einen Rückschlag erleide, weil ich verletzt oder krank bin, fühle ich Enttäuschung und Verzweiflung in mir aufsteigen. Dann erkenne ich, daß ich mich in eine Idee verrannt habe – die Idee, daß ich ein bestimmtes Ziel erreichen muß, wenn ich jeden Tag übe; die Idee, daß ich nie mehr Schmerzen empfinden werde, wenn ich stärker und gelenkiger werde. Wenn ich enttäuscht bin, kann ich meine spirituellen Übungen nicht mehr achtsam ausführen. Ich verfalle der falschen Vorstellung, daß ich stetig und gleichmäßig wachsen muß. In solchen Momenten finde ich durch Humor und weibliche Weisheit wieder zu mir selbst. Dann kann ich wieder atmen und mich entspannen. Und ich begnüge mich mit einer einfachen, kurzen Übung – aber die mache ich, so gut ich kann.

Ich besiege meinen Ehrgeiz und stelle keine zu hohen Anforderungen an mich selbst, sondern bin zufrieden mit dem, was ich heute zu leisten vermag.

Aber ich habe den Kern der Liebe von der Schale der Wut befreit, und siehe, Mutter, ich bin ein dunkler Tempel, in dem sich dein wahrer Geist erhebt, schön und stark wie eine Kastanie. Audre Lorde

Wenn wir zu meditieren beginnen, sind unsere Gewohnheiten stärker als unsere Achtsamkeit. Wenn wir jedoch zum Beispiel über unsere Wut meditieren, können wir ihr offen gegenübertreten und ihr unsere volle Aufmerksamkeit schenken, ohne über sie zu urteilen. Sobald wir das Wesen der Wut bewußt erleben, empfinden wir keine Wut mehr. Wenn unsere Achtsamkeit aber nachläßt, steigt die Wut innerhalb weniger Augenblicke oder Stunden wieder in uns hoch und unser Geist reagiert auf seine gewohnte Weise, so wie er es bisher immer getan hat. Wir wollen unsere Wut stets mit dem Verstand beurteilen. Wir fragen uns, was sie hervorgerufen hat, und suchen nach einem Schuldigen.

Wir müssen lernen, unsere Wut wahrhaft zu erforschen. Dazu müssen wir sie immer wieder geduldig beobachten, ohne über sie zu urteilen, sie zu verleugnen oder vor ihr zu flüchten. Erst durch unsere Achtsamkeit, die wir trainieren müssen, löst sich unsere Wut auch langfristig auf, und was bleibt, ist die Liebe.

Erst, wenn ich meine gewohnten Reaktionen ablege, kann ich mich öffnen und meine Wut überwinden. Denn indem ich sie annehme und als Bestandteil meiner Gefühle akzeptiere, vergeht sie von selbst.

Wenn du Ja zum Leben sagst, wirst du anfangs die Erfahrung machen, daß du an deine Grenzen stößt, daß alles in dir Nein sagt – bis dein Widerstand nachläßt. Du hast Gelegenheit, dir Liebe und Güte entgegenzubringen, was bewirkt, daß du verspielter wirst – daß du lernst, wie ein Rabe im Wind zu spielen.

Pema Chödrön

Wer den spirituellen Weg einschlägt, ist bereit, sich den größten Herausforderungen des Lebens zu stellen. Auf diesem Weg begegnen wir der Angst, die uns hart gemacht hat. Man hat uns beigebracht, daß wir stark sein müssen, um durchs Leben zu kommen, daß wir keine Gefühle zeigen dürfen, am wenigsten Angst. Wir müssen bluffen. Dieses Verhalten kann auf lange Sicht nicht funktionieren. Wenn unser Ziel darin besteht, uns dem Leben zu öffnen, müssen wir sanfter und verletzlicher werden und empfänglicher dafür, wie wir uns selbst und wie andere sich fühlen. Wir brauchen Liebe. Wir müssen das Kind in uns erkennen und schätzen lernen. Wir halten an den Dingen fest, die genauso sein müssen, wie wir es uns vorstellen. Das bringt uns vom spirituellen Weg ab. Dieser Weg ist ein Prozeß, durch den wir loslassen und uns öffnen lernen. Das steht häufig in direktem Widerspruch zu dem, was man uns beigebracht hat. Wir müssen Wut, Haß und Scham aufgeben. Wir müssen Ängste, Illusionen und Zweifel fahren lassen.

Wenn ich den spirituellen Weg einschlage, werde ich immer wieder gegen den Strom schwimmen und anders denken und handeln müssen als ich es gelernt habe.

Horche, horche: Sehnsucht und Verlust. Der wiederkehrende Ruf der Glocke läßt keine Zeit, zu vergessen.

Izumi Shikibu

In unserem Leben erleiden wir viele Verluste. Die Art und Weise, wie wir damit umgehen, beeinflußt auch unsere Fähigkeit, uns zu freuen. Eine meiner Beziehungen endete sehr abrupt, was aber nichts mit der Beziehung an sich zu tun hatte und auch nichts mit mir oder der anderen Person, mit richtig oder falsch. Der Verlust bot mir die wertvolle Gelegenheit, Achtsamkeit zu üben. Dadurch, daß ich jedes Gefühl und jeden Gedanken bewußt erlebte, konnte ich eine schwierige Situation bewältigen. Der plötzliche Verlust war wie ein Schlag ins Gesicht, der mich aufwachen ließ: «Der wiederkehrende Ruf der Glocke läßt keine Zeit, zu vergessen.» Und es bereitete mir Freude, aufzuwachen und mich zu erinnern.

Ich kann nicht verhindern, daß ich immer wieder Verluste erleide. Ich kann aber lernen, mit dieser Unvermeidlichkeit umzugehen, indem ich dem Verlust und der Trauer offen gegenübertrete und mich voller Freude erinnere.

Ich weiß, ich wurde aus dieser Erde erschaffen, so wie die Hände meiner Mutter aus dieser Erde erschaffen wurden, so wie ihre Träume und alles, was ich weiß. Und ich sehne mich, mit dir, die du auch aus dieser Erde bist, mein Wissen zu teilen: Das Licht ist in uns.

Susan Griffin

Ich habe einmal in Nepal an einem Meditationsseminar teilgenommen. Dort wanderte ich mehrere Male vom Kloster ins Dorf hinunter, wo ich die Einheimischen beobachtete, die ihren Pflichten nachgingen. Sie bewegten sich entschlossen, aber ohne Hast. Ihre Bewegungen waren erdverbunden. Es herrschte keine Kluft zwischen ihrem Körper und der Erde. Bei all dem Beton und den asphaltierten Straßen in unseren Städten passiert es uns hingegen leicht, daß wir die Verbindung zur Erde verlieren, denn unsere Füße berühren sie nicht. Und dadurch vergessen wir, daß wir ihr entstammen.

Pressen Sie Ihre Füße auf die Erde. Wiegen Sie sich von vorne nach hinten, von links nach rechts. Finden Sie Ihr Gleichgewicht. Nun stehen Sie fest verwurzelt. Atmen Sie tief. Und jetzt laufen, tanzen oder springen Sie umher. Wenn Sie die Verbindung zur Erde verlieren, halten Sie inne, stellen Sie sie wieder her und beginnen Sie von neuem.

Ich nehme meine Verbindung zur Erde wahr, die ich behalten will, auch wenn ich den Boden unter meinen Füßen nicht immer direkt spüren kann.

Leben heißt spielen. Wir müssen spielen, damit wir den Zauber des Lebens wiederentdecken können.

Flora Colao

Spielen bedeutet, etwas auf kühne, ungezwungene, vergnügliche Weise zu erforschen. Beim Spielen sind wir völlig unbefangen. Wir gehen dermaßen darin auf, daß wir uns selbst vergessen. Haben Sie jemals Kindern beim Spielen zugeschaut? Egal, ob sie herumrennen und schreien oder still und ruhig dasitzen, ihre Aufmerksamkeit gehört vollständig dem Spiel. Bei den Hindus heißt «Spiel» «lila» oder «göttliches Spiel»: der ewig Leben spendende, zerstörende und neu erschaffende Tanz der Göttin, die vollkommene Freude, die frei ist von allen Bindungen. Wir sind so sehr der Gewohnheit verfallen, nach etwas zu streben, daß uns wirklicher Wagemut abhanden gekommen ist. Wir konkurrieren miteinander, wir stecken uns Ziele, wir wollen gewinnen und die Besten sein. Wir haben Angst, unbeholfen zu wirken. Die Fähigkeit zu spielen ist eine Lebenshaltung. Wir können spielerisch nach innen blicken und unseren Geist erforschen oder nach außen und unsere Umwelt beobachten.

Ich betrachte das Leben als Spiel, das nichts als reine Freude ist. Ich will mir dabei ein Beispiel an den Kindern nehmen, die noch völlig unbefangen spielen können.

Ich nehme jedes Geschenk an, das Gott mir gibt. Das Geschenk der Liebe ist das größte aller Geschenke. Es anzunehmen ist manchmal schwer, denn ich kenne Menschen, die ich nicht leiden kann. Aber Liebe ist nicht dasselbe wie Zuneigung. Lieben bedeutet, alle Menschen – auch wenn ich sie nicht alle mag – gerecht zu behandeln. Das braucht Übung und sehr viel göttliche Gnade.

Janet Collins

Es ist einfach, Menschen, die wir sympathisch finden, liebevoll und gütig zu behandeln. Bedingungslose Liebe, die an nichts haftet, besteht jedoch darin, *allen* Menschen, ungeachtet dessen, wie sie sich verhalten und in welcher Beziehung sie zu uns stehen, mit Güte und Gerechtigkeit zu begegnen.

Sie können diese Art der Liebe auf einfache Weise üben. Wenn Sie sich auf dem Nachhauseweg über einen anderen Menschen ärgern, schimpfen Sie nicht, sondern atmen Sie tief durch. Vielleicht hatte diese Person einen schlimmen Tag. Wünschen Sie diesem Menschen alles Gute: «Komm gut heim. Sei glücklich.» Zunächst sagen Sie das vielleicht mit Zähneknirschen. Was Sie empfinden und was Sie sagen, stimmt nicht überein. Mit der Zeit werden Ihre Worte jedoch wahre Liebe und Mitgefühl ausdrücken. Es erfordert nur ein wenig Übung.

Ich will allen Menschen meine Liebe entgegenbringen – auch denen, die mir unsympathisch sind oder die ich aus einem ganz bestimmten Grund nicht mag.

Der Fisch kann im Wasser nicht ertrinken, der Vogel in der Luft nicht versinken. Das Gold kann im Feuer nicht verderben, es empfängt da seine Reinheit und seine leuchtende Farbe. Gott hat allen Kreaturen das gegeben, daß sie ihrer Natur nach leben. Wie könnte ich da meiner Natur widerstehen? Mechtild von Magdeburg

Materieller Wohlstand hat den Menschen nicht die Freiheit gebracht, die sie sich davon erhofften. Viele, denen es materiell gut geht, fühlen sich verloren und entfremdet. Wir haben uns von unserer wahren Natur entfernt und durch das Anhäufen materieller Güter wird unsere Entfremdung nicht verringert. Freiheit erfahren wir dann, wenn unsere Lebensenergie nicht durch unsere Ängste und unsere Gier eingeschränkt wird. Unser Wesen ist rein und von der Göttin erleuchtet.

Wenn wir die Tierwelt betrachten, staunen wir über die Anmut des Rehs im Lauf, über die Leichtigkeit des Falken im Flug. Wenn wir beobachten, wie ein Fisch schwimmt oder eine Katze sich streckt, sehen wir ihr wahres Wesen. Diese Tiere sind ganz und gar sie selbst. Wenn wir uns von unserer wahren Natur entfernen, werden unsere Bewegungen linkisch, unsere Stimme wird schrill, unser Geist unruhig. Wir sind ständig damit beschäftigt, etwas zu tun, anstatt einfach nur zu *sein*. Halten Sie heute inne, um zu sein.

Ich will üben, mich von der Hektik des Alltags abzuwenden, um mich ganz meinem wahren Wesen hinzugeben. Wie ein Tier will ich in jedem Augenblick einfach nur sein.

Durch unser eigenes Sein werden wir an die Quelle des Lebens erinnert. Alles, was wir kennen, wird von Frauen geboren.
Joan Halifax

Manchmal fällt es uns Frauen schwer, zu glauben, daß es einen sicheren Ort für uns gibt. Doch ein solcher Ort existiert in Form einer Quelle, der wir alle entspringen. Wir können nicht darauf warten, daß Unterstützung und Anerkennung von außen kommen. Nur wir selbst können uns Achtung entgegenbringen: Indem wir die Quelle des Lebens achten, die Frau, achten wir das Leben selbst.

Wir Frauen gebären alles Leben. Wenn wir uns der Verbundenheit mit diesem Leben bewußt sind, können wir niemandem ein Leid zufügen, denn was einem von uns schadet, schadet uns allen; was der Erde schadet, schadet den Menschen. Wir anerkennen die große Macht der Verbundenheit, indem wir alles Leben achten und pflegen, indem wir niemandem Leid zufügen und in Frieden leben. Dieser Frieden muß bereits im kleinen beginnen. Wenn wir danach streben, Frieden zu schaffen, müssen wir immer wieder innehalten und uns fragen: Erzeugt das, was ich tue, Frieden oder Konflikte?

Ich bin die Quelle des Lebens und des Friedens und bin mir deshalb selbst ein Hort der Sicherheit und Harmonie. Den Frieden in meinem Inneren will ich nach außen wenden und alle meine Handlungen mit ihm erfüllen.

Wenn du erkennst, daß du nicht dein Sportwagen, deine Noten oder die Noten deiner Kinder, deine Hautfarbe, dein Schulabschluß oder der Schulabschluß deines Partners bist, dein Alter, deine Titel oder die Titel deiner Familie, dein Körper, deine Besitztümer oder die Besitztümer deiner Eltern – gratuliere! Dann bist du heimgekehrt.

Rusty Berkus

Das Zuhause ist ein Ort des Schutzes, der Zuflucht, wo ich ganz ich selbst sein kann. Ein Zen-Koan lautet: «Welches Gesicht hattest du, bevor du geboren wurdest?» Darüber nachzudenken und zu meditieren ermöglicht uns, unsere gewohnten Anschauungen, Ideen, Meinungen und all die Verhaltensweisen, denen wir anhaften, ins Wanken zu bringen. Wir öffnen uns unserem wahren Wesen und kehren heim.

Ist Ihnen jemals aufgefallen, wie sehr sich manche Leute mit ihren Autos identifizieren? Oder mit ihren beruflichen Leistungen, ihrem materiellen Besitz oder ihrem gesellschaftlichen Status? Wenn wir zu unserem wahren Wesen zurückkehren und den Dingen nicht anhaften, heißt das nicht, daß wir kein Auto besitzen oder uns in unserem Beruf nicht anstrengen sollen. Es bedeutet vielmehr, daß die Dinge der materiellen Welt keine Zuflucht gewähren und kein wirkliches Zuhause schaffen können.

Ich weiß, daß ich nur in mir selbst, meinen inneren Werten, Schutz und Geborgenheit finden kann. Deshalb will ich mich nicht mit Äußerlichkeiten identifizieren und will ihnen nicht anhaften.

Wahre Liebe wächst durch Verzicht, und je weniger die Seele nach materieller Befriedigung strebt, desto stärker und losgelöster wird ihre Liebe sein.

Heilige Therese von Lisieux

Vielen Frauen ist beigebracht worden, ihre eigenen Bedürfnisse zugunsten der Wünsche anderer in den Schatten zu stellen. Indem wir auf diese Weise verzichten, verneinen wir unsere weibliche Macht. Wenn Frauen mißachtet werden und sich selbst als unwürdig empfinden, geben sie diese Macht auf. Sie geben, weil sie glauben, daß sie es nicht verdienen, zu nehmen. Ich bezweifle aber, daß die Heilige Therese von Lisieux diese Art von Verzicht gemeint hat. Wir sollten vielmehr auf unsere persönlichen Bedürfnisse nach Komfort und Bequemlichkeit um unserer selbst willen verzichten, indem wir uns unserer göttlichen Natur bewußt werden. Wir verzichten dann nicht, weil wir uns bedürftig oder unwürdig fühlen, sondern wir erkennen die gütige Göttin in uns, die um so mächtiger wird, je mehr sie gibt und verzichtet.

Es geht also nicht darum, zu geben oder Gutes zu tun, wenn wir gerade Lust dazu haben, sondern darum, auch dann gütig und großzügig zu sein, wenn wir uns eigentlich nicht danach fühlen.

Durch wahren Verzicht erkenne ich die Göttin in mir, die wie aus einem immer vollen Füllhorn ihre Gaben verteilt, Tag und Nacht und an alle Menschen gleichermaßen.

Wenn das Mitgefühl niemals aufhört zu fließen, meditieren wir wahrhaftig. Meditieren heißt nicht, mit geschlossenen Augen im Lotussitz verharren. Wahre Meditation findet mitten im Alltag des Lebens statt.

Dae Haeng Se Nim

Buffy Fitch und ihr Mann lebten in einer Gegend von Los Angeles, die von einem Erdbeben zerstört wurde. Sie retteten zwölf Nachbarn das Leben. In einem Interview sagte Buffy, daß sie nicht vorgehabt hätte, eine Heldin zu werden: «Ich sah, daß es viel zu tun gab. Jetzt mußten wir zusammenhalten. Denn jede Katastrophe ist weniger furchtbar, wenn man einander hilft.»

Gesellschaftlicher Wandel muß in unseren eigenen Herzen beginnen. Menschen, die sich auf dem spirituellen Pfad befinden, haben den stärksten Einfluß, weil sie durch die Arbeit an sich selbst jegliche Situation besser bewältigen können. Arbeit an sich selbst heißt, Feindseligkeit mit Wohlwollen begegnen und jenen Güte entgegenbringen, die uns schaden; es bedeutet, daß wir ohne Groll und Rachegelüste nach einer gemeinsamen Lösung suchen und uns um andere kümmern, ohne eine Gegenleistung zu erwarten.

Wo immer meine Hilfe gebraucht wird, will ich tatkräftig zupacken und durch Meditation und die Arbeit an mir selbst dazu beitragen, daß unserer ganzen Gesellschaft langfristig geholfen werden kann.

Manche Leute üben sich ihr ganzes Leben nur im Atmen. Was für alles gilt, gilt auch für den Atem: Er ist unbeständig; er kommt und geht. Doch ohne zu atmen, würden Sie sich unwohl fühlen und tief Luft holen, um Ihr Wohlsein wiederzuerlangen. Wenn Sie aber Ihren Atem anhalten, fühlen Sie sich ebenfalls unwohl und müssen ausatmen.

Sylvia Boorstein

Unser Leben ist ein Kreis und folgt einem Rhythmus. Um im Gleichgewicht zu sein, müssen wir die Veränderungen und Zyklen erkennen und würdigen: Tag und Nacht, den zunehmenden und abnehmenden Mond, Ebbe und Flut. Wir können nicht beschließen, daß wir ab heute nur noch ausatmen. Wir müssen einatmen, damit unser Blut unsere Organe mit Sauerstoff versorgen kann. Genauso müssen wir uns öffnen, um neue Energie und neues Wissen aufzunehmen. Und so wie wir ausatmen müssen, müssen wir auch loslassen und uns leeren, um Raum für Neues zu schaffen.

Unser Atem ist ein Sinnbild für das Leben. Üben Sie, tief einzuatmen und wirklich alles in sich aufzunehmen, was es aufzunehmen gibt. Üben Sie, vollständig loszulassen und alles auszuatmen. Nehmen Sie sich heute Zeit, um sich einzig und allein auf Ihren Atem zu konzentrieren. Versuchen Sie nicht, ihn zu beeinflussen. Lassen Sie ihn ganz natürlich und ungehindert fließen.

Ich atme ein und empfange – ich atme aus und lasse los. Dabei denke ich daran, daß alles Leben einem bestimmten Rhythmus folgt, einem Auf und Ab, Hoch und Nieder, Kommen und Gehen.

Wir sollten uns mit dem Universum identifizieren. Denn allem, was weniger ist als das Universum, widerfährt Leid.
Simone Weil

Ich nahm einmal an einem Vipassana-Seminar teil, das in einem Heilbad stattfand. Ziel des Seminars war das Erlernen bewußter Bewegung. Wir arbeiteten zu zweit, wobei die eine Frau die andere stützte, während diese sich zurücklegte und vom Wasser tragen ließ. Eines Tages begann meine Partnerin heftig zu weinen. Wegen einer Krebserkrankung war ihr die eine Brust entfernt worden und jetzt erst – lange nach der medizinischen Behandlung – wurde sie von ihrem Kummer überwältigt. Wir besänftigten sie, indem wir ihr versicherten, daß sie mit nur einer Brust nicht weniger wert sei. Die Frau war deshalb so verzweifelt, weil sie eine Situation ändern wollte, die nicht zu ändern war. Wir ließen sie weinen und ermutigten sie, über ihre Traurigkeit hinauszublikken, ihr nicht anzuhaften und statt dessen weiterzugehen.

Wenn wir uns zu sehr mit unserem Körper identifizieren, weil wir Angst haben, ihn zu verlieren, leiden wir. Ohne den Schmerz zu verleugnen, können wir aber über ihn hinausblicken und den größeren Zusammenhang erkennen, in dem sich alles bewegt. Diese Einsicht läßt den Schmerz vergehen.

Ich blicke über meinen Schmerz hinaus auf das Ganze, von dem ich ein Teil und mit dem ich immer verbunden bin. Das Wissen um diese Verbundenheit gibt mir Kraft, dem Schmerz mutig gegenüberzutreten.

Ein Feuer sendet seine Flammen nach oben, nicht nach unten, wie groß das entfachte Feuer auch sein mag. Ebenso erfahren wir, daß Loslassen vom Innersten der Seele ausgeht und den Menschen zu neuem Bewußtsein und neuem Mitgefühl erwachen läßt. Teresa von Avila

Entzünden Sie eine Kerze und sprechen Sie folgende Worte: «Wir Frauen sind die Hüterinnen des Feuers. Das Feuer hat die Macht, zu verwandeln, Licht und Wärme zu spenden. Indem wir das Feuer ehren, ehren wir das Erbe weiblicher Weisheit, denn schon immer haben Frauen das Feuer geschürt. In einem Ritual der Hingabe üben wir uns darin, der Liebe vollen Ausdruck zu verleihen. Indem wir das Gelübde ablegen und uns zur Gemeinschaft der Hüterinnen des Feuers bekennen, empfangen wir Kraft. Wir schüren das Feuer, die Quelle des Lebens, die uns Macht und Einfluß verleiht. Diese Macht ist Güte, ist Mitgefühl, Freude und Gleichmut zum Wohle aller. Wir tanzen, wir singen, wir beten. Unsere Ängste verbrennen und die Liebe erwacht.»

Ich will das Feuer der Liebe schüren, das meine Angst verbrennt und mir Kraft gibt, ein Leben voller Güte und Mitgefühl zu führen. Dies will ich tun im Gedenken an all die Frauen, die vor mir das Feuer geschürt haben.

Februar

So wie Gott wahrlich unser Vater ist, so ist Gott auch wahrlich unsere Mutter. Julian von Norwich

Julian von Norwich, eine christliche Mystikerin des vierzehnten Jahrhunderts, sieht Gott als unsere Mutter. Die englische Einsiedlerin lebte zu der schwierigen Zeit, als Europa von der Pest heimgesucht wurde. Trotz irdischen Elends hatte sie die Kraft, nach innen zu blicken und in sich das göttliche Licht wahrzunehmen. Wir alle sind eins mit der Macht, die das Universum erschafft und aufrechterhält. Um zu dieser tiefgreifenden Erkenntnis zu kommen, wurden wir geboren.

Manchmal ist es hilfreich, sich die göttliche Macht als Person vorzustellen. Ist diese Person immer männlich, kann das dazu führen, daß wir glauben, Frauen fehle die göttliche Weisheit. Aber Gott ist grenzenlos und allgegenwärtig. Gott ist Mann und Frau zugleich. Wenn Menschen, Kulturen oder Religionen darauf beharren, daß es nur eine einzige Vorstellung von Gott gibt, die richtig ist, spricht aus ihnen Angst und Unwissen und nicht die Kenntnis des Göttlichen, das reine Liebe ist.

Ich erkenne, daß Gott grenzenlos ist und ohne Geschlecht und es keine einzig wahre und richtige Vorstellung vom Göttlichen gibt.

Selbst das unscheinbarste Gebet schickt seine Schwingungen durch die Luft – so wie der Klang der Gitarre das Klavier zum Spiel anregt. Dhyani Ywahoo

In der westlichen Welt werden Gebete oft belächelt. Wir denken an alte, schwarzgekleidete Frauen, die bei Kerzenlicht in düsteren Kirchen knien. Wir betrachten die Gebete dieser Frauen als wirkungslos und glauben nicht daran, daß die von ihnen erbetene Hilfe eintreffen wird. Wir mißtrauen allem, was wir nicht sehen, wiegen oder messen können. Doch Gebete öffnen unsere Herzen. Wenn wir beten, werden wir eins mit einer größeren Quelle der Kraft, aus der wir unsere eigenen Kräfte speisen können. Wenn wir selbst für das kleinste Geschenk dankbar sind, kann sich unser Herz öffnen. Und je mehr es sich öffnet, desto mehr Erkenntnis wird uns zuteil. Unser Gebet und unsere Kraft verbinden uns mit all dem Guten dieser Erde.

Meine Gebete verleihen mir Kraft und öffnen mein Herz der Liebe. Im Gebet will ich meinen Dank für alles aussprechen, was ich empfange, und um Hilfe bitten, wenn ich schwach und in Not bin.

Wenn ich mich frage, wo ich Zuflucht finde, wo mein sicherer Hafen ist, antworte ich mir selbst: Wahre Zuflucht findest du nur in dem, was du tust, in der Liebe, die deinem Herzen entströmt, in der Verbundenheit.

Joanna Macy

Es gibt viele Menschen, die Konfliktsituationen durch hektische Aktivität zu bewältigen versuchen. Wir ergreifen Partei, wir heißen gut und verdammen – und verlassen uns dabei doch nur auf die Aussagen anderer oder schließen uns einem allgemeinen Urteil an. Die Welt aber braucht Menschen, die bedingungslos lieben, ohne Partei zu ergreifen.

Wahre Geborgenheit herrscht nur in einem friedlichen Herzen, das sich nicht vor der Welt verschließt. Das Gefühl der Geborgenheit führt uns hinaus in die Welt und gibt uns die Kraft, zu helfen: Wir können gegen sexuelle und rassistische Diskriminierung kämpfen, versuchen, das Wettrüsten zu stoppen und gefährdete Arten zu schützen. Wir können helfen, den Gegensatz zwischen Arm und Reich zu mindern.

Wahre Geborgenheit finde ich nur in meinem eigenen Herzen. Durch sie erhalte ich die Kraft, wirklich zu helfen und nicht einfach planlos zu handeln oder mein Tun von dem Urteil anderer abhängig zu machen.

Gib im Gebet dein Leben hin und es wird mächtig über alle Maßen. Um inneren Frieden zu erlangen, mußt du deine ganze Lebensweise aufgeben, nicht nur deinen Besitz. Wenn du dies tust und dein Leben in Einklang mit deinen Anschauungen steht, dann und nur dann wirst du inneren Frieden finden. Die Friedenspilgerin

Die Friedenspilgerin war eine Frau, die ihre Mission für den Frieden damit begann, ihren ganzen persönlichen Besitz, ihren Namen und ihr Alter aufzugeben, um durch das Land zu wandern, bis Frieden einkehren würde – und sie hörte nicht auf, zu gehen, bis zu ihrem Tod im Jahre 1981.

Unser Weg mag ein ganz anderer sein als derjenige, den die Friedenspilgerin wählte. Alle aber müssen wir gegen unsere Gewohnheiten ankämpfen, wenn wir inneren Frieden erlangen wollen. Es erfordert viel Zeit und Mühe, so tief verwurzelte Angewohnheiten wie Gefühlsausbrüche, innere Zwänge und Begierden beherrschen zu lernen. Es ist, als ob wir gegen den Strom schwimmen müßten. Früher führte ich eine Meditationsübung durch, die wir die *Heimkehr* nannten. Wir betrachteten uns als Lachse, deren Aufgabe darin bestand, stromaufwärts zu schwimmen, um heimzukehren. Diese Reise erforderte viel Kraft. Wir mußten uns von all unseren Ängsten, Zweifeln und den Fesseln unserer Gewohnheiten befreien.

Ich weiß, daß meine Reise zu innerem Frieden anstrengend und mühsam sein wird. Trotzdem will ich mich auf den Weg machen, denn nur so kann ich wahrhaft heimkehren.

Mein Körper lebt in der Stadt, aber mein Geist wohnt in den Bergen. Das Spiel des Puppentheaters darf man nicht allzu ernst nehmen. Wenn die Polarspitze in ein Senfkorn paßt, können alle Worte dieser Erde ausgelöscht werden.

Wu Cailuan

Das Puppentheater ist eine Anspielung darauf, daß unser alltägliches Leben, das wir so wichtig nehmen und an dem wir so hängen, nur ein Spiel ist. Von unseren Wünschen getrieben, werden wir zu Marionetten. Wir streben danach, glücklich zu sein, aber unsere Freude ist nur von kurzer Dauer und entspricht nicht dem ewigen Glück, das wir suchen. Denn wahre Glückseligkeit kommt von innen und nicht durch materiellen Erfolg. Um sie zu erfahren, müssen wir nicht in Abgeschiedenheit meditieren – wir können mitten in dieser Welt leben.

In diesem Gedicht verwendet die Taoistin Wu Cailuan das buddhistische Bild der Polarspitze, die in ein Senfkorn paßt, als Symbol für die geistige Freiheit, die man erfährt, wenn man die eigene Vergänglichkeit und Winzigkeit im Universum direkt und persönlich erlebt. Durch ständiges Beobachten unserer Gedanken, Gefühle und Empfindungen werden wir offen und achtsam. Frieden und Freude erfüllen unser Herz, und wir finden zu wahrer Gelassenheit.

Ich strebe nach Freiheit und wahrem Glück, das mir nur die intensive Erforschung meiner eigenen Seele bescheren kann. Alles materielle Glück ist vergänglich und bindet mich.

Mein Leben ist ein endlos Lied, das sich erhebt über das Leid der Welt. Dies echte Lied, wenn auch weit entfernt, hör' ich freudig neues Leben lobpreisen. Durch all den Lärm und all das Streben höre ich diese Weise klingen. In meiner Seele hallt sie nach – wie könnte ich anders als singen?
Volksweise

Dieses Lied teilt ein Geheimnis des Lebens mit uns: Die Unbeschwertheit öffnet uns Augen und Geist für die schönen Dinge im Leben, ungeachtet aller Schmerzen und Leiden. Obwohl wir die dunklen Seiten des Lebens wahrnehmen, singen wir, weil wir wissen, daß immer wieder die Sonne scheinen, die Sterne leuchten, der Mond zu- und abnehmen und die Blumen blühen werden. Es gibt immer etwas Schönes, auch inmitten des größten Leides. Dadurch verschwindet das Leid nicht, aber es wird Teil eines größeren Ganzen, zu dem auch die Freude gehört.

Ich will die Freude, das Gute und Schöne nicht aus den Augen verlieren, denn sie gehören genauso zum Leben wie das Leid und der Schmerz und machen es erst zu einem Ganzen.

Ich möchte klarstellen, daß ich nicht von einem Wesen außerhalb dieser Welt spreche, wenn ich «Göttin» sage. Genausowenig möchte ich damit ein neues Glaubenssystem propagieren. Ich spreche von einer bestimmten Lebenshaltung: von der Überzeugung, daß diese Welt und alle Menschen und alles, was auf ihr lebt, das höchste Gut und unser einziger Lebenszweck sind, daß die Erde und alles Leben heilig sind.

Sternadler

Das Heilige anerkennen heißt, es als geweiht und vollständig betrachten. Es bedeutet, daß wir unsere Verbundenheit mit dem Göttlichen erkennen und wissen, daß wir selbst göttlich sind. Das Heilige anerkennen heißt, alles Leben achten und ehren. Wenn wir das Leben als heilig erachten, wandeln sich all unsere Gedanken, Worte und Taten von selbst. Wenn wir verstehen, daß das Leben heilig ist, können wir gelassen werden und jeder Person und jedem Ereignis mit Freundlichkeit, Liebe und Güte begegnen. Wenn wir die Menschen und Dinge ehren, behandeln wir sie ganz von selbst liebevoll und umsichtig. Wenn wir in Eile sind, Angst haben oder Ärger empfinden, fügen wir anderen oft Leid zu. Wenn wir uns als Teil des Göttlichen, des Heiligen, des Ganzen fühlen, begegnen wir allen Menschen, auch uns selbst, mit Güte, Klarheit und Mitgefühl.

Ich erkenne die Heiligkeit allen Lebens, von dem wir alle ein Teil sind. Deshalb will ich mich selbst und alles andere Leben achten und Sorge dazu tragen.

Denke daran, daß du das Universum bist und umgekehrt das Universum in dir ist. Denke daran, daß alles in Bewegung ist, sich alles im Wachstum befindet, daß du mit allem um dich herum verbunden bist.

Joy Harjo

Jedesmal, wenn ich daran denke, daß ich diesem Universum angehöre, empfange ich ungeheuren Beistand und Trost. Ich vergesse mein unbedeutendes, selbstsüchtiges Ich. Ich weiß, daß ich nicht allein bin. Ich verharre nicht in meinen eigenen Anschauungen, Gedanken und Gefühlen. Wenn ich mich daran erinnere, daß das Universum mein Zuhause ist, fühle ich mich gesegnet und möchte diesen Segen mit anderen teilen.

Erweitern Sie Ihre Achtsamkeit, indem Sie diese Worte morgens vor dem Aufstehen, vor jeder Mahlzeit und abends vor dem Zubettgehen dreimal wiederholen. Achten Sie darauf, wie Ihr Körper fühlt, wenn Sie daran denken, daß Sie, das Universum und alle Dinge in Bewegung sind und sich verändern. Sie können sich zu den Worten bewegen, indem Sie Ihr Herz berühren, ihre Arme und Hände dann vom Herzen fortstrecken, indem Sie sie wie zum Gebet falten und anschließend wieder zum Herzen führen.

Ich bin nicht nur ein Teil des Universums, sondern das Universum selbst. Ich bin mit ihm und allem darin enthaltenen Leben auf ewig verbunden und deshalb nie alleine. Diese Erkenntnis spendet mir Trost und ist ein himmlischer Segen.

Wir, die wir bluten, wir, die wir mit jedem Mond die Erde mit unserem Opfer tränken, weben ein Band dem Meere zu. Es sind die Priesterinnen, die mich tragen. Jeden Mond nähren wir Frauen die Erde, die uns stillt. Uns, die Blutreichen, uns, die reichlich Gebenden.

Sue Silvermarie

Gemeinsam begangene Rituale, die den weiblichen Zyklus feiern, sind etwas Wunderbares: Durch sie können Frauen ihren Reichtum und ihren Überfluß zum Ausdruck bringen. Während ich bei einer nordamerikanischen Indianerin lernte, führten wir Schülerinnen ein Ritual aus, bei dem die Frauen, die ihre Regel hatten, etwas von ihrem Blut sammelten, hinaus in die Natur gingen, ein kleines Loch gruben, einige Tabakblätter hineinsteckten, ihr Blut darübergossen und dann das Loch wieder verschlossen. Danach wurde gebetet. Die Frauen beteten darum, daß jede Energie, die der Freisetzung oder Umwandlung bedurfte, freigesetzt und umgewandelt würde. Ihrer üblichen Alltagspflichten entbunden, war dies die heilige Pflicht der Frauen während ihrer Menstruations- oder Mondzeit.

Dieses Ritual mag nicht für alle Frauen das richtige sein, aber wir alle können ein Zeichen setzen, das uns an die Macht unserer Blutung erinnert und sie in unser Leben einbindet. Stellen Sie zum Beispiel während der Zeit Ihrer Blutung eine Vase mit einer roten Blume auf Ihren Schreibtisch.

Jeden Monat nähre ich den Boden, der mich stillt, mit meinem eigenen Blut. Dieses Blut will ich als Symbol der weiblichen Macht ehren.

So weiß die Auster, daß sie eins ist mit der Perle: weiches Fleisch, kostbar durch Schmerz, ein Juwel in Gottes stürmischer See. Lynn Park

In der Wüste gibt es Pflanzenarten, deren Schönheit Hunderte von Jahren verborgen bleibt. Heftige Regenfälle können diese Pflanzen aber plötzlich zum Erblühen bringen, so daß das Land in den Farben der Blumen erstrahlt, die Luft lieblich duftet und Tausende von Schmetterlingen angelockt werden.

Lynn Parks Gedicht drückt auf einfache Weise die folgende tiefe Wahrheit aus: Im Leben erfahren wir sowohl Schönheit als auch häßliche Schmerzen. Atmen Sie tief ein und stellen Sie sich eine wunderschöne Perle vor. Denken Sie darüber nach, wie eine Perle entsteht: Ein Sandkorn dringt in eine Auster ein. Um den Schmerz zu lindern, umgibt diese das Sandkorn mit einer Flüssigkeit und eine Perle entsteht. Die Perle läßt sich also nicht vom Schmerz der Auster trennen. So ist es mit vielen schönen Dingen im Leben: Ihnen gehen häufig ein Kampf und Schmerzen voraus.

Ich weiß, daß es das Schöne ohne den Schmerz nicht geben kann, daß beides zum Leben gehört wie die Helligkeit des Tages und die Dunkelheit der Nacht.

Mondsichel. Du erinnerst mich daran, daß eine Frau ruhend und unbeweglich wie eine Radachse inmitten ihrer zahlreichen Aufgaben stehen muß; sie muß eine Pionierin im Erlangen der Ruhe sein, nicht nur um sich selbst, sondern auch um die Familie, die Gesellschaft und vielleicht sogar die ganze Menschheit zu erretten.

Anne Morrow Lindbergh

Wir leben in einer Kultur, die das männliche oder aktive Prinzip überbewertet – was einerseits Aggression und Gewalt hervorruft und uns andererseits unfähig macht, innezuhalten. Uns wurde nicht beigebracht, ruhig zu sein. Das wird in unserer westlichen Kultur nicht geschätzt. Selbst jene, die sich sehnlichst wünschen innezuhalten, wissen nicht, wie. Wir können aber üben, den Geist zu beruhigen und losgelöst seine Bewegungen und die des Körpers zu beobachten. Der Geist erzeugt ständig Gedanken. Durch meditatives Training lernen wir, uns dieser Gedanken bewußt zu werden. Dadurch identifizieren wir uns weniger mit ihnen und können Ruhe finden. Je mehr wir uns von ihnen lösen, desto besser können wir uns der Betrachtung des Lebens widmen. Selbst wenn wir aktiv sind, können wir diese Ruhe in uns erhalten und von ihr zehren. Unsere Aktivitäten werden dadurch von Leichtigkeit, Heiterkeit und Frieden erfüllt sein.

Ich will von Zeit zu Zeit innehalten und zur Ruhe kommen. Dadurch gewinne ich innere Kraft und Gelassenheit, die auch diejenigen Phasen meines Lebens günstig beeinflussen werden, während derer ich nicht ruhe.

Aber wir haben mehr innere Ruhe entwickelt, haben gelernt, einzusehen, daß nicht jeder Hunger gestillt werden kann, daß die Welt retten heißt, ein Saatkorn säen – und nicht, einen Tyrannen stürzen –, daß wir tun sollen, was wir können.

May Sarton

Das zu tun, was in unserer Macht steht, ist die wesentliche Aussage in May Sartons Gedicht. Wenn wir weiser werden, erkennen wir, daß wir nicht alles ändern können, was geändert werden sollte, und daß Änderungen nur langsam vonstatten gehen. Wir können aber mit einer kleinen Tat beginnen, zum Beispiel damit, daß wir ein Saatkorn säen. Als ich jung war, war ich oft unglücklich über das Leid in der Welt und begierig darauf, große Veränderungen durchzuführen. Dann schaute ich meiner Mutter dabei zu, wie sie Kindermützen strickte: «Damit werde ich zwar den Lauf der Welt nicht ändern», erklärte sie mir, «aber ein kleines Kind wird einen warmen Kopf haben.» Durch ihr Beispiel lernte ich, die Dinge langsamer und gezielter anzugehen, denn ich wußte jetzt, daß jede noch so kleine Tat hilfreich ist.

Ich weiß, daß ich nicht alles ändern kann, was ich möchte, aber ich weiß auch, daß ich jeden Tag etwas tun kann, das die Welt wenigstens ein ganz klein wenig verändert – und dieses Wenige will ich tun.

Durch Meditation lernen wir, unseren Wahrnehmungen mit Demut zu begegnen und uns tiefer in sie zu versenken, um der wahren Natur der Dinge näherzukommen. Wenn wir unsere Wahrnehmungen nicht ausreichend überprüfen, können wir uns in den Dingen leicht täuschen und darüber so bestürzt sein, daß wir das Leben für ein Trugbild halten.

Schwester Chan Khong

Schwester Chan Khong wurde 1938 in Vietnam geboren. Angetrieben von ihrem leidenschaftlichen sozialen Engagement begann sie als junges Mädchen, in den Slums von Saigon zu arbeiten: Sie verteilte Essen, pflegte die Kranken und unterrichtete die Kinder. 1964 schloß sie sich dem Zen-Meister Thich Nhat Hanh an und gründete mit ihm die *School of Youth for Social Service*, die in Vietnam Krankenhäuser und Schulen errichtete, die Landwirtschaft unterstützte und dabei half, die Dörfer wiederaufzubauen, die im Krieg zerstört worden waren.

Schwester Chan Khong erfüllt ihre Aufgaben in der Welt im Geiste der Spiritualität. Beim Meditieren entfernt sie sich nicht von der Welt und den Menschen, sondern begegnet allem und allen mit wahrer Liebe, ohne irgend jemanden zu diskriminieren. Sie empfindet den Hunger und Schmerz der anderen wie ihren eigenen. Ihre Taten sind von großer Energie und Freude erfüllt.

Durch aktive Teilnahme am Leben und Hilfe gegenüber Notleidenden zeige ich meine große Liebe, die ich auch immer wieder in meditativen Übungen zum Ausdruck bringe.

Das Band ist stärker, als ich bin, so kann ich die Liebe nicht loswerden. Ich rufe dich mit großer Gier, mit jammervoller Stimme. Ich harre dein mit schwerem Herzen, ich kann ruhen, ich brenne unauslöschbar in deiner heißen Liebe. Mechtild von Magdeburg

Diese Worte rühren mich zutiefst. Sie zeigen mir, daß die Liebe etwas Ehrfurchtgebietendes ist. Ich höre heraus, daß die Macht der Liebe uns verwandeln kann, daß die Liebe brennt und ihr Licht so hell leuchtet, daß wir alles ganz klar erkennen können. Diese Worte beschreiben eine Liebe ohne Sentimentalität, eine große Liebe, deren Feuer unsere dunklen Seiten in strahlendes Gold verwandelt.

Ich weiß, daß in diesen Worten eine große Wahrheit liegt, und will diese Wahrheit in mich aufnehmen. Ich wiederhole die Worte immer wieder, zuerst laut und dann leise. Indem ich sie ausspreche, dringen sie zu meinem Herzen vor und verwandeln mich.

Das Feuer der Liebe verwandelt mich. Es wirft auf alles in mir und um mich herum ein strahlendes Licht und entzündet in mir die Sehnsucht, dieses Licht in die ganze Welt hinauszutragen.

Ich glaube daran, ein Kind Gottes zu sein. Das ist wunderbar, berauschend, befreiend, vielversprechend. Die Last dieses Glaubens ist aber, daß ich alle Menschen für Kinder Gottes halten muß: Wüstlinge und Fanatiker, die brutalen Schläger und die Scheusale.

Maya Angelou

Eine meiner Freundinnen, die geschlagen und sexuell mißbraucht worden war, erzählte mir, wie schwer es ihr gefallen war, so wie Maya Angelou zu empfinden: «Als ich mir selbst mein Herz öffnete, mußte ich es auch jenen Menschen öffnen, die mich mißhandelt hatten, und erkennen, daß denen, die andere quälen, selbst in irgendeiner Form ein Leid widerfahren ist. Damit will ich ihr Verhalten nicht entschuldigen. Aber ich mußte mein eigenes Herz rein halten. Um nicht verbittert zu werden, mußte ich erkennen, daß auch diese Menschen Kinder Gottes sind. Es ist nicht meine Aufgabe, sie zu hassen oder auf den rechten Weg zu führen. Es ist meine Aufgabe, beiseite zu treten und meinem Leiden ein Ende zu setzen.»

Ich erkenne, daß wir alle Kinder Gottes sind, unabhängig davon, wieviel Gutes oder Böses wir getan haben. Mit dieser Erkenntnis entschuldige ich niemanden, aber ich schütze mich selbst vor Verbitterung und Haß.

Je mehr wir mit uns im reinen sind, desto seltener verspüren wir das Bedürfnis, jemanden zu Boden zu werfen und uns auf ihn zu stellen, um uns groß und stark zu fühlen.

Odetta

Selbstachtung bedeutet nicht, auf Kosten anderer mit uns selbst im reinen zu sein, denn es wird immer jemanden geben, den wir zu Boden werfen können, oder jemanden, der versucht, uns selbst zu Boden zu werfen. Es wird immer Spannungen und Angst geben. Selbstachtung erwächst aus innerer Sicherheit, aus dem Gefühl der Verbundenheit mit allem Leben, aus unerschütterlicher Gelassenheit, die wir bewahren müssen, gleichgültig, ob wir getadelt oder gelobt werden. Je mehr wir mit uns im reinen sind und je mehr wir anderen helfen, sich stark zu fühlen, desto mehr Freude wird uns zuteil. Es hat keinen Sinn, die anderen herabzusetzen, denn dann haben wir niemanden mehr, der uns ebenbürtig ist.

Wir gehören einer Gesellschaft an, die stark von Konkurrenzdenken geprägt ist. Wir wachsen mit dem Gefühl auf, daß ein Mangel an gewissen Dingen besteht, und betrachten deshalb andere Menschen als Konkurrenten. Wir wetteifern um die vermeintlich guten Dinge im Leben. Indem wir aber die Menschen als unsere Partner betrachten, als Mitglieder einer großen Familie, die mit uns zusammenarbeiten, sind wir alle beteiligt an der Erschaffung einer neuen Welt.

Ich achte mich selbst und alle anderen und will versuchen, mich von meinem Konkurrenzdenken zu lösen.

Schönheit und Anmut werden uns dargeboten – ob wir sie wünschen und wahrnehmen oder nicht. Wir sollten aber wenigstens versuchen, ihnen nahe zu sein.

Annie Dillard

Annie Dillard brachte uns bei unseren täglichen Spaziergängen zu einem kleinen Bach, damit wir lernen würden, wahrhaft zu sehen. Sie nahm sich die Zeit, alles genau anzuschauen, ob es nun eine Spinne, ein Vogel, eine Blume oder eine Kaulquappe war. Sie blieb einfach stehen und schaute, denn Schönheit ist überall. Nehmen Sie sich heute einen Augenblick Zeit, um stehenzubleiben, tief zu atmen und einfach zu schauen. Selbst wenn Sie in einer Stadt wohnen, kommen Sie sicher an einem Baum oder Blumen vorbei, die Sie betrachten können. Sehen Sie sie eine Minute lang an. Tun Sie dies eine Woche lang jeden Tag. Beachten Sie, welche Gefühle oder Gedanken in Ihnen aufsteigen. Kommt es vor, daß Sie keine Gedanken haben? Können Sie einfach nur die Farbe und Form des Gegenstandes sehen? Nehmen Sie zuerst Ihre Gedanken wahr und wechseln Sie dann wieder zu reinem, tiefen Sehen.

Ich weiß, daß die Schönheit vorhanden ist und ich nur innehalten und hinsehen muß. Tagtäglich blickt sie mich von überallher an und wartet geduldig darauf, daß ich zurückblicke.

Wir können alles tun, was wir tun möchten, wenn wir uns nur lange genug bemühen. Helen Keller

Helen Keller, die als Kind durch eine Krankheit taub und blind geworden war, hatte genügend Ausdauer, sich wieder verständigen zu lernen. Gewiß werden wir auf unserer Reise ermüden, uns entmutigt oder verzweifelt fühlen. Dann aber müssen wir barmherzig zu uns selbst sein: Vielleicht müssen wir die Dinge etwas langsamer angehen, vielleicht müssen wir ein paar Schritte zurück machen und uns Einfacherem zuwenden – aber wir werden dennoch beharrlich unser Ziel verfolgen.

Ich weiß, daß ich mein Ziel erreichen kann, wenn ich nur genug Ausdauer aufbringe. Ich weiß auch, daß es viele Hindernisse zu überwinden gilt und ich oft müde und erschöpft sein werde, daß ich aber in solchen Momenten einfach etwas langsamer vorwärtsgehen muß.

Mutter und Göttin, wir singen zu Dir; weit ist Dein Schoß, Dein Flügel ist warm. Wir leben, bewegen uns und ernähren uns von Dir, süß-fließende Milch, lebensspendendes Brot. Mutter und Göttin, wir bringen zu Dir die gebrochenen Herzen und gebrochenen Flügel.

Miriam Therese Winter

Mit diesem heiligen Lied von Miriam Therese Winter feiern wir die Schöpferin des Lebens und öffnen uns ihr. Das Göttliche ist ein Teil unserer selbst. Die schöpferische Kraft des Lebens können wir als Göttin sehen. Wir sind eins mit dieser Kraft, die uns geschaffen hat und am Leben erhält. Es ist schwierig für uns, diese Kraft zu begreifen. Wir können sie nicht mit unserem Verstand erfassen. Indem wir in ihr die großmütige, gebende, spirituelle Mutter sehen, können wir jedoch diese Quelle des Lebens mit der Seele begreifen und erkennen, daß wir niemals weit von ihr entfernt sind.

Nehmen Sie dieses Lied in Ihre Morgen- und Abendgebete auf. Lassen Sie seine Energie auf sich wirken. Fühlen Sie den Trost, der Sie durchströmt und Ihnen Kraft zum Fühlen und Handeln gibt.

Ich gebe mich dem Göttlichen hin, der schöpferischen Kraft des Lebens, die mich erhält und mir Kraft spendet.

Unser Festhalten an dem, was wir «spirituell» nennen, ist genau das, was ein spirituelles Leben verunmöglicht. Wenn wir festhalten, sind wir nicht frei und können nicht wahrhaft lieben. Solange wir uns ein Bild davon machen, wie wir oder andere Menschen sein sollten, halten wir fest; und ein wahrhaft spirituelles Leben ist frei von jeglichem Festhalten. Charlotte Joko Beck

Jesus zeigte den Menschen, daß ein Festhalten an religiösen Regeln unser spirituelles Wachstum behindert. Aus demselben Grund bieten tibetische Buddhisten während ihrer heiligen Zeremonien Alkohol und Fleisch an. Der mexikanische Indianer und Zauberer Don Juan beschrieb diese Wahrheit ähnlich: «Ich halte an nichts fest, also habe ich nichts, das ich verteidigen müßte.»

Erforschen Sie Ihr eigenes Verhalten: Sie wollen schon lange einen bestimmten Film sehen, aber Ihr Partner möchte die Zeit anders mit Ihnen verbringen. Bestehen Sie darauf, Ihren Willen durchzusetzen? Versuchen Sie, Ihren Vorschlag als den besseren hinzustellen? Unterdrücken Sie Ihre Wünsche zugunsten des anderen? Beobachten Sie, was Sie tun und warum Sie es tun. Hinterfragen Sie Ihr Handeln, ohne darüber zu urteilen, damit Sie daraus lernen können.

Ich weiß, daß es mich unfrei macht, an irgendeinem Menschen oder einer Sache festzuhalten. Deswegen will ich vielmehr immer wieder versuchen loszulassen – besonders das, was mir am meisten am Herzen liegt, wie zum Beispiel meine eigenen Vorstellungen und Wünsche.

Im Laufe der Jahre habe ich mich an Kummer gewöhnt: denn es gab keinen Frühling, da ich die Blumen nicht zurücklassen mußte. Izumi Shikibu

Izumi gibt in ihrem Gedicht einer einfachen Wahrheit Ausdruck: Alles Leben entsteht und vergeht. Wenn etwas stirbt, wenn wir etwas verlieren, sind wir traurig. Wenn wir unsere Trauer aber wie die Dichterin betrachten, hält sie nicht an. Wir erkennen sie, empfinden sie und lassen sie los. Izumi weiß, daß das Leben ein Zyklus ist. Wir erleiden Verluste. Wir sind traurig, aber das Leben besteht nicht nur aus Kummer: Es gibt auch Freude und Schönheit.

Wenn unser Geist sich der Wahrheit öffnet, daß alles Leben vergänglich ist, kommt er zur Ruhe. Dadurch akzeptieren wir das Leben als Ganzes und empfinden Leichtigkeit. Unser Geist ist auf einmal im Gleichgewicht.

Ich akzeptiere, daß Tod und Trauer zum Leben gehören, daß das Leben ein ewiges Auf und Ab von Entstehen und Vergehen ist und doch ein in sich geschlossener Kreis ohne Anfang oder Ende.

Das ist Liebe: Unrecht ertragen und sich nicht darüber aufhalten; andere von ihrer Last befreien und tun, was getan werden muß; guten Mutes sein, wenn andere Trost durch Heiterkeit brauchen; dankbar für die eigene Kraft sein, wenn andere sie benötigen; sanft und liebevoll sein und der Schwachheit der anderen Verständnis entgegenbringen. Teresa von Avila

Wie häufig sagen wir «Ich liebe dich», wenn wir in Wahrheit «Ich liebe mich» meinen. Wir lieben das, was der andere für uns tut und die Gefühle, die diese Person in uns auslöst. Um so zu lieben, wie es die Heilige Teresa beschreibt, müssen wir aufhören, selbstsüchtig zu sein. Man hat uns beigebracht, daß wir einen Menschen, den wir lieben, ständig auf seine Fehler aufmerksam machen dürfen. Das ist aber keine Liebe, sondern Kritik. Wahrhaft lieben heißt, über die Schwächen des anderen hinwegsehen und seine Schönheit und Weisheit erkennen. Denn unsere eigenen Fehler sind es, die wir korrigieren müssen. Wir sollten andere also nicht ausnutzen, wenn wir ihre Schwächen sehen, sondern ihnen unsere Unterstützung gewähren, wenn wir darum gebeten werden. Wir sollten andere ermutigen, ihre Stärken zu erkennen und sich selbst zu helfen. Lieben heißt, mit ganzem Herzen dem anderen dienen.

Ich will meine Selbstsucht und Freude am Kritisieren aufgeben und diese Energien in Liebe verwandeln. Ich will mich bemühen, vor allem meine eigenen Fehler zu beseitigen, statt immer diejenigen der anderen zu bemängeln.

Wie können wir einander berühren, meine Schwestern? Wir pflegen unsere Sanftheit und erhalten die Nahrung der Erde grün. Die Hitze ist so wichtig wie die Lava. Wir brennen jede in jeder. Wir brennen und brennen. Wir rufen in Millionen von Chören. Wir erscheinen bewaffnet als Mütter, Großmütter, Schwestern, Kriegerinnen. Wir brennen.

Meridel Le Sueur

Bei den Vipassana-Meditationen für Frauen üben wir insbesondere Achtsamkeit. Wir arbeiten mit dem Atem und machen uns bewußt, daß wir atmen. Wir atmen alle dieselbe Luft. Nach der Meditation nehmen wir uns Zeit, um zu erkennen, daß wir alle miteinander verbunden sind und uns gegenseitig helfen können. Denn wir üben alle gemeinsam und sind sicher.

In unseren Herzen entdecken wir die Fähigkeit, sanft zu uns selbst und anderen zu sein. Die Erde und alle ihre Bewohner spüren diese Sanftheit. Das Feuer verbrennt unsere Unzufriedenheit und gibt uns die Kraft, zu sehen. Durch dieses Feuer wird uns bewußt, daß wir alle eins, daß wir miteinander verbunden sind. Uns wird bewußt, welche Auswirkungen es hat, wenn wir einen Wald roden, fossile Brennstoffe einsetzen oder Wasser verbrauchen.

Die Achtsamkeit macht uns fürsorglich und rücksichtsvoll.

Ich spüre meine Sanftheit und mein Einssein mit allem Leben. Ich erkenne, daß ich zu mir selbst, zu den anderen Menschen und übrigen Lebewesen, der Natur, der ganzen Welt Sorge tragen muß.

Die Blume sagt: Sei einfach, Alice. Es genügt, zu sein. Sein ist alles. Dein heiteres, sonniges Ich, das du im Moment vermißt, wird wiederkehren, wie es immer wiederkehrt, aber nur einfaches Sein wird dies bewirken.

Alice Walker

Uns selbst zu kritisieren und zu verurteilen ist uns zur Gewohnheit geworden. Wir meinen, auf eine bestimmte Weise empfinden zu müssen. Wir akzeptieren nur einen Teil unserer Gefühle. Aber wir können nur dann wirklich glücklich sein, wenn wir alle unsere Gefühle annehmen. Wir müssen auch die Traurigkeit akzeptieren. Denn erst dann können wir sie loslassen. Indem wir sie bewußt erleben, geschieht das ganz von selbst.

Wenn Sie am Ende einer Beziehung stehen, verspüren Sie vielleicht Schuld, Zorn oder Selbstmitleid. Diese unbequemen Gefühle können sich aber als kostbar und fruchtbar erweisen, wenn Sie sie willkommen heißen. Sie haben die Gelegenheit, all die Traurigkeit und den Ärger darüber, was hätte sein können und nicht war, zu verarbeiten. Arbeiten Sie mit Ihren Gefühlen, lassen Sie sie zu, erkennen, fühlen und erleben Sie sie. Beschuldigen Sie niemanden. Denn dann sind Ihre Gefühle einfach eine Energie, die Sie umwandeln können. Ihr Gleichmut und ein tiefes Gefühl des Friedens werden bald zurückkehren.

Ich will alle meine Gefühle zulassen, die in mir aufsteigen. Auf diese Weise kann ich sie loslassen und zu meinem ursprünglichen Sein, ohne Gedanken oder Gefühle, zurückkehren.

Seine eigenen Vorzüge erkennen ist der erste Schritt dazu, sie vermehrt zu nutzen. Jede von uns ist auf eine bestimmte Weise mit einem Talent gesegnet, ob wir uns dessen bewußt sind oder nicht. Und jede von uns muß irgendwann in ihrem Leben Platz schaffen für all die Talente, die ihr zur Verfügung stehen, und damit etwas tun, das schon längst hätte getan werden sollen. Audre Lorde

Bei einem Meditationsseminar wurden wir von unserer Lehrerin aufgefordert, gewisse Hausarbeiten zu übernehmen. Wir sollten unsere Gedanken aber nicht schweifen lassen und ständig daran denken, daß wir meditieren wollten und keine Lust zur Hausarbeit hatten, sondern darüber nachdenken, wie privilegiert wir waren, ein paar Tage in einer wundervollen Landschaft zu verbringen, wo wir uns in Ruhe und Sicherheit spirituellen Übungen hingeben und in der Gesellschaft anderer Schwestern wertvolles Wissen in uns aufnehmen konnten.

Erforschen wir die Gründe, die uns zum Geben bewegen. Geben wir aus einem Gefühl der Dankbarkeit und des eigenen inneren Reichtums heraus? Oder unwillig, weil das Geben zu einer der gesellschaftlich definierten Aufgaben der Frau gehört? Die unscheinbarste Tat der Großzügigkeit aber, die wir reinen Herzens tun, ist ein großes Geschenk für die Welt – daran sollten wir denken.

Ich will voller Großzügigkeit geben um des Gebens willen, aus Freude daran, anderen durch meine Gaben zu helfen, aus Liebe zu meinen Mitmenschen. Ich will keinen Dank dafür erwarten und nicht daran denken, ob ich durch mein Geben dem Frauenbild unserer Gesellschaft entspreche.

Wenn du das Wesentliche und das Leben nicht kennst, trennst du das Schöpferische vom Empfangenden. Aber an dem Tag, an dem du beides vereinst und zum Elixier des Lebens mischst, fällst du zwar trunken in den Krug, brauchst aber doch keine helfende Hand.

Tan Guangzhen

Das Schöpferische und das Empfangende sind Ausdruck der einen Lebensenergie, so wie das Ein- und Ausatmen die Atmung als Ganzes bilden. Das aktive oder schöpferische Element und das empfangende oder integrierende Element ergänzen sich und sind gleichwertig. Unser Herzschlag besteht darin, daß sich die Herzklappen öffnen und schließen, damit das Blut zirkulieren kann. Die beiden Bewegungen sind gleich wichtig. Sie richten sich nicht gegeneinander, sie ergänzen sich vielmehr und bilden gemeinsam ein Ganzes.

In vielen Kulturen werden Frauen und Männern bestimmte Rollen zugewiesen, unter der falschen Annahme, daß nur Frauen empfangen und nur Männer erschaffen können. Das sind stereotype Rollenklischees. Doch beide Elemente, das schöpferische und das empfangende, sind Bestandteile ein und desselben Lebensflusses und sind beiden Geschlechtern gemeinsam. Erwachen heißt, diese Elemente ins Gleichgewicht bringen. Und das ist Glückseligkeit.

Indem ich das Empfangende und das Schöpferische als Teile eines Ganzen erkenne, erkenne ich das Wesentliche. Ich erkenne auch, daß beide Teile sowohl in der Frau wie im Mann vorhanden sind und ich deshalb genauso geben wie empfangen kann.

Um unser Leben interessanter, gütiger, abenteuerlicher und freudvoller zu gestalten, sollten wir neugieriger werden – unabhängig davon, ob das Objekt unserer Neugier bitter oder süß ist. Um ein Leben zu führen ohne Kleinlichkeit und Vorurteile und ohne Gedanken, die nur um die Erfüllung unserer eigenen Wünsche kreisen, um ein leidenschaftlicheres, erfüllteres und vergnügteres Leben zu führen, müssen wir erkennen, daß wir viel Freud und Leid erfahren werden, bevor wir herausfinden, wer wir sind und was diese Welt ist.
Pema Chödrön

Neugier ist uns allen angeboren. Beobachten Sie zum Beispiel, wie ein Baby lernt. Es greift, tastet und forscht. Wenn es laufen lernt und dabei umfällt, steht es immer und immer wieder auf. Seine angeborene Neugier und sein innerer Antrieb, sich zu entfalten, führen es über Erfolge und Mißerfolge immer weiter. Es sagt nicht: «Ich bin hingefallen, also werde ich das lieber nicht mehr versuchen.» Wenn das der Fall wäre, würde niemand von uns laufen lernen. Als Erwachsene müssen wir uns diese kindliche Neugier bewahren. Das bedeutet nicht, kindisch zu sein. Menschen, die sich kindisch verhalten, wollen immer ihren Willen durchsetzen. Sie handeln so, als ob sich die ganze Welt nur um sie drehen würde. Wir wollen kindisches Verhalten vielmehr in kindliche Neugier umwandeln und die Bereitschaft wiedererlangen, Risiken einzugehen.

Meine Neugierde läßt mich wachsen. Denn wie oft ich auch hinfalle, wieviele Mißerfolge ich auch erlebe auf meinem Weg – ich stehe immer wieder auf, da mich meine Neugier vorwärts treibt.

Nach langer Sehnsucht erscheint die wilde Orchidee, setzt ihre Wurzeln tief in die weichen Wände des Herzens. Beim Einatmen schließen die Ranken ihre kraftvollen Arme um deinen Hunger, beim Ausatmen strömt rosa Licht durch das Innere deines Brustkorbes. Ein sanfter Sprühregen erfrischt deinen Geist, und der Kummer weicht purpurnen Orchideen des Regenwaldes. Jean Boughton

Jeder Mensch, jedes Lebewesen auf dieser Erde möchte glücklich sein. Als Menschen haben wir die Möglichkeit, zu wahrem Glück zu finden. Wir werden nicht glücklich, wenn wir uns der Traurigkeit verschließen, sondern wenn wir ihr uns öffnen. Wir müssen das Risiko eingehen, Trauer zu erfahren, den Schmerz in unserem Leben und den Schmerz im Leben aller anderen Menschen zu spüren. Dieser Schmerz wird unser Herz aufbrechen, so daß die Samen der Freude darin aufgehen und durch unsere Tränen getränkt zu voller Blüte kommen können.

Ich wage es, mich dem Schmerz zu öffnen. Das braucht viel Mut, der aber dadurch belohnt werden wird, daß ich durch diese Öffnung zu Freude und Glückseligkeit finden kann.

Dein Herz hört niemals auf, sich zu öffnen, die Flut des Einatmens spült es herein, die Ebbe des Ausatmens trägt es hinaus. Das Flüstern eines Liebsten, ein Lied, ein Gedicht, ein Gebet, das dich ganz macht und dein Herz erwachen läßt. Marcelina Martin

Uns Frauen wurde das Geschenk zuteil, zu erkennen, daß alles Leben miteinander verbunden ist. Wahre Macht besteht darin, mit allem verbunden und in Einklang zu sein. Wenn wir diese Macht in uns erwecken, wird Frieden auf der Welt einkehren. Unsere Kultur sieht Macht als Macht *über* eine andere Person, eine bestimmte Gruppierung, eine Kultur. Diese Macht resultiert in Aggression und wer Macht auf diese Weise sieht, ist gierig und schafft enormes Leid und viel Schmerz. Wahre Macht hingegen steht in Einklang, ist in Harmonie mit allem Leben. Sie ist nützlich und mit allem Leben verbunden. Sie begünstigt nichts und niemanden. Wahre Macht gibt und verbindet, weil dies ihrem innersten Wesen entspricht. Wahre Macht heißt das Leben willkommen. Lieben und wissen, daß wir lieben: Das ist wahre Macht.

Wahre Macht hat nichts mit Unterdrückung zu tun, sondern mit Verbundenheit und Harmonie. Nach dieser Erkenntnis will ich handeln und meine Macht nicht dazu mißbrauchen, anderen Leid zuzufügen.

März

Wir brauchen Rituale, um uns zu erinnern. Wir müssen uns bewußt werden, was unser Leben uns bisher gebracht hat, wir müssen leiden und unsere Stärke schätzen, um aus der Vergangenheit ausbrechen und in die Zukunft schreiten zu können. Minni Bruce Pratt

Auf unserem spirituellen Weg reden wir oft über die Notwendigkeit, loszulassen. Es besteht allerdings ein Unterschied zwischen loslassen und verleugnen oder verdrängen. Wenn wir uns nicht an das Vergangene erinnern, wenn wir es nicht akzeptieren und willkommen heißen, können wir nicht loslassen, können wir uns nicht der Gegenwart öffnen oder reinen Herzens in die Zukunft schreiten. Wir müssen all unsere Erfahrungen annehmen und akzeptieren, und zwar die guten wie die schlechten. Dadurch, daß wir das Geschehene akzeptieren, lassen wir es los.

Anfangs können wir vielleicht erst loslassen, nachdem wir mit einer bestimmten Erfahrung abgeschlossen haben. Sobald wir geübter sind, können wir uns jeder Erfahrung öffnen, ohne daß wir versuchen, sie festzuhalten oder loszuwerden. Das Loslassen ist dann Teil unserer selbst.

Ich will loslassen, damit ich vorwärtsschreiten kann.

Spirituelle Erfahrungen kann man nicht erzwingen, denn sie sind so zart wie das Flüstern des Windes. Man kann seinen Geist und seinen Körper reinigen und sich darin üben, beide zu pflegen. Da die Gesellschaft uns lehrt, Äußerlichkeiten zu erstreben, um Erfüllung zu erlangen, entfernen wir uns von unserer angeborenen Weisheit.

Tsultrim Allione

In der westlichen Welt leben wir inmitten einer Fülle von Konsumgütern, und man hat uns gelehrt, uns zu nehmen, was wir brauchen. Man hat uns beigebracht, daß alles käuflich ist, daß wir in unserem Beruf, in unseren Beziehungen und auch sonst überall erfolgreich sein können. Diese Art des Denkens können wir nicht auf das spirituelle Leben anwenden. Spirituelle Erfahrungen können wir uns nicht einfach kaufen.

Innere Reinigung ist eine gute Vorbereitung auf spirituelle Erfahrungen. Wir können unseren Körper durch eine vernünftige Lebensweise reinigen und unseren Geist von negativen Gedanken befreien. Unsere Beweggründe und Absichten reinigen wir durch unsere Bereitschaft, anderen zu dienen, und indem wir unser Verlangen nach materiellen Gütern und Selbstverwirklichung aufgeben. Wir stärken unseren Wunsch, den Willen der Göttin zu erkennen und zu erfüllen und im Einklang zu sein mit dem Dharma, dem allumfassenden Gesetz der Verbundenheit, des Verständnisses und der Liebe.

Ich will meinen Körper und meinen Geist reinigen als Vorbereitung auf meine spirituelle Reise.

Wir sind hier, um Zeuge der Schöpfung zu sein und zu ihrer Entfaltung beizutragen. Wir sind hier, um der Schönheit und Stärke um uns herum bewußt zu werden und die Menschen zu preisen, die um uns sind.

Annie Dillard

Kinder haben es gerne, wenn man ihnen zusieht. «Mami, schau, was ich mache, schau, was ich mache!» Es liegt in unserem Wesen, Zeuge der Geschehnisse um uns herum zu sein. Wenn wir in Frieden und Einklang mit uns selbst leben, brauchen wir unseren Geist nicht dazu zu zwingen, gelassener Zeuge eines Geschehens zu sein. Oft quälen uns Unruhe, Rastlosigkeit, Angst und Zweifel und beeinträchtigen unsere Beobachtungsgabe. Wir können diese wieder aktivieren, indem wir wahrhaft schauen und unserer Gedanken gewahr werden. Wenn wir geduldig sind und uns lange genug beobachten, werden wir feststellen, daß die unangenehmen Gefühle und Gedanken kommen und gehen. Wir müssen unsere Entscheidungen nicht von ihnen abhängig machen und brauchen sie nicht zu unterdrücken. Wenn wir die wahre Natur unserer Ängste und Nöte erkennen und merken, daß sie unpersönlich sind und sich ständig verändern, identifizieren wir uns nicht mehr mit ihnen. Wir öffnen uns der Spontaneität, der Güte, Freude, dem Gleichmut und der Dankbarkeit.

Ich will Zeuge aller meiner Empfindungen, Gedanken und Gefühle sein und erkennen, daß sie zwar zu mir gehören, aber nicht mein wahres Wesen ausmachen.

Heiliger Geist, der Du allem Leben schenkst, der Du alles Leben bewegst, Du Wurzel aller Dinge, der Du alles reinwäschst, der Du all unsere Fehler auslöschst, der Du all unsere Wunden heilst, Du bist unser wahres Leben, leuchtend, wunderbar, unser Herz aus jahrhundertelangem Schlaf zum Leben erweckend.

Hildegard von Bingen

Die heilige Hildegard, eine christliche Mystikerin aus dem zwölften Jahrhundert, liebte die Erde und die gesamte Schöpfung. Sie war eine vielseitig begabte Frau: Sie war Dichterin, Malerin, Musikerin, Ärztin, Prophetin und Forscherin. Es inspiriert uns, zu wissen, daß es Mystikerinnen gab und gibt, die das Leid durchbrochen und wahre Freiheit und Glückseligkeit entdeckt haben. Wir beschreiten vielleicht nicht denselben Weg wie sie, aber wir wissen, daß auch wir Freiheit erlangen können.

Hildegard von Bingen erinnert uns daran, daß der Geist die Quelle allen Lebens ist. Wir alle wissen darum, auch wenn diese Wahrheit noch in uns schlummert. Es gibt eine Weisheit und eine Freude, die die Grenzen unseres Körpers sprengen. Unser Atem kann uns diese Weisheit und Freude zugänglich machen.

Inspiration, der lateinische Ausdruck für Einatmen, heißt, *den Geist in sich aufnehmen*. Indem wir atmen, können wir also die Wahrheit entdecken.

Mein Atem ist mir eine Quelle der Inspiration, die mir das Tor zu Weisheit und Freude öffnen wird.

Seit der Zeit des ersten Atemzugs wohnt die Liebe in uns, ein Schatz, gehortet in den verborgenen Gewölben unseres Herzens. Bevor der erste Samen die Knospe des Lebens hervorbrachte, stieg eine Lerche im Inneren über Deinen Wiesen auf, auf dem Heimweg begriffen. Wie könnte ich anders, als Dir hundertmal danken? Dein Antlitz erleuchtet den Schrein von Hayatis Auge, allgegenwärtig und lieblich.

Bibi Hayati

Das Leben gleicht einer wundersamen Reise. Viele verborgene Schätze warten darauf, von uns entdeckt zu werden. Und wie aufregend ist die Entdeckung, daß der Schatz der Liebe in unseren Herzen wohnt. Mit dieser Liebe werden wir geboren. Diese Liebe ist älter als alles Leben. Zu wissen, daß eine solche Liebe vorhanden ist, ist höchste Freude. Es gibt viele Menschen, die unter solch unglücklichen Umständen geboren werden, daß sie diese Liebe niemals wahrnehmen können, weil sie sie nie von einem anderen Menschen erfahren haben. Wir, die wir dieser Liebe gewahr sind, sollten ihr Ausdruck verleihen. Lassen wir zu, daß diese Welt unsere Herzen berührt, denn dann offenbaren sich uns Liebe und Freude. Wenn wir anderen Mitgefühl entgegenbringen, wird das Leid ein Ende nehmen.

Ich will meine Liebe offenbaren, denn dadurch kann ich das Leid dieser Welt lindern.

Alles, was wir zur Gänze tun, tun wir als einsam Reisende. Wie sehr sich unsere Freunde auch für uns freuen, wie sehr sie uns unterstützen, von niemandem können wir erwarten, daß er unsere Gefühle in ihrer ganzen Tiefe nachempfinden kann oder wirklich verstehen kann, was wir durchgemacht haben. Natalie Goldberg

Als ich begann, außerhalb meiner Heimatgemeinde zu unterrichten, fühlte auch ich mich als «einsam Reisende». Die Workshops und Seminare, die ich im ganzen Land abhielt, waren eine herrliche Erfahrung für mich. Ich traf viele Frauen, die den Mut hatten, ihr Innenleben zu erforschen. Es war eine Ehre für mich, zu beobachten, wie sie sich veränderten, während sie Angst und Schmerz hinter sich ließen und ihre Kreativität und Weisheit entdeckten. Jede Meditationssitzung war so wunderbar und vollkommen, daß ich meinen Freunden nie wirklich beschreiben konnte, was ich erlebt hatte. Zuerst fühlte ich mich einsam mit meinen tiefgehenden Erlebnissen, die ich mit keinem Menschen wahrhaft teilen konnte. Ich erkannte aber, daß dies weder möglich noch erstrebenswert ist. Langsam kehrte ich wieder zu meinem täglichen Leben zurück. Während ich unterwegs gewesen war, hatten meine Freunde nämlich genauso viele Erfahrungen gemacht, die ich mit ihnen nicht teilen konnte.

Ich reise einsam, aber voller Freude, denn obwohl ich meine Erfahrungen nicht mit allen Menschen gleichermaßen teilen kann, weiß ich doch, daß auch alle anderen viele wertvolle und schöne Erfahrungen machen.

Nur indem wir uns im Kreis bewegen, entdecken wir die Harmonie in unserem Inneren. Nie ist sie wahrhaft verloren; wir müssen sie nur annehmen und im Einklang mit dem Universum schwingen. Dhyani Ywahoo

Heute wollen wir uns Zeit nehmen, einfach nur dazusitzen und tief zu atmen. Spüren Sie, wie sich das Leben, der Atem, in Ihnen bewegt. Dieser Atem, die Kraft des Lebens, die ohne Unterbrechung oder Anstrengung fließt, ist Harmonie. Viele Leute begeben sich erst auf die Suche nach innerer Harmonie, wenn sie etwas Schmerzliches erleben und mit den üblichen Methoden nicht darüber hinwegkommen. Wie schmerzlich solche Erfahrungen auch sein mögen, sie bieten Gelegenheit, innezuhalten, alte Verhaltensmuster aufzugeben und sich wahrhaft zu wandeln.

Beginnen Sie mit Ihrer Wandlung sofort, indem Sie jetzt mit Ihrem Atem arbeiten. Spüren Sie Ihren Atem zehn Minuten lang, ohne sich von Ihren Gedanken ablenken zu lassen. Erleichtern Sie sich diese Übung, indem Sie sich einen Konzentrationspunkt suchen, wie etwa Ihre Zunge. Lenken Sie Ihre Aufmerksamkeit darauf, indem Sie gelegentlich prüfen, ob Ihre Zunge entspannt auf dem Gaumenboden liegt.

Mein Atem ist die Kraft und Harmonie des Lebens, die in mir schwingt. Ich will mich auf die Suche nach dieser inneren Harmonie begeben und nicht darauf warten, daß ich von außen dazu gezwungen werde.

Mich verlangt nach einer Revolution der Frauen wie nach einem Liebhaber. Mich gelüstet danach; ich will diese Freiheit so sehr, das Ende von Kampf, Angst und Lügen, die wir alle verbreiten, daß ich dafür sterben würde – im Tod diesen leidenschaftlichen Wunsch auf den Lippen.

Robin Morgan

Der Internationale Tag der Frau ist ein passender Anlaß, um über diesen Auszug aus Robin Morgans Gedicht «Monster» nachzudenken. Robin Morgan wünscht sich eine ehrlichere und angstfreiere Welt. Die Unterdrückung der Frau ist ein Kind der Angst und diese Angst führt zu Lügen, die Frauen wie Männern gleichermaßen schaden. Feminismus und Spiritualität haben gemein, daß sie beide für die Freiheit, für das Ende der Angst und Lügen kämpfen. Ängstliche und unehrliche Menschen verursachen Leid und Schaden und schaffen eine Gesellschaft, die ebenfalls Schaden anrichtet. Weitreichende gesellschaftliche Veränderungen sind aber nur möglich, wenn wir in unser Innerstes schauen und unser wahres Selbst erkennen.

Alles Leben wird von uns Frauen geboren und alles Leben entsteht aus dem Nichts. Alles Leben ist Teil der Schöpfung und alles ist mit allem verbunden. Wenn wir das verstehen, verstehen, daß nichts allein für sich bestehen kann, finden wir zu einem Leben in Harmonie mit der gesamten Schöpfung.

Ich gedenke aller Frauen dieser Erde, die mich durch ihre schöpferische Kraft daran erinnern, daß alles miteinander verbunden ist.

Der Tag ist ein Geschenk ohne Zeit, von Augenblick zu Augenblick löse ich mehr von seiner Umhüllung. Mit Anmut bewege ich mich in ihm, mir nicht voraus, nicht hinter mir zurück, wie ein Tiger, wie eine Möwe. Laßt mich daran denken, daß ich das Morgen auf die gleiche Weise enthüllen kann. Ein langsames Geschenk, zeitlos, gelebt wie das Leben eines Tigers, einer Möwe.

Sue Silvermarie

In der Hektik des modernen Lebens ist Zeit knapp geworden – oder, wie einer meiner Lehrer sagen würde: «Zeit ist die realste Illusion.» Sue Silvermaries Gedicht «Sich krank melden» beschreibt einen Tag, an dem jemand nicht zur Arbeit geht, um Zeit zu haben. Wenn wir achtsam sind, können wir allerdings auch normale Arbeitstage bewußt erleben. Das können wir üben, indem wir alle Arbeiten mit größter Aufmerksamkeit ausführen. Wenn Sie bei der Arbeit sitzen, so machen Sie sich bewußt, daß Sie sitzen, und spüren Sie den Druck Ihrer Knochen auf der Unterlage. Genießen Sie Ihre Wahrnehmungen. Lassen Sie Ihren Geist ruhen. Denken Sie nicht jetzt schon an Ihre nächste Aufgabe. Jede Handlung, die wir mit Achtsamkeit tun, schafft Raum, ist eine Öffnung. Wenn keine Gedanken vorhanden sind, öffnet sich unser Geist. Das ist Freiheit.

Ich erkenne, daß die Zeit ein kostbares Gut ist, das ich aber in jedem einzelnen Augenblick bewußt erleben kann, wenn ich mich in Achtsamkeit übe.

Gleichmut entsteht aus Weisheit und Liebe und ist daher keine für sich allein stehende Eigenschaft.

Dr. Thynn Thynn

Gleichmut heißt bei den Indianern «im Gleichgewicht gehen». Alle indianischen Lehren sagen aus, daß eine Verbindung zwischen allem Leben besteht. Wenn wir im Gleichgewicht gehen, bewegen wir uns vom Zentrum dieser Allverbundenheit auf alle Lebewesen zu. Wir haben dann eine Beziehung zu allen Lebewesen. Die Fähigkeit, sich der zerbrechlichen Beziehung zu unserer Umwelt und allem uns umgebenden Leben bewußt zu sein, entstammt einer tiefen Weisheit und diese Weisheit ist Liebe. Wir glauben irrtümlich, daß Gleichmut und Gleichgültigkeit dasselbe sind. Und in unserem Leben streben wir häufig nur noch danach, unsere eigenen endlosen Wünsche zu befriedigen – wir haben unser Gleichgewicht verloren.

Weisheit, Mitgefühl und Gleichmut sind miteinander verbunden. Mitgefühl bedeutet, sich in andere hineinversetzen zu können. Gleichmut hilft uns, Bindungen und Gefühle zu überwinden, damit wir die Dinge losgelöst von unseren Gefühlen betrachten können. Mit Hilfe der Weisheit können wir Lösungen für unsere Probleme zum Wohle aller finden. Wenn wir weise, gleichmütig und mitfühlend sind, «gehen wir im Gleichgewicht».

Ich strebe nach innerem Gleichgewicht, nach Gelassenheit und Gleichmut, damit ich die Welt betrachten und die Ereignisse an mich herantreten lassen kann, ohne sofort gefühlsmäßig darauf zu reagieren.

Weibliche Genialität ist die Blüte der Erfahrung aus der Sicht einer einzelnen Frau, die mutig genug ist, das Leben in seiner ganzen Tiefe zu erfahren, mit all seinen Höhen und Tiefen, mit der ehrfurchtgebietenden Vision des Todes und der Unendlichkeit. Genialität, Wahnsinn und Heiligkeit sind miteinander in der Einsicht verbunden, daß das Leben größer ist als wir selbst: Und wer dieser Einsicht gewachsen ist und sogar darüber sprechen kann – ohne sie jemals wirklich in Worte fassen zu können –, die hat Genialität erfahren. Ariel Ruth Hoebel

Jene, von denen wir meinen, daß sie Genies sind, scheinen so ganz anders als wir selbst zu sein. Genialität scheint unerreichbar. Doch ein Funken davon ruht in uns allen. Genies haben Visionen. Diese Visionen mögen sich auf bestimmte Bereiche konzentrieren, aber diese Bereiche sind Teil eines größeren Ganzen. Wir können lernen, im Bewußtsein dieses größeren Ganzen zu leben. Genialität ist Mut. Genies gehen Risiken ein und machen Fehler, um ihre Visionen ausdrücken zu können. Wir mögen diese Visionen in ihrer Ganzheit nicht immer verstehen, aber wir sollten darauf vertrauen, daß sie vorhanden sind und daß es möglich ist, sie in die Tat umzusetzen. Und das gibt uns Kraft.

Ich will versuchen, meine Genialität zum Ausdruck zu bringen, denn auch ich habe Visionen – wie ein Genie –, die es wert sind, realisiert zu werden

Ich glaube, nur wenn wir uns selbst tiefgreifend ändern und damit unser aller Leben beeinflussen, bewirken wir einen dauerhaften Umschwung. Anaïs Nin

Vor einigen Jahren nahm ich an der Ersten Internationalen Konferenz Buddhistischer Frauen teil. Eine der eindrucksvollsten Persönlichkeiten, die ich auf der Konferenz traf, war Ehrw. Hea Choon Suk, eine dreiundsiebzig Jahre alte *Bhishuni*, eine Buddha geweihte Nonne, aus Korea. Ihre Stärke und ihre Selbstsicherheit beeindruckten uns alle. Sie behandelte jede Person mit derselben Demut und warmherzigen Güte.

In ihrer vierzigjährigen Meditationspraxis hat sie fünf wichtige Punkte entwickelt, die zur Meditation gehören sollten und deren letzter die Eigenverantwortung betrifft: «Immer wenn ich auf Schwierigkeiten treffe, will ich mich daran erinnern, daß ich selbst dafür verantwortlich bin.» Wenn wir diese Art der Eigenverantwortung entwickeln, ohne dabei uns selbst oder anderen Schuld zuzuweisen, lösen wir uns davon, Situationen als gut oder schlecht zu bewerten. Wir betrachten sie auf unpersönlichere Weise. Wir beginnen zu erkennen, was wir ändern können und was nicht. Diese tiefe Erkenntnis gewinnen wir durch tägliche Meditation und durch fortwährende Achtung vor allem Leben.

Ich bin für mich selbst verantwortlich und will deshalb niemandem die Schuld an meiner Lebenssituation geben. Ich kann mir nicht aussuchen, mit welchen Ereignissen ich im Leben konfrontiert werde, aber ich kann verantwortungsbewußt darauf reagieren.

Unser erotisches Wissen gibt uns Macht und wird zu einer Lupe, mit der wir alle Bereiche unseres Daseins genau untersuchen können – wobei wir gezwungen sind, diese Bereiche ehrlich in Bezug auf ihre Bedeutung in unserem Leben auszuwerten. Und diese große Verantwortung, uns nicht mit dem zufrieden zu geben, was bequem oder minderwertig ist, was von der Gesellschaft erwartet wird oder einfach nur Sicherheit bedeutet – diese große Verantwortung muß jede von uns übernehmen.

Audre Lorde

Eros, Liebe und unser erotisches Wissen stellen unsere leidenschaftliche Verbundenheit mit dem Leben dar. Wenn wir wach sind für diese Leidenschaft, durchdringt sie alles, was wir sehen. Wenn wir mit den Augen der Liebe sehen, erscheint uns die Welt frisch und neu. Sogar im tiefsten Leid entdecken wir dann Schönheit, weil die Welt plötzlich voller Lebendigkeit ist.

Diese Leidenschaft verändert unser Leben. Sie ist gefährlich. Wir genießen nicht länger das Gefühl von Geborgenheit, das uns unsere Gewohnheiten und Überzeugungen vermittelt haben. Unsere bewährten Methoden des Selbstschutzes versagen. Wir können uns nicht länger hinter Behaglichkeit und Bequemlichkeit verstecken. Wir riskieren vielmehr alles, ohne zu wissen, ob unsere Mühen belohnt werden.

Ich lebe in leidenschaftlicher Verbundenheit mit dem Leben. Ich will wach sein, mich lebendig fühlen und die Macht der Liebe und erotischen Fähigkeiten in mir spüren.

Was euch trifft, meine Schwestern, trifft uns alle. Die ganze Erde spürt den Widerhall. Schon mit der Empfängnis wird das Kind in diese Gemeinschaft aufgenommen.

Meridel Le Sueur

In der buddhistischen Tradition gibt es eine wunderbare Meditationsübung namens *Metta*, was so viel bedeutet wie *liebevolle Güte*. Die Metta-Meditation soll uns helfen, alles Leben als eine einzige große Gemeinschaft und Familie zu erkennen.

Setzen Sie sich bequem hin und atmen Sie ein paar Mal tief ein. Konzentrieren Sie sich auf Ihre Atmung und stellen Sie sich vor, daß Ihr ganzer Körper mit der Energie der liebevollen Güte erfüllt wird. Atmen Sie diese Güte ein und lassen Sie sie sich in Ihrem ganzen Wesen verbreiten. Wünschen Sie sich Frieden und Zufriedenheit, Gesundheit und Güte. Wenn die Güte leicht durch Ihren Geist fließt, erweitern Sie die Meditation wie folgt: Stellen Sie sich beim Ausatmen vor, daß die gütige Energie aus Ihnen heraus- und jemandem zuströmt, den Sie lieben. Stellen Sie sich nun vor, daß diese Energie allen Menschen zuströmt, daß sie sich über die ganze Welt verbreitet und selbst jene erreicht, die sie nicht mögen oder gar nicht kennen. Beten Sie: Möge es mir und allen Menschen gut gehen.

Ich will mir selbst liebevolle Güte zukommen lassen und allen anderen Menschen, ob ich sie nun kenne oder nicht.

Unsere wahre Natur ist nicht irgendein Ideal, dem wir entsprechen müssen. Sie ist das, was wir in diesem Augenblick sind, und damit können wir uns anfreunden, wir können es feiern. Pema Chödrön

Erwartungen sind zerstörerisch. Sie schwächen uns. Sie schaffen Druck und Konflikte. Wenn wir etwas allzu sehr erwarten, dann ist das Scheitern schon vorprogrammiert. Dieses Scheitern wiederum führt zu Enttäuschung, Verzweiflung, Wut und Schmerz – ob es nun unsere eigene Erwartungshaltung oder die der anderen war, die zu unserem Scheitern geführt hat.

Spiritualität bedeutet, genau in diesem Augenblick achtsam zu sein. Spiritualität heißt, mich so lieben, wie ich bin, besonders in den Augenblicken, in denen ich verzweifelt und wütend bin. Spiritualität bedeutet, mich immer wieder mit meinen schlechten Seiten anzufreunden, mit *allen* Aspekten meines Charakters.

Ich nehme mich an, so wie ich bin. Und statt von mir das Unmögliche zu erwarten, bringe ich mir selbst Liebe entgegen – wodurch ich fähig werde, auch andere zu lieben und sie nicht durch meine hohen Erwartungen abzuschrecken.

Wir sehen nicht aus der Erinnerung. Sehen hat kein Gedächtnis. Sehen geschieht in diesem Augenblick. Unser ganzes Wesen ist daran beteiligt. Wir sehen, ohne darüber nachzudenken, was der Erinnerung entstammt; wir sehen, indem wir in diesem Augenblick offen hören und schauen.

Toni Packer

Wann immer wir etwas sehen, empfinden wir diese Sinneswahrnehmung entweder als angenehm, unangenehm oder als keines von beidem. Diese Empfindung erfolgt so schnell, daß wir sie gar nicht bemerken. Wir können sie nicht verhindern, aber wir können uns ihrer bewußt werden. Wenn wir dies nicht tun, vergleichen, bewerten und beurteilen wir ständig alles, was wir sehen.

Die folgende Übung dient dazu, achtsames Sehen zu üben. Schließen Sie Ihre Augen und konzentrieren Sie sich auf Ihren Atem. Öffnen Sie langsam Ihre Augen. Betrachten Sie, was Sie erblicken, als würden Sie es zum ersten Mal sehen. Während Sie auf diese Weise üben, werden Sie feststellen, wie Gedanken, Gefühle und Erinnerungen in Ihnen wachgerufen werden, die ihr achtsames Sehen überlagern und Sie nicht klar sehen lassen. Jedesmal, wenn Sie etwas betrachten und sich dabei an etwas erinnern oder das, was Sie sehen, bewerten, halten Sie deshalb inne und beginnen Sie von neuem.

Ich übe mich in achtsamem Sehen, damit ich die Dinge wieder völlig unvoreingenommen betrachten, damit ich ihre Schönheit wirklich erkennen und ganz in mich aufnehmen kann.

Die Frau ist die Schöpferin des Universums, das Universum hat ihre Gestalt; die Frau ist das Fundament der Welt, sie ist die wahre Gestalt des Körpers. Welche Form sie auch annimmt – in der Frau finden wir die Gestalt aller Dinge, allen Lebens dieser Welt. Es gibt kein selteneres Juwel als die Frau. Es gibt keine Reichtümer, es hat sie nie gegeben und es wird sie nie geben, die wertvoller sind als die Frau.

Saktisangama Tantra

Das hinduistische Saktisangama Tantra beschreibt ausgesprochen wortreich und gewandt die Macht und Stärke der Frau. Sakti ist die tätige weibliche Macht der Schöpfung. Alles Leben entstammt dieser Macht. Als Frau werde ich von dieser heiligen, schöpferischen Macht durchströmt. Als Frau nehme ich meine Verantwortung als Mitschöpferin dieser Welt an.

Sprechen Sie das Saktisangama Tantra dreimal als Teil Ihrer täglichen Morgenmeditation. Bleiben Sie danach still sitzen, um sich von der Macht der Worte durchdringen zu lassen. Erkennen Sie die Wahrheit dieser Worte. Wenn Sie sie in sich aufnehmen, werden sie Sie mit göttlichem Stolz erfüllen. Seien Sie Ihres göttlichen Wesens gewahr. Erkennen Sie Ihre Fülle, von der Sie leben und geben können.

Ich spüre, wie ich von der schöpferischen weiblichen Kraft durchströmt werde. Von diesem Reichtum will ich profitieren und ihn mit allen anderen Menschen teilen, so daß ich selbst Leben erschaffe und erhalte.

Hingabe entsteht nicht durch Zufall. Hingabe ist eine Fähigkeit. Und sie wächst so wie ein Muskel: indem man sie gebraucht. Charlotte Joko Beck

Wenn wir etwas versprechen, hoffen wir, daß wir unser Versprechen halten können, und haben gleichzeitig Angst, daß wir dazu nicht in der Lage sein werden. Versprechen werden oft leichtfertig gegeben, vor allem aus Liebe und Leidenschaft. Wir machen viele Versprechungen, solange wir glauben, eine Gegenleistung dafür zu erhalten. Die Macht der Hingabe jedoch ist stärker als alle Hoffnungen, die wir uns aufgrund unserer Versprechungen machen.

Eine Schwangerschaft ist ein gutes Beispiel für wahre Hingabe. Während der Schwangerschaft gehört unser Körper plötzlich nicht mehr uns allein. Ein anderes Wesen bewohnt ihn, das wir nähren und das in uns wächst. Nach der Geburt ernähren wir dieses Wesen immer noch durch unseren Körper, indem wir es stillen. Mit dem Kind wachsen auch unser Pflichtbewußtsein und unsere Hingabe. Unser Kind gehört dem Universum. Es ist uns anvertraut worden, damit wir darauf achtgeben und für es sorgen. Natürlich haben wir häufig andere Bedürfnisse, aber unser Kind braucht uns. Unsere eigenen Wünsche müssen wir zurückstellen und uns der Situation anpassen. Unsere Hingabe knüpft sich nicht daran, ob unser Kind uns Freude bereitet oder nicht. Sie stellt keine Bedingungen.

Ich will Hingabe zeigen, denn wahre Hingabe ist für mich eine Möglichkeit, meine Liebe zum Ausdruck zu bringen.

Ich muß herausfinden, wie ich Ungerechtigkeit aufzeigen kann, ohne Groll zu empfinden, wie ich Frauen, die meditieren, dabei helfen kann, ihre Lehrer nicht zu idealisieren, um sich selbst und andere Frauen und Kinder vor Mißbrauch zu schützen – wie ich das tun kann und mir gleichzeitig Mitgefühl, Wohlwollen und Gleichmut bewahre, die der Kern des spirituellen Weges sind.

Sandy Boucher

Viele Frauen wurden von Geistlichen, von religiösen Führern und Lehrern mißbraucht. Gerade von diesen Menschen erwarten wir, daß sie integer sind. Es fällt schwer, sich der Tatsache zu stellen, daß man sexuell mißbraucht wurde. Allzu leicht glauben wir, daß wir selbst schuld sind, daß wir es herausgefordert haben. Und ist der Täter einer unserer spirituellen Lehrer, macht das die Situation nur noch schlimmer.

Niemand hat das Recht, unsere Grenzen durch sexuelle Übergriffe zu verletzen. Niemand hat das Recht, seine Macht zu sexueller Nötigung zu mißbrauchen. Niemand darf unser Mitgefühl und unsere Fähigkeit zu vergeben gegen uns verwenden und uns auf diese Weise zum Schweigen bringen. Wir brauchen zwar Mitgefühl und wir müssen vergeben. Wir müssen aber auch über den Mißbrauch reden. Und wir brauchen die Unterstützung unserer spirituellen Gemeinschaften, um weiteren Mißbrauch zu verhindern.

Ich werde nicht schweigen über den Machtmißbrauch meiner Lehrer und Vorbilder, der sich im schlimmsten Fall in sexueller Nötigung äußern kann.

Die Kunst der Meditation hilft uns, die Trennung zu überwinden, um zu unserer wahren Natur zurückzufinden und sie zu erfahren. Meditation soll uns nicht helfen, uns selbst zu vervollkommnen. Meditation ist eine außerordentlich tiefgehende, andächtige Erfahrung mit dem Ziel, eins zu werden mit dem kosmischen Buddha – oder, anders ausgedrückt: Gott zu erfahren.

Roshi Jiyu Kennett

Heutzutage suchen viele Menschen nach dem Sinn des Lebens. Sie wollen bedeutungsvolle spirituelle Erfahrungen machen. Die Meditation wird von vielen als eine Methode zur Entspannung, zur inneren Sammlung, zur Erlangung von schöpferischer oder heilender Energie betrachtet, als ein Mittel, ein besserer Mensch zu werden. Tatsächlich haben solche Vorstellungen nichts mit eigentlicher Meditation zu tun. Konzentrations- und Visualisierungsübungen helfen uns zwar dabei, uns unsere Kreativität zu vergegenwärtigen. Das Ziel wahrer Meditation besteht jedoch nicht darin, einen anderen Menschen aus uns zu machen. Einer meiner Lehrer verglich den Prozeß des Meditierens mit dem Schälen einer Zwiebel: Wenn wir eine Zwiebel schälen, Schicht um Schicht, fließen unsere Tränen, bis nichts mehr von der Zwiebel übrigbleibt. Jetzt gibt es nur noch leeren Raum und nichts trennt uns mehr von unserer wahren Natur.

Durch Meditation erkenne ich meine wahre Natur – und das ist das Ziel, das ich beim Meditieren anstrebe. Ich will mich dadurch also nicht ändern, sondern so akzeptieren, wie ich bin.

Spirituelles Leben bedeutet, alle Schlösser und Burgen und alle Sicherheiten niederzureißen. Erst dann, und nur dann, können wir endgültige Sicherheit erlangen.

Irina Tweedie

Die Annehmlichkeiten des Lebens zu genießen ist sicher nicht falsch. Aber wir haben den Komfort und die Bequemlichkeit zur Religion erhoben und unsere Bedürfnisse sind endlos. Wir wollen immer mehr, und zwar nicht nur an materiellen Gütern, sondern auch an Anerkennung und Macht. Wir klammern uns an unsere Anschauungen und Meinungen und halten sie für die Wahrheit an sich, ohne die wir nichts wert sind. Man hat uns beigebracht, an allem festzuhalten – die Erfahrung zeigt uns aber immer wieder, daß Loslassen der einzige Weg in die Freiheit ist. Solange wir an unseren Überzeugungen festhalten, sind wir deshalb nicht frei.

Säen Sie heute, am ersten Frühlingstag, den Samen der Freiheit. Konzentrieren Sie sich auf eine einfache Handlung. Trinken Sie zum Beispiel eine Tasse Tee und machen Sie sich dabei jede einzelne kleine Bewegung bewußt: das Greifen nach der Tasse, das Festhalten, das Hochheben. Halten Sie inne und sammeln Sie Ihren Geist. Empfinden Sie Ruhe und Freiheit.

Mein spirituelles Leben ist der Weg in die Freiheit, und zwar der einzige Weg. Denn wenn ich ihn gehe, lerne ich, mich von allem Materiellen, aber auch von allen meinen Gedanken und Gefühlen zu lösen, so daß ich von nichts mehr abhängig bin.

Obwohl es hier gewaltig stürmt, strömt doch auch der Mondschein herein durch die Dachsparren dieses zerfallenen Hauses. Izumi Shikibu

Dasselbe Leben, das uns Schmerz beschert, bereitet uns auch viel Freude. Was ist inmitten von Schmerzen und unliebsamen Ereignissen der Unterschied zwischen zwei Menschen, von denen der eine mit Freude und Heiterkeit durchs Leben geht und der andere erfüllt von Wut, Bitterkeit und Bedauern? Der Unterschied liegt in der inneren Einstellung. Wenn man offen ist, dann ist man sowohl bereit, den Schmerz zu akzeptieren, wie auch dafür, das Schöne zu sehen. Wenn wir offen sein wollen, müssen wir alles im Leben willkommen heißen – sowohl das Bittere wie das Süße. Wir sind bereit, uns hinzugeben und alles zu akzeptieren, und zwar nicht grollend oder gedemütigt, sondern mit der Erkenntnis: Das ist das Leben. Und alles ist Energie, die wir umwandeln können; wir können also aus all unseren Erfahrungen lernen und an ihnen wachsen.

Ich nehme Freud und Leid gleichermaßen an, denn ich weiß, daß beides zum Leben gehört und es das Leben sonst gar nicht geben würde.

Wie der Wind so lasse der Mensch sein Mitgefühl teilhaftig werden allen, die das Verlangen danach haben. Er sei ein Wind, der den Kranken hilft, ein Tau, der sanft die Einsamen tröstet, Regenluft, die den Schwachen erfrischt.

Hildegard von Bingen

Gerechtigkeit und Barmherzigkeit sind zwei wichtige Eigenschaften, die entstehen, wenn wir unser Herz öffnen. Barmherzigkeit erlangen wir, indem wir unseren Widerstand überwinden. Welche Angst hält uns davon ab, Sorge und Anteilnahme gegenüber anderen Menschen zu empfinden? Weshalb erweisen wir nicht allen Menschen gleichermaßen Barmherzigkeit? Solche Fragen zu erforschen fördert unser inneres Wachstum.

Stellen Sie sich im Geiste vor, daß Sie einer Freundin etwas anbieten – einen Teller mit frischem Obst oder auch Ihre Wohnungsschlüssel. Beobachten Sie dabei genau, was Sie empfinden oder denken. Wenn Sie sich ganz dem Geben hingeben können, erweitern Sie die Übung: Stellen Sie sich nun anstelle einer Freundin einen Menschen vor, der Ihnen nicht so nahesteht. Stellen Sie sich schließlich jemanden vor, auf den Sie wütend sind oder den Sie nicht mögen. Urteilen Sie nicht über Ihre Gedanken und Gefühle, sondern atmen Sie weiter und lassen Sie ihnen freien Lauf.

Allen Menschen ohne Unterschied lasse ich Barmherzigkeit und Gerechtigkeit widerfahren. Dabei überwinde ich meine inneren Widerstände, die mich bis jetzt davon abgehalten haben, anderen Gutes zu tun.

Warum niederknien und beten um ein langes Leben? Der ursprüngliche Geist ist gewiß völlig rein. Zerschlage den Raum, um wahrhaft frei zu sein, so wird das Streben nach Juwelen und Heiligtümern nur noch Schall und Rauch sein.

Fan Yunqiao

In der taoistischen Lehre bezieht sich die Aufforderung «Zerschlage den Raum» auf den letzten Schritt in der Meditation, wenn man eins wird mit dem Tao, der universellen Harmonie. Das «Streben nach Juwelen und Heiligtümern» ist ein buddhistisches Sinnbild für die Erfüllung aller Wünsche, für den befreiten Geist. Dieses Streben ist bald «nur noch Schall und Rauch», es ist bedeutungslos, nicht mehr notwendig. Denn Rituale und Riten sind nur ein Hilfsmittel, um uns zur Erleuchtung zu führen, müssen aber letzten Endes ebenfalls überwunden werden.

Die christliche Tradition formuliert es anders: «Dein Wille geschehe.» Das bedeutet aber nicht, daß jemand Macht über uns erlangt. Es bringt vielmehr unsere Bereitschaft zum Ausdruck, eins zu werden mit dem großen Gesetz des Universums, dem Gesetz der Verbundenheit, der Harmonie und der Liebe. Solange wir diese Einheit nicht erreicht haben, sind wir nicht wahrhaft frei.

Meine Rituale verhelfen mir zur Einheit mit dem Universum – und diese Einheit gibt mir Freiheit. Denn wenn ich sie erlangt habe, halte ich an nichts mehr fest, bin losgelöst und unabhängig von allem.

Wenn die Welt durch menschliche Anstrengungen geheilt werden kann, so wird dies durch ganz gewöhnliche Menschen geschehen, Menschen, deren Liebe zu allem Leben größer ist als ihre Angst. Menschen, die sich der Lebensenergie, welche uns hervorgebracht hat, öffnen und aus ihr Ruhe und Kraft schöpfen. Joanna Macy

Wir können den Himmel auf Erden schaffen, hier und jetzt, indem wir die Schönheit schätzen; indem wir großzügig sind und teilen; indem wir gütig zu anderen sind; indem wir das Leben in seiner Kostbarkeit freudig umarmen. Wir können den Himmel auf Erden schaffen, indem wir uns unermüdlich darum bemühen; indem wir bereit sind, uns unserer inneren Verhärtung mutig zu stellen; indem wir bereit sind, unsere Kanten abzurunden und uns zu öffnen.

Ich will den Himmel auf Erden schaffen, indem ich mich der universellen Lebensenergie anvertraue und mich von ihr erfüllen lasse, so daß ich genügend Kraft für meine anspruchsvolle Aufgabe habe.

Ich sage dir, die blühenden Rosen wollen aus der Hecke herausstechen, das Gute im Menschen will herausbrechen aus dem blinden Ich. In jedem keimenden Samen zeigt sich das Wunder der Geburt. Marge Piercy

Als mein Schwager zum ersten Mal Vater wurde, sagte er voller Ehrfurcht: «Das Leben ist das einzig Wahre, das ist alles, was zählt.» Das Wunder der Geburt verwandelt uns. Wir können es nicht erleben, ohne gerührt zu sein. Es verändert unsere Wahrnehmung. Es läßt uns andere Dinge als wichtig erachten. Wir müssen uns bewußt werden, daß dieses Wunder jeden Tag geschieht.

Meditieren Sie beim Spazierengehen. Stellen Sie sich vor, daß Sie beim Einatmen Güte in sich aufnehmen und daß beim Ausatmen dieser Güte zu Ihren Füßen eine Rose erblüht.

Ich verbeuge mich vor dem größten Wunder überhaupt: dem Wunder der Geburt. Ich will daran denken, daß sich dieses unermeßliche Wunder jeden Tag auf der ganzen Welt von neuem ereignet.

Höre, wie eine Katze hört, ganz tief in deinem Geist, laß es einfach zu, ohne zu zögern oder dich ablenken zu lassen. Nichts wiederholt sich, ist vorhersehbar oder gleich dem Vorhergehenden – sondern alles ist unerwartet neu, wenn wir auf diese Weise hören. Flora Courtois

Stellen Sie sich folgende Szene vor: Eine Katze liegt in der Sonne. Sie schläft friedlich, erwacht aber sofort bei einem neuen Geräusch. Indem sie sich entspannt und allem öffnet, kann sie ohne Verzögerung auf jede Veränderung in ihrer Umgebung reagieren. Auf gleiche Weise können auch wir hören. Wir müssen nur aufmerksam sein. Dann hören wir und sehen, was geschieht. Wir müssen nicht reagieren. Wir können die Geschehnisse in uns aufnehmen und dann entscheiden, ob wir auf sie eingehen möchten. Ob schnell oder langsam, wir haben die Freiheit, zu entscheiden, ob und wie wir reagieren wollen.

Entspannt und offen nehme ich meine Umgebung wahr – wie ein Tier, das über nichts nachdenkt, nicht vergleicht oder urteilt, sondern die Ereignisse ruhig an sich herantreten läßt.

Die Schöpfung des Selbst ist eine Kunst des Feuers: Jeder Mensch erbaut das Haus für seinen Geist und seine himmlische Zisterne. M. C. Richards

Die Göttin Pele lebt in den Herzen der Hawaiianer als Personifizierung vulkanischer Majestät und Macht. Denn die Bewohner Hawaiis glauben an ein Universum, in dem alle natürlichen Ereignisse als Kräfte betrachtet werden, die mit dem menschlichen Leben verbunden sind. Als ich kürzlich Hawaii besuchte, erlebte ich sowohl die Gelassenheit als auch den Zorn Peles. Ich wanderte durch den Regenwald bis hin zum Kraterrand eines ruhenden Vulkans. In stillem Gebet erbat ich Peles Erlaubnis, mich ihr nähern zu dürfen. Ich legte mich auf den Boden, und zwar dicht neben eine Stelle, an der heißer Dampf durch die Ritzen der aufbrechenden Erde entwich. Peles Atem linderte meine Rückenschmerzen, die ich seit langem ertragen mußte.

Am nächsten Tag strömte Lava aus einem der aktiven Krater. Die Macht der Lavaströme war gewaltig. Ich sah die Erde sich vor meinen Augen verändern, hörte das Krachen der Bäume, die von der Lava erfaßt wurden und in Flammen aufgingen. Schweigend stand ich am Rande der Schöpfung.

Die gewaltigen Kräfte der Natur erinnern mich daran, daß alles Leben miteinander verbunden ist und daß ich mir auch als moderner Mensch des zwanzigsten Jahrhunderts dieser Wahrheit bewußt sein muß.

Und Fliederblüten in ihrer Pracht kehren wie verlorene Freunde durch Kummer zurück, um ihr zu sagen, daß die Liebe niemals vergeht. May Sarton

Wenn wir sehr traurig sind, erfüllt der Kummer unseren ganzen Geist. Es ist schwer, über diese starken Gefühle hinauszublicken. Aber nichts bleibt sich immer gleich und kein Kummer ist ohne Unterbruch. Wenn es uns gelingt, selbst in unserem Leid die Schönheit einer Blume wahrzunehmen, können wir Kummer als etwas Begrenztes erkennen. Eine Blume blüht nur für kurze Zeit, bevor sie stirbt. Aber im nächsten Jahr wird sie wieder erblühen.

Meine Mutter pflegte zu sagen: «Schenkt mir meine Blumen, solange ich lebe.» Ich verstand, was sie damit meinte: Sie wollte die Schönheit genießen, solange sie am Leben war. Denn die Blumen bei einem Begräbnis sind nicht primär für die Toten, sondern für die Lebenden. In unserem Kummer erinnern sie uns daran, daß das Leben, so zerbrechlich und schön es ist, enden, aber bald von neuem entstehen wird. Die Liebe jedoch endet niemals.

Alles Sein ist vergänglich – ewig ist nur die Liebe. Die Schönheit einer Blume aber kann mich trösten, denn sie erinnert mich daran, daß das Leben immer wieder von neuem entsteht.

Ich bin eine Frau, ein menschliches Wesen von außerordentlicher Kraft, Weisheit und Anmut. Mein weiblicher Körper wurde im Körper einer anderen Frau erschaffen. Ich bin Tochter, Schwester, Mutter in Tausenden von Frauengenerationen. Ich bin eine Frau und damit sowohl Teil wie das Ganze des ersten Kreises, des Kreises, der Raum und Zeit überschritt, des Kreises, den wir Frauen bilden.

Ann Valliant und Kathleen Klimek

In den siebziger Jahren kehrten viele Frauen, auch ich, zu der alten Tradition zurück, sich bei Vollmond zu versammeln und die Göttin zu feiern. Es war ein wichtiger Teil unserer spirituellen Reise, daß wir uns an das Göttliche in uns erinnerten. Die oben zitierten Worte unterstreichen auf eindringliche Weise, daß wir selbst – und mit uns alles Leben – heilig sind.

Wenn Sie diese Worte wiederholen, können auch Sie sich als ein wichtiges Glied in der Kette von Müttern sehen. Wiederholen Sie sie morgens vor einem großen Spiegel. Wiederholen Sie sie abends bei Kerzenlicht. Sprechen Sie sie zu sich selbst, zu Ihrer Mutter, Ihrer Großmutter, Ihrer Tochter, Ihrer Enkelin. Bilden Sie mit Ihren Freundinnen einen Kreis und sprechen Sie diese Worte, während Sie sich an den Händen halten.

Ich bin ein wichtiges Glied in einer endlosen Kette von Frauen, die die Macht und Weisheit der Frauen, des Weiblichen, symbolisiert. Das Wissen um diese Kette, um die Verbundenheit der Frauen untereinander, gibt mir Kraft.

Versuchen Sie, alle Menschen, mit denen Sie zu tun haben, auf die gleiche liebevolle Weise zu behandeln. Dadurch wird der tiefe Abgrund zwischen mir und dir überbrückt, was das Ziel aller religiösen Verehrung ist.

Anandamayi Ma

Für kurze Zeit lebte ich früher einmal mit zwei anderen Frauen zusammen. Mit einer der Frauen verstand ich mich gut. Es war deshalb leicht für mich, sie gütig und liebevoll zu behandeln, und es machte Spaß, Zeit mit ihr zu verbringen. Mit der anderen Frau hatte ich mehr Schwierigkeiten. Sie schien nicht in unseren Kreis aufgenommen werden zu wollen und erledigte ihren Teil der Hausarbeit nicht. Ich empfand es als Herausforderung, ihr dieselbe Güte und Liebe entgegenzubringen, die ich der anderen Mitbewohnerin freizügig schenkte.

Das Leben bietet uns immer wieder Gelegenheit, unsere Grenzen zu erkennen. Wo halten wir unsere Liebe zurück? Welche Menschen behandeln wir anders als andere und wieso? Wenn wir uns jeden Tag nur ein bißchen anstrengen, werden wir mit der Zeit gütiger, auch wenn es Ausdauer erfordert. Wenn wir Menschen ungleich behandeln, verwandeln sich unsere Gefühle in Haß, was wiederum in Rassismus, Sexismus und vielen anderen negativen Gefühlen ausartet. Gleichbehandlung hingegen ist Liebe.

Ich will alle Menschen gleich behandeln, auch wenn es mir manchmal schwerfällt, einem Menschen mit Liebe und Güte zu begegnen, der mir unsympathisch ist, der mich verärgert oder mir Leid zugefügt hat.

April

Du hast Augen im Kopf, damit du dich nach allen Seiten umschauen kannst. Entdeckst du irgendwo Schmutz, so wasche ihn ab. Siehst du etwas vertrocknen, so laß es wieder grün werden. Hildegard von Bingen

Der Begriff des «Dienens» läßt uns vielleicht an die Zeit der Sklaverei und Ausbeutung denken. Vielleicht denken wir aber auch daran, wie heutzutage Menschen behandelt werden, die als ungelernte Arbeitskräfte ausgenützt werden. Auf ihre Arbeit wird herabgesehen, die Arbeitsbedingungen sind schlecht, die Arbeitszeit ist lang und der Lohn gering. Aber es gibt noch eine andere Art des Dienens.

Ein Diener ist jemand, der dient, jemand, der eine Aufgabe erfüllt. Schauen wir noch genauer hin. Fragen wir uns: Wem oder welcher Sache soll ich dienen? Und was ist meine Aufgabe? Für die Indianer Nordamerikas zum Beispiel hat jeder Mensch eine bestimmte Aufgabe im Leben, hat Fähigkeiten, die er entwickeln muß, die nicht nur ihm selbst, sondern der ganzen Gemeinschaft und allen Lebewesen dienen sollen.

Ich will meinen Mitmenschen dienen, und zwar nicht wie ein Sklave, der von anderen ausgebeutet wird, sondern freudig, weil ich dieses Dienen als meine Lebensaufgabe betrachte.

In der Form offenbart sich die Sprache des Universums, das sich selber lobpreist. Sein Frohlocken ist überall zu sehen – im Sonnenlicht, das durch Haarflechten scheint, in der Blume und den Blütenblättern, in den sanften Falten eines Gewandes, im menschlichen Körper.

Dianora Niccolini

Setzen Sie sich frühmorgens in die Nähe eines Waldrandes. Beobachten Sie den Nebel, der über die Tannen treibt und die Wälder satt und üppig macht. Er tröpfelt von den bemoosten Bäumen, er fällt wie ein sanfter Regen vom Himmel. Wenn die Sonne den Nebel durchdringt, funkeln die zwischen Büschen und Zäunen gesponnenen taufrischen Spinnennetze in ihrem Licht. Beobachten Sie die Rehe, die die Wiesen auf der Suche nach Futter durchstreifen. Oder spazieren Sie an einem Strand entlang und lassen Sie sich packen vom Anblick des Meeres. Sehen Sie den Möwen beim Putzen zu, die sich von Ihnen, die ruhig vorbeispaziert, nicht stören lassen. Schönheit ist überall.

Ich will die Augen öffnen, um die Schönheit der Natur zu entdecken, die zugleich die Schönheit der Welt und des Universums ist. Sie zeigt mir am deutlichsten die Macht und Pracht aller Schöpfung.

Die Früchte der Aufopferung sind Süße und Geduld, Sicherheit inmitten von Schrecken und Verwirrung, wenn Paviane in Anzüge schlüpfen.

Lynn Park

Ich mag den Humor, der in diesem Zitat steckt. Das Bild der Paviane beschreibt, wie unser Leben von animalischen Trieben bestimmt wird, wie wir von unserem Überlebenstrieb gelenkt werden. Wir versuchen, ihn zu verbergen. Wir verstecken ihn unter unserer Kleidung. Aber wir können auch leben, ohne von Gier und Angst verzehrt zu werden. Wir können unser Leben der Achtsamkeit widmen. Und Achtsamkeit ist Liebe.

Jedesmal, wenn Sie Gier verspüren, stellen Sie sich vor, Sie verbeugen sich vor ihr und geben ihr, was immer sie haben will. Spüren Sie das Begehren, die Angst, die Sehnsucht, die Hoffnung und die Hoffnungslosigkeit. Schaffen Sie Raum für all diese Gefühle. Nähren Sie die Gier mit Ihren wildesten Träumen. Stellen Sie sich vor, wie es ist, vollständig zufrieden zu sein. Spüren und befriedigen Sie die Gier und lassen Sie sie dann los. Atmen Sie tief ein und aus. Seien Sie sich bewußt, daß Ihre Gier nur ein Gedanke ist. Sie können bestimmen, ob Sie sie unterdrücken, zum Ausdruck bringen oder einfach geschehen lassen.

Ich spüre die Gier und lasse sie los. Weil ich ihr Raum gebe, kann sie mich nicht kontrollieren, sondern ich kontrolliere sie – ich führe sie gewissermaßen an der Leine und bestimme, wann ich diese Leine löse.

Hier, meine Töchter, könnt ihr Liebe finden – nicht in verborgenen Winkeln, sondern inmitten der verschiedenen Arten von Sünden. Und glaubt mir, obwohl wir wohl oftmals versagen und Fehler begehen, wird unser Gewinn unvergleichlich größer als diese Fehler sein.

Teresa von Avila

Wenn wir über diese Passage nachdenken, ist es unter Umständen sinnvoll, das Wort «Sünde» auszutauschen, weil es für uns negativ belastet ist. Lesen Sie deshalb statt Sünde «Hindernis». Ein Hindernis ist das, was zwischen uns und der Verwirklichung unserer wahren Göttlichkeit steht. Die Hindernisse in unserem Leben lassen uns erkennen, daß wir die Liebe sind und Liebe verkörpern können. Wir müssen danach streben, uns unsere Gedanken bewußt zu machen und die Gründe für unser Tun genau zu erforschen. Wir haben die Wahl, unsere Achtsamkeit zu vertiefen oder nicht. Wir werden Fehler machen. Wesentlich aber ist, daß wir stets weitergehen auf unserem Weg.

Wählen Sie Worte, die verletzen, oder Worte, die heilen? Sprechen Sie schlecht über andere, sind Sie schroff zu ihnen oder verurteilen Sie sie? Oder sagen Sie nur das Beste über sich und andere? Bevor Sie sprechen, sollten Sie sich drei Fragen stellen: Ist das, was ich sagen möchte, wahr? Ist es gut? Muß ich es sagen?

Ich nutze die Hindernisse in meinem Leben als Gelegenheit, um auf meinem spirituellen Weg vorwärtszukommen.

Shechinah, ich bete, daß Dein Geist jene durchdringen möge, deren Tränen nicht fließen; daß sie erfahren mögen, was es heißt, jenem Gefühl freien Lauf zu lassen, das uns miteinander verbindet, mit der Tradition unserer Vorfahren, mit unseren Nachkommen und der gesamten Menschheit. Für den Segen der Tränen danke ich Gott, daß ich als Frau geboren wurde. Haggadah

Die Haggadah ist ein Text, der zum jüdischen Passahfest rezitiert wird und die Geschichte des Exodus der Israeliten erzählt. Es ist ein Gebet des Dankes für die Fähigkeit der Frauen, zu empfinden und sich mit anderen Menschen verbunden zu fühlen. Beten wir dafür, daß alle Menschen Verbundenheit spüren und die Einheit des Lebens empfinden mögen.

Oft hält man uns Frauen vor, viel zu emotional, ohne Verstand und unrealistisch zu sein. Dabei ist gerade die Verbundenheit, die in unserem Weinen zum Ausdruck kommt, das, was unserer Welt fehlt. Wenn unsere Tränen frei fließen, wenn wir Mitgefühl für die Schmerzen anderer empfinden, wird das Leiden ein Ende nehmen. Solange wir uns von anderen Menschen absondern, verleugnen wir deren Menschlichkeit und fügen einander und der Erde Schmerz zu.

Ich lasse meinen Tränen freien Lauf, weil ich erkenne, wie wichtig es ist, mein Herz zu öffnen und ein bißchen mehr Menschlichkeit in dieser Welt zu verbreiten.

Ich weiß, daß wir alle nach geistigen Dingen hungern, und wenn wir diesem Hunger nicht nachgeben – dann wird er für immer bestehen. Marie Sherman

Meine Mutter lebte ihren Glauben. Sie brachte mir schon früh bei, daß Taten wertvoller sind als Worte. Ich habe sie oft begleitet, wenn sie ältere, kranke oder trauernde Menschen besuchte. Sie hatte immer ein Lächeln für sie bereit und einen Topf mit Suppe. Sie empfand Mitleid mit jenen, die keinen Glauben hatten. Wenn solche Menschen die Schmerzen erleiden, die das Leben unvermeidlich mit sich bringt, fehlt ihnen das Verständnis und die Fähigkeit, mit ihnen umzugehen. Solche Menschen sind oft verbittert und zornig über das, was sie als Ungerechtigkeit des Lebens bezeichnen. So hat zum Beispiel eine meiner Freundinnen, deren Mann schon vor acht Jahren gestorben ist, seinen Tod noch immer nicht akzeptiert. «Er war ein so guter Mann, er hat so viel gegeben, und so viele schreckliche Menschen leben noch immer», klagt sie immer wieder. Meine Mutter hingegen sagte zu mir: «Als dein Vater starb, da dachte ich mir, daß sein Kreis sich geschlossen hatte. Natürlich wünschte ich, er wäre noch immer hier, aber ich sah, daß dies nicht sein konnte.»

Ich will meinen geistigen Hunger stillen und mich jetzt, da ich nur wenige Probleme habe, mit den spirituellen Aspekten des Lebens auseinandersetzen. Wenn mich dann Schicksalsschläge treffen, bin ich gewappnet.

Die Liebe ist das Fundament der Welt. Wo Liebe ist, ist Frieden. Wo Selbstsucht herrscht, herrschen Elend und Leid. Lernt von Mutter Natur, die selbstlos gibt, obwohl der Mensch sie ausbeutet. Vollbringt nur gute Taten und betrachtet alle als Kinder Gottes.

Mata Amritanandamayi

Es erfordert ungeheure Ausdauer, den Bedürfnissen anderer Menschen den Vorrang zu geben, besonders, wenn wir für unsere Anstrengungen nur Gleichgültigkeit ernten. Wir müssen aber geduldig sein und dürfen von den anderen nichts erwarten. Wenn der andere keine Reaktion auf Ihr entgegenkommendes Verhalten zeigt, denken Sie einfach daran, daß Sie dadurch wachsen.

Es gibt viele gute Menschen, die einen ausgeprägten Sinn für Gerechtigkeit und Gleichberechtigung haben. Ihr Engagement wird jedoch als rein politisch, nicht als spirituell angesehen. Wir trennen diese beiden Dinge, weil wir glauben, daß ein spirituelles Leben nur uns selbst nutzt und weder Frieden noch Gerechtigkeit fördert. Andere Menschen halten sich für religiös, sind aber so voller Vorurteile und Haß, daß sie viel Schaden in der Welt anrichten. Spirituelle Übungen lehren das Herz, Zweifel und Ängste umzuwandeln, so daß wir voll und ganz lieben können.

In meiner Liebe will ich Ausdauer zeigen, denn oft werde ich keinerlei Dank für alle Liebe, Güte, mein Mitgefühl und meine Hilfsbereitschaft ernten, die ich den Menschen entgegenbringe, sondern lediglich Gleichgültigkeit.

Das Geheimnis des Empfangenden liegt in der Stille. In der Stille ruht die Kraft zum Handeln.

Zhou Xuanjing

Das Weibliche ist offen und empfänglich, nicht verschlossen und passiv. Offenheit bedeutet, zuzulassen, daß alle unsere Gedanken ungehindert durch unseren Geist fließen können, ohne daß wir sie zu unterdrücken oder festzuhalten versuchen und ohne daß wir ihnen Einfluß auf unser Tun gewähren. Denn viele unserer Gedanken verschaffen uns keine neuen Einsichten, sondern entstammen einfach unserer Gewohnheit.

Das gewohnte Denken einzustellen ist der Anfang des spirituellen Weges. Wenn wir das üben, hat das nichts mit Passivität zu tun. Wir klären vielmehr aktiv unseren Geist, um positive Energie freisetzen zu können.

Wenn Sie feststellen, daß Sie sich an einen Gedanken festklammern, konzentrieren Sie sich auf Ihre Atmung und sagen Sie sich: Ich atme Klarheit ein und Verwirrung aus. Wenn Ihr Geist zur Ruhe gekommen ist, sagen Sie sich: «Ich atme Klarheit ein und Klarheit aus.»

Durch stille Meditation will ich meinen Geist, meine Gedanken und Gefühle zur Ruhe kommen lassen, um dadurch an Kraft für andere Aufgaben zu gewinnen.

Ich fand die Göttin in mir und ich liebte sie / ich liebte sie heftig. Ntozake Shange

Anläßlich eines Rituals zu meinem fünfzigsten Geburtstag reichten wir im Kreise meiner Freundinnen etwas Zedernöl herum. Jede Frau segnete damit zuerst sich selbst und dann mich. So wie diese dienen auch alle anderen spirituellen Praktiken der Welt dazu, unseren göttlichen Kern zu enthüllen. Es gibt viele Gebete, rituelle Handlungen und Gesänge, die uns diese ständige Verbundenheit mit dem Göttlichen bewußt machen. Sich selbst zu segnen bedeutet, das Göttliche in allen Lebewesen zu segnen. Die Energie dieser Segnung verbreitet sich im ganzen Universum.

Wählen Sie einen ruhigen Zeitpunkt und einen Ort aus, an dem Sie ungestört sind. Gießen Sie etwas Wasser oder unparfümiertes Öl in eine Schale. Tauchen Sie Ihre Finger in die Flüssigkeit, berühren Sie damit Ihre Stirn, Ihre Augen, Ihre Nase, Ihre Lippen, Ihre Brüste, Ihren Bauch, Ihre Scham, Ihre Füße. Erteilen Sie sich Ihren Segen. Wählen Sie dazu Ihre eigenen Worte.

Ich weiß, daß das Göttliche in mir wohnt, wie auch in allen anderen Menschen. Deshalb will ich mich und andere immer wieder segnen.

Während der ersten fünf Minuten der Achtsamkeitsübung werden Sie bemerken, daß Sie angenehme Empfindungen festhalten und unangenehme Empfindungen vertreiben möchten. Beide Gefühle verursachen Spannungen in Ihrem Geist. Beide sind unangenehm. Auf diese Weise lernen Sie während der ersten fünf Minuten, was Leiden bedeutet: sich zu wünschen, die Dinge wären anders als sie sind.

Sylvia Boorstein

Zwei meiner Freundinnen lebten vorübergehend in einem kleinen, hübschen Haus, das von Feldern und sanften Hügeln umgeben war. Die eine Frau freute sich beständig darüber, wie schön dieser Ort war. Sie genoß seine Schönheit und ließ sich von ihr inspirieren. Gerade weil Sie wußte, daß sie nur ein paar Monate würde bleiben können, genoß sie die Zeit des Aufenthalts in vollen Zügen. Die andere Frau war oft unruhig und dachte ständig an unerledigte Aufgaben und ihre Pläne für die Zukunft. Sie war immer unzufrieden und konnte in all der Schönheit, die sie umgab, nie richtig zur Ruhe kommen.

Nehmen Sie sich jeden Tag die Zeit, zu würdigen, was sie haben. Das mag eine geistige Fähigkeit sein, ein Gegenstand, eine Freundin oder der Ort, an dem Sie sich befinden. Keines dieser Dinge wird so bleiben, wie es ist. Können wir sie so annehmen, wie sie jetzt sind, ohne zu wünschen, sie wären anders?

Ich will lernen, mich an den schönen Dingen zu freuen, so wie sie mich jetzt umgeben, auch wenn ich weiß, daß sie vergänglich sind, daß sie sich ändern werden – so wie alles im Leben.

Ich bin die Mutter der Tugendhaften, ich bin die Mutter der Gottlosen. Wann immer du bekümmert bist, sprich zu dir: Ich habe eine Mutter. Heilige Mutter

Das sind die Worte der Heiligen Mutter, einer indischen Heiligen des zwanzigsten Jahrhunderts. Sie ist ein Mensch, der seine Göttlichkeit voll und ganz sichtbar macht. Sie verkörpert die göttliche Liebe. Ihre Liebe ist nicht an einzelne gebunden; sie schenkt sie uns allen, unabhängig von unserem Verhalten. Die Heilige Mutter streckt ihre Hand nach jedem Menschen aus, wer immer und wo immer er sein mag. Für alle, die in Not sind, kann es ein großer Trost sein, zu wissen, daß es jemanden gibt, der ihrer gedenkt. Zu wissen, daß sich jemand um uns sorgt und wir nicht allein sind, gibt uns Kraft für all die Prüfungen und Widerwärtigkeiten in unserem Leben. Die Energie der Liebe der Heiligen Mutter ist immer für uns da und wird uns auch dann nicht genommen, wenn wir uns respektlos verhalten. Je bewußter wir uns dieser Energie sind und je mehr wir uns bemühen, unsere einschränkenden Gewohnheiten zu ändern, desto stärker wird uns diese Energie durchdringen.

Das Wissen darum, daß ich nie allein bin mit meinen Sorgen und Nöten, sondern immer durch die Liebe anderer Menschen getragen werde, gibt mir Kraft.

Wenn wir spirituelle Reife erlangt haben, begreifen wir, daß das Gegenteil von Ungerechtigkeit nicht Gerechtigkeit, sondern Mitgefühl ist. Nicht ich gegen dich, nicht ich im Kampf gegen das Übel, nicht ich für Gerechtigkeit für mich und andere, sondern Mitgefühl – ein Leben, das nichts bekämpft und alles erfüllt.

Charlotte Joko Beck

Täglich erfahren wir von Vergewaltigung, Obdachlosigkeit und Mißbrauch. Wir reagieren, indem wir Partei ergreifen. Aber eine solche Reaktion bewirkt nichts. Wir müssen zulassen, daß das Leid unser Herz öffnet, und wir müssen erkennen, daß sowohl Opfer wie Täter leiden. Damit dulden wir ein Verbrechen nicht und entschuldigen auch nicht den Täter. Wir erkennen nur, daß auch er leidet.

Wenn Sie demnächst einen Artikel in der Zeitung lesen, nach dessen Lektüre Sie normalerweise Partei ergreifen würden, atmen Sie langsam und tief ein und lassen Sie Mitgefühl mit dem Leid der Opfer ihr Herz erfüllen. Denken Sie nun daran, daß auch die Täter Schmerz empfinden. Machen Sie keinen Unterschied zwischen Opfer und Täter, sondern lassen Sie den Schmerz aller Menschen Ihr Herz erfüllen. Atmen Sie nun den Schmerz aus und geben Sie ihn der Erde zurück.

Auch wenn es mir schwerfällt, den Tätern dieser Welt, den Mördern und Vergewaltigern, mein Mitgefühl entgegenzubringen, will ich mich dennoch darum bemühen, denn auch die Täter sind Opfer.

Lausche der Vergangenheit, der Zukunft und der Gegenwart, wo du auch bist. Höre mit deinem ganzen Körper, nicht nur mit den Ohren, sondern mit deinen Händen, deinem Gesicht und deinem Nacken. Hören heißt empfänglich sein. Je genauer du hinhörst, desto besser kannst du schreiben. Du nimmst die Dinge in dich auf, so wie sie sind, ohne über sie zu urteilen.

Natalie Goldberg

Was für eine Freude, dem Women's Philharmonic Orchestra zuzuhören, einem reinen Frauenorchester, dirigiert von einer Frau und Werke von Frauen spielend, von denen einige noch nie zuvor aufgeführt worden sind. Eines Abends wurde ein bemerkenswertes Stück von Fanny Mendelssohn gegeben, das ich mir auch anhörte. Während mich der Anblick und der Klang erfüllten, wurde meine Aufmerksamkeit auf die Pianistin gelenkt. Mir war, als könne ich die Musik durch sie hindurchziehen sehen. Sie spielte mit ihrem ganzen Körper. Wenn Sie gerade nicht spielte, hörte sie dem Orchester mit ihrem ganzen Körper zu. Sie hob ihren Kopf und nahm die Musik mit jeder Faser ihres Körpers in sich auf. Ihre Fähigkeit, mit ihrem ganzen Körper zuzuhören, erhöhte ihr spielerisches Können.

Ich kann meine Umgebung mit meinem ganzen Körper wahrnehmen, wenn ich ihrer nur genügend bewußt bin, wenn ich mit meinen fünf Sinnen wirklich höre, sehe, rieche, schmecke und fühle.

So geht die Seele in den Wald, in die Gesellschaft heiliger Leute. Da singen tag- und nachtlang die allersüßesten Nachtigallen der wohlgestimmten Einung mit Gott und manche süße Stimme hört sie da von den Vögeln der heiligen Erkenntnis. Mechtild von Magdeburg

Wir müssen lernen, die Reinheit anderer Menschen zu fördern, statt uns nur auf ihre Fehler zu konzentrieren und sie beheben zu wollen. Wir müssen lernen, unsere eigene Energie zu läutern, was harmonische Gedanken und positive Schwingungen erzeugen wird, die unserer Umgebung zugute kommen werden.

Derlei Schwingungen hat wohl jeder schon einmal erlebt. Ich campierte einmal mit ein paar Freundinnen auf dem Land. Das Feld, auf dem wir unser Zelt aufgestellt hatten, befand sich im Besitz eines bäuerlichen Kollektivs, das einige wirtschaftliche Schwierigkeiten hatte. Wir überlegten, wie wir helfen konnten, aber es schien hoffnungslos zu sein, was uns sehr traurig machte. Zwei Frauen der Gruppe arbeiteten jedoch geduldig weiter. Sie summten zur klassischen Musik aus einem Radio, lachten und freuten sich an ihrer Arbeit. Innerhalb kurzer Zeit erfaßte ihre Energie auch uns und den Rest der Gemeinschaft und unsere Niedergeschlagenheit verwandelte sich in Freude, als wir unsere Energie einfach auf die Arbeit richteten, die zu tun war.

Ich vertraue darauf, daß die positiven Schwingungen meiner Energie auch andere erfassen und dazu animieren werden, überall helfend anzupacken, wo Hilfe gebraucht wird.

Du kamst in mein Leben wie ein prasselnder Monsunregen aus dem Osten, und du hast mich verstreut, so wie der Wind trockenes Gras und die Blüten der Blumen durcheinanderwirbelt. Aus meinem Ich heraus hast du mich ins Nichts verstreut, das jenseits des Nirgendwo, jenseits des Jenseits liegt. Irina Tweedie

Irina Tweedie spricht von ihrem spirituellen Lehrer, der sie an den Ort der Weisheit und der Liebe geführt hat. Irinas mächtige, poetische Worte beschreiben die zerrüttende Erfahrung der Liebe, das Auflösen ihres Selbst, ihre Verschmelzung mit dem Universum. Wahre Liebe bringt unsere Gedanken durcheinander, unsere Gefühle und Überzeugungen, die wir mit unserem Ich verwechseln, so daß wir nicht mehr an unseren alten Denkweisen festhalten können. Erst wenn unser Ich zerstört wird, öffnen wir uns dem Universum, werden wir eins mit der Liebe. Wir werden von der Liebe verwundet. Sie schmerzt, weil wir an unserem Denken und Handeln festhalten wollen. Erst wenn wir uns vollständig hingeben, können wir wie Blütenblätter im Wind zerstreut werden.

Wir sollten in kleinen Schritten Abstand von unseren persönlichen Vorlieben nehmen. Lassen Sie doch zum Beispiel Ihre Freundin das nächste Mal bestimmen, welchen Film Sie sich im Kino anschauen oder in welchem Restaurant Sie essen.

Ich will mich ganz der im wahrsten Sinne des Wortes erschütternden Erfahrung der Liebe öffnen, die alles, was ich denke und fühle, durcheinanderbringt und alle Gewohnheiten umstößt.

Der Himmel auf Erden ist überall, wo ein Mensch von Liebe zu Gott, zu seinen Mitmenschen und zu sich selbst erfüllt ist.
Hildegard von Bingen

Vielen von uns, die im christlichen Glauben erzogen wurden, ist dieser Glaube fremd geworden. Das Wesen der christlichen Lehren hat sich in Hierarchien und Institutionen verloren, in Begriffen wie Schuld und Bestrafung, in Frauenhaß. Unserer Wurzeln beraubt, suchen wir nach einem anderen Glauben, der unser Herz mehr anspricht. Wir müssen das traditionelle Christentum also nicht fortsetzen, aber wir müssen mit der religiösen Tradition unserer Familie Frieden schließen. Und wie bewegend sind in diesem Zusammenhang die Worte von Hildegard von Bingen, einer der größten deutschsprachigen Mystikerinnen!

Jede Glaubensrichtung hat große religiöse Vorbilder hervorgebracht und viele von ihnen waren und sind auch jetzt noch Frauen. Als Frauen müssen wir diese weiblichen Vorfahren kennenlernen, damit wir von ihren Worten erfüllt werden und von ihrer Weisheit lernen.

Ich will mir spirituelle Vorbilder suchen, die mich inspirieren und mir Kraft geben. Dies können Frauen wie Männer sein – denn ich will daran denken, daß nicht nur Männer zu einem spirituellen Leben fähig sind.

Der Pfad der Alchimie, das solltest du wissen, führt direkt nach oben – das mystische Juwel ist nur in unseren Herzen.

Cui Shaoxuan

Erleuchtung ist nur in uns selbst und kann nicht außerhalb gefunden werden. Alle religiösen Traditionen haben Rituale und Riten, die dazu dienen, das Herz zu öffnen und uns das innere Licht wahrnehmen zu lassen. Wenn wir festhalten, glauben wir, daß unser Weg besser ist als der der anderen oder nur ein einziges Gebet oder Ritual die ganze Wahrheit enthält. Gleichgültig jedoch, welcher Tradition oder welchem Weg wir folgen, wir müssen allmählich über seine religiösen Praktiken und Rituale hinauswachsen. Denn sie sind nur Mittel zum Zweck. Das Festhalten an ihnen verhindert, daß wir unser Herz ganz öffnen. Das offene Herz ist ein Raum, in dem wir uns bereits befinden, auch wenn wir dies nicht erkennen. Er ist immer vorhanden.

Atmen Sie ein paar Mal tief ein und stellen Sie sich dann beim Ausatmen vor, daß Sie durch Ihr Herz ausatmen. Lassen Sie zu, daß es sich öffnet. Denken Sie: Ich muß nirgends hingehen und nichts tun. Ich muß nur atmen. Atmen Sie Freiheit. Atmen Sie Frieden. Atmen Sie.

Ich weiß, daß die Erleuchtung in mir ist und Rituale und andere religiöse Praktiken mir dabei helfen, sie zu erkennen – ich weiß aber auch, daß diese nicht die Erleuchtung selbst sind.

Schwestern, wir sind diejenigen, die einen Umschwung herbeiführen müssen. Es ist nicht unsere Art, etwas aus unserem Körper zu entlassen und Feind zu nennen. Nichts über unsere Feinde war wahr, wir haben keine, Frauen gebären niemals ein feindliches Gesicht. Es ist NICHT *unsere Art, die Erde zu verletzen oder Kriege zu führen, und* DARUM, *süße Schwestern, sind wir es, die einen Umschwung herbeiführen müssen.*

Sue Silvermarie

Seit Tausenden von Jahren führen die Menschen Kriege, und noch immer sind wir voller Angst und Haß, noch immer führen wir Kriege gegeneinander. Unsere Waffen sind größer und unpersönlicher geworden, unsere Gefühle der Angst, der Gier, des Hasses und der Gewalt aber sind noch immer dieselben. Wann wird die Gewalt ein Ende nehmen?

Stellen Sie sich vor, Sie wären an einem schönen Ort in der freien Natur. Atmen Sie tief durch und nehmen Sie die Energie der Erde in sich auf. Atmen Sie aus und lassen Sie Ihre eigene Energie mit der Energie der Erde an ihren Ursprungsort zurückkehren. Denken Sie an Ihre große Liebe zur Mutter Erde. Atmen Sie die Energie der Erde ein und atmen Sie Ihre Liebe zur Erde aus. Empfangen Sie Energie und lassen Sie sie allen Menschen und allem Leben zukommen.

Ich werde eins mit der Energie dieser Erde, die ich allen anderen Menschen weiterreiche im Bestreben, auch sie die Verbundenheit allen Lebens spüren zu lassen, damit der Frieden Einzug halten kann.

Die Göttin selbst wird zum Wohnhaus, das wir für uns errichten. Es scheint, als würde ich sagen, daß wir die Göttin erschaffen und wegnehmen können, denn ich sage, daß die Göttin das Wohnhaus ist und wir selbst es errichten und darin leben können. Und genau das können wir!

Teresa von Avila

Ich mag dieses Zitat, denn es besagt, daß wir unsere Vision von Gott in unserem Sinne errichten können. Es gibt keine einzig wahre Vorstellung von Gott. Es gibt keine einzig wahre Vision. Gott ist, was immer er für uns ist. Gott entspricht unserer persönlichen Vorstellung, wie immer wir ihn wahrnehmen oder uns erschaffen.

Gott ist ein Teil des Seins. Anstatt uns darüber zu streiten, wie wir uns Gott vorstellen müssen, sollten wir uns der Ganzheit bewußt werden, die in jedem von uns ist. Jeder Mensch muß seine eigene Reise antreten, um diese Ganzheit zu entdecken.

Ich kann mir Gott vorstellen, wie ich will, denn er entspricht zugleich allen Vorstellungen und keiner, die wir uns von ihm machen. Genausowenig ist Gott männlich oder weiblich, sondern beides und nichts von beidem zugleich.

Im Buddhismus ist es falsch, anderen ihre Fehler anzukreiden. Wenn wir andere kritisieren, entdecken wir unsere eigene dunkle Seite. Joan Halifax

Häufig kritisieren wir jene Verhaltensweisen, die unseren eigenen Schwächen am ähnlichsten sind. Wenn Sie das nächste Mal jemanden kritisieren möchten, halten Sie inne und atmen Sie einige Male tief durch. Seien Sie sich Ihres Körpers bewußt und versuchen Sie zu spüren, ob Sie angespannt sind. Gibt es etwas, wovor Sie Angst haben? Unterdrücken Sie etwas? Erinnert Sie diese Situation an eine Begebenheit in Ihrer Vergangenheit? Sie brauchen Ihr Verhalten nicht von solchen Gefühlen oder Gedanken beeinflussen zu lassen. Fragen Sie sich, bevor Sie sprechen, ob es notwendig ist, etwas zu sagen. Was passiert, wenn Sie es tun? Was möchten Sie wirklich sagen?

Ich will nicht unnötig kritisieren, sondern mich vielmehr selbst immer wieder in Frage stellen. Denn was mir am anderen nicht paßt, ist oft einer meiner eigenen Fehler. Und bevor ich diesen anderen vorwerfe, will ich ihn erst bei mir selbst korrigieren.

Hilf uns, die immerdar hoffnungsvollen Gärtner des Geistes zu sein, die wissen, daß ohne Dunkelheit nichts geboren wird, so wie ohne Licht nichts erblüht.

May Sarton

Diese Strophe aus May Sartons Gedicht «Kali» zeigt uns deutlich, warum wir sowohl die Dunkelheit wie das Licht brauchen. Wir wollen glücklich sein und das Licht umarmen und verschwenden daher wertvolle Energie darauf, alles Dunkle von uns abzuwenden oder zu verleugnen. Wir vergessen, daß wir beides brauchen und daß es das eine ohne das andere nicht geben kann. Eine Winterlandschaft kann kalt und öde erscheinen, aber unter dem Schnee verbirgt sich der Samen, aus dem eine Rose wird, sobald das Sonnenlicht auf ihn fällt. In der Dunkelheit liegt fruchtbare Macht, das Geheime, das große Unbekannte. Im Licht liegen Klarheit und Weitsicht, die wir erlangen, wenn wir mutig die Dunkelheit umarmen.

Ich umarme die Dunkelheit und das Licht, denn sie bedingen einander: Wenn es die Dunkelheit nicht gäbe, wäre auch das Licht nicht vorhanden und umgekehrt.

Die Frage ist nicht, ob der Löwe sich eines Tages neben dem Lamm niederlegen, sondern ob der Mensch jemals imstande sein wird, sein Lager mit irgendeinem anderen Menschen, irgendeinem anderen Lebewesen zu teilen.

Alice Walker

Die buddhistische Lehre erinnert uns immer wieder an die wertvollen Möglichkeiten, die wir als Menschen haben. Wir sind fähig, das Dharma, das Gesetz der Verbundenheit, des Verständnisses und der Liebe, zu erfahren. Wir haben einen Körper und einen Geist, mit denen wir diese Wahrheit erkennen können. Unser Geist jedoch wird oft von alten Gewohnheiten geleitet. Wir haben Ängste und Zweifel. Wir sträuben uns, wir ver- und beurteilen. Unser Geist ist es, der das Leid erzeugt. Wir sind darauf eingestellt, unser kleines Ich zu befriedigen. Wir glauben, daß unsere persönlichen Wünsche und Bedürfnisse wichtiger sind als die der anderen. Wir ärgern uns über Menschen, die anders sind als wir oder andere Wünsche und Bedürfnisse haben. Wir betrachten uns selbst als Wesen, die für sich alleine stehen, ohne Verbindung zueinander, ohne Verbundenheit mit allem Leben. Wir werden keinen Frieden erlangen, wenn wir unsere Individualität verteidigen, sondern nur, wenn wir unsere Gewohnheiten ändern. Wenn wir erwachen zu der Erkenntnis, daß alle Menschen und alles Leben ein Ganzes sind, werden wir einander kein Leid mehr zufügen.

Ich will dem Frieden leben, indem ich meine Gewohnheiten ablege und meine eigenen Bedürfnisse als genauso wichtig oder unwichtig erachte wie die der anderen.

Lebe nicht der Gegenwart; lasse dein Leben nicht von vergänglichen Dingen beeinflussen. Lebe in der Ewigkeit, jenseits von Zeit und Raum, jenseits vergänglicher Dinge. Dann kann dich nichts beeinflussen.

Elisabeth Haich

Können Sie sich jemanden vorstellen, der sich von nichts beeinflussen läßt? Einen völlig gelassenen Menschen, der nicht von Lob oder Tadel hin- und hergerissen wird? Wir denken vielleicht, daß eine solche Person hart oder gefühllos sein muß. Aber das Gegenteil ist der Fall. Solche Menschen stehen allen Erfahrungen des Lebens gleichermaßen offen gegenüber. Sie *wissen*, daß das Leben Veränderung bedeutet. Diese Menschen werden weder durch angenehme Erfahrungen überheblich, noch bekümmert, wenn ihnen etwas Schlimmes widerfährt. Wenn wir erkennen, wer wir sind und daß wir nicht für uns alleine existieren, gibt es nichts zu verteidigen. Es gibt nichts zu beschützen, nichts, das uns enttäuscht oder verletzt, nichts, das wir einsperren müssen. Es gibt nur Freiheit.

Ich erkenne, daß alles Leben Veränderung ist – was mich gelassen werden und allen Ereignissen mit Gleichmut entgegentreten läßt, was mir die Schönheit der Gegenwart vor Augen führt, da ich nicht ständig mit der Zukunft beschäftigt bin.

Die weibliche Energie, die Energie der Büffelfrau, ist in vielen von uns zur Zeit sehr stark. Die Büffelfrau ist bereit, aus jeder von uns zu leuchten, die zur Ruhe kommt und sie ruft.
Brooke Medicine Eagle

In der Tradition der nordamerikanischen Indianer symbolisiert die Büffelfrau die starke, schöpferische, nährende und verwandelnde weibliche Energie. Diese Energie war schon immer vorhanden, aber sie wurde verdrängt und verleugnet. Wir können sie aber wiederentdecken. Ein Großteil der Menschen ist aus dem unbewußten Zustand erwacht, in dem wir eng mit unserem Körper, unseren Instinkten und der Natur verbunden waren. Diese Verbundenheit wird in unserer Zeit meistens verleugnet und unterdrückt. Deshalb müssen wir lernen, sie wiederzuentdecken, was aber noch nicht der endgültige Schritt unserer Evolution sein wird. Wir müssen über unser Selbst hinausgehen und eine höhere Stufe von Bewußtsein erreichen, auf der wir das Leben als Kreis erkennen. Diese spirituelle Reise dient dazu, daß wir das Göttliche in uns entdecken. Wir müssen Zweifel, Angst, Haß und Gewalt beiseite schieben. Wenn wir alle miteinander verbunden und vereint sind, können wir niemandem Leid zufügen. Die Büffelfrau verkörpert diese Verbundenheit mit allem Leben.

Ich will die Büffelfrau rufen, die die allumfassende Verbundenheit allen Lebens symbolisiert. Durch sie, durch dieses Bewußtsein unserer Verbundenheit, empfange ich die notwendige Kraft, um Frieden zu schaffen.

Ich kann zwischen den beiden nicht unterscheiden: Die leuchtende Pflaumenblüte ist der Mond der Frühlingsnacht.
Izumi Shikibu

Ich verbrachte einmal einen wunderbaren Urlaub auf Hawaii, und zwar auf der trockenen Seite des Big Island. Ich und meine Freundinnen lebten eine Woche lang in strohgedeckten Hütten, ein Generator versorgte uns mit Strom und wir duschten im Freien. Der Strand, weniger als hundert Meter von unseren Hütten entfernt, bestand aus riesigen schwarzen Lavabrocken in seltsamen Formen. Sie entstanden, als Pele Feuer spieh und Lava sich langsam zum Meer hin wälzte und dort in Falten legte, die wie der Rücken einer Schildkröte oder die rauhe Haut eines Nashorns aussehen.

Stellen Sie sich vor, wie Sie am Strand spazierengehen und sich auf die erstarrte Lava legen. Von Zeit zu Zeit überspülen Sie die Wellen des Meeres. Der Tag ist warm und feucht. Große Wolken ziehen über den Himmel und verändern ständig ihre Form. Nach und nach kommt die Sonne durch. Sie hören nur das Geräusch des Wassers, das gegen die Felsen schlägt. Die Wellen rollen über Sie und die Felsen hinweg, bis Sie eins werden mit allem. Alle Ideen und Gedanken, die Ihnen durch den Kopf gehen, werden mit der Flut hinweggespült. Sie werden zu einer anderen Form, einer anderen Gestalt, ähnlich den Felsen, auf denen Sie liegen. Sie verlieren Ihr Zeitgefühl und das Gefühl, ein eigenes Ich zu sein.

Ich erlebe, wie sich meine Grenzen auflösen und ich eins werde mit meiner Umgebung.

Wenn wir erkennen, daß «Körper» und «Seele» wie Kette und Schuß im Gewebe des Lebens sind, kann uns nichts mehr etwas anhaben. Die Seele entkommt jedem Netz. Sie kann nicht durch Mauern begrenzt werden. Sie unterliegt keiner Macht. Sie kann nicht dazu gebracht werden, «im Gleichschritt» zu marschieren. Elsa Gidlow

Man sagt, wir seien Seelen, die versuchen, in einem Körper zu leben. Den Körper kann man gefangennehmen, die Seele aber kann man nicht festhalten oder bewachen. Sie ist Teil dieser Welt und reicht doch über sie hinaus. Wir erkennen vielleicht nicht, daß sie existiert, aber sie ist dennoch immer vorhanden. Man hat uns das wertvolle Geschenk des Lebens gemacht. Wir haben einen Körper erhalten und können nun lernen, unsere Seele in allem, was wir sind, in allem, was wir tun, zu offenbaren. Es gibt sowohl Schmerz als auch Freude auf dieser Welt. Unser Körper zum Beispiel wird krank und alt werden und sterben. Denn alles in der Welt verändert sich rasch – nur wir glauben irrtümlich, daß es etwas gibt, das stabil und beständig ist. Und obwohl wir durch sie viele angenehme Erfahrungen in unserem Leben machen, werden wir durch unseren Körper und unsere Sinne weder dauerhaftes Glück noch Freiheit erlangen. Wenn wir das erkennen, erkennen wir die Seele und damit die Energie, die das Fundament dieser Welt ist.

Ich erkenne, daß sich alle Dinge der materiellen Welt ständig verändern und vergänglich sind. Ich erkenne auch, daß meine Seele anderen Gesetzen unterliegt, daß sie unsterblich und allgegenwärtig ist.

Unser Volk nennt die Zeit, in der wir leben, die Zeit der Reinigung. Es ist auch eine Zeit der Rückkehr. Die Rückkehr dessen, das nie verloren war; immer weitere Kreise von Frauen versammeln sich, um Mutter Erde wachsen zu lassen und zu heilen, und von diesen Ernährerinnen und Stützen der Völker ausgehend wird alles Leben umhüllt und umschlossen, alles, was Teil dieser Erde ist.

Joan Henry

Beschwören Sie mit dieser Segnung den Ursprung der weiblichen Weisheit herauf. Tauchen Sie Ihre Finger in warmes, parfümiertes Öl und berühren Sie damit Ihren Körper vom Kopf bis zu den Füßen, wobei Sie folgende Worte flüstern: «Segne diesen Geist, auf daß er rein, offen und friedvoll sei. Segne diese Augen, auf daß sie Wahrheit und Schönheit aufnehmen. Segne diese Ohren, auf daß sie immer das Lied der Göttin hören. Segne diese Nase, auf daß sie den süßen Duft der Weisheit rieche. Segne diesen Mund, auf daß er spreche, wenn es notwendig ist, auf daß er die Wahrheit sage, auf daß seine Worte voller Güte seien. Segne diese Hände, auf daß sie freizügig geben. Segne dieses Herz, auf daß es offen, voller Wärme und Liebe sei. Segne diese Brüste, auf daß sie Nahrung spenden. Segne diesen Bauch, auf daß er Leben hervorbringe. Segne diese Scham, auf daß sie die Macht der körperlichen Liebe würdige und genieße. Segne diese Füße, auf daß sie im Gleichgewicht gehen.»

Ich will mich segnen, um meine Weisheit heraufzubeschwören; die weibliche Weisheit, die schon immer und für ewig vorhanden war.

Ich glaube, die Frauen sind es nicht so sehr leid, durch ihre vielen verschiedenen Aufgaben aufgerieben zu werden, sondern, sich zwecklos zu verschwenden. Wir fürchten nicht so sehr, daß unsere Energie durch viele lecke Stellen entweicht, sondern, daß sie vergeudet wird. Wenn es die Aufgabe der Frau ist, zu geben, muß auch ihr gegeben werden.

Anne Morrow Lindbergh

Man hat uns das Leben geschenkt, also haben auch wir etwas zu geben. Indem wir geben, schaffen wir Raum, etwas in uns aufzunehmen. Wir halten die Energie im Fluß. Wenn wir uns dieses Kreislaufs bewußt werden, können wir ohne Furcht geben, denn wir wissen, daß alles, was wir geben, zu uns zurückkehrt. Jede von uns erfüllt einen Zweck im Leben. Wir schaffen viel Furcht und Verwirrung, weil wir diesen Zweck nicht kennen. Das führt dazu, daß wir unsere kreative Lebensenergie zurückhalten oder vergeuden.

Manchmal geben wir unbewußt oder wir sind uns nicht im klaren darüber, warum wir geben. Solches Geben erschöpft unsere Energie. Wenn wir uns der Gründe für unser Geben bewußt werden, können wir unsere Energie läutern. Wenn uns diese Gründe klar sind, kann die Energie ungehindert im Kreis fließen: Wir geben und empfangen, weil das dem Wesen der Energie entspricht.

Die Energie des Lebens geht niemals verloren, denn sie fließt in einem Kreis ohne Anfang und Ende.

Nähre den Geist, gehe sparsam mit deinen Kräften um, so als ob du eine volle Schale halten würdest.

Sun Bu-Er

Bedanken Sie sich jeden Morgen für den neuen Tag. Feiern Sie den Wechsel der Jahreszeiten und ehren Sie Ihre Vorfahren. Erfüllen Sie jede Aufgabe, ob klein oder groß, mit Achtsamkeit. Seien Sie großzügig. Machen Sie sich bewußt, daß Sie viel zu geben haben. Seien Sie wagemutig, stolpern und fallen Sie und stehen Sie wieder auf, um neu zu beginnen. Schaffen Sie Schönheit, wo immer Sie hingehen.

Wir können aus dem Gleichgewicht geraten, wenn wir unsere Energie zurückhalten oder zu viel davon geben. Oft überanstrengen wir unseren Körper, unseren Geist und unsere Gefühle. Tun Sie es einer Tänzerin gleich. Gehen Sie sparsam mit ihrer Kraft um und geben Sie nur soviel davon, wie nötig ist, nicht mehr und nicht weniger. Manchmal scheint eine gute Tänzerin quasi zu fliegen. Dieses Können kommt von langem und hingebungsvollem Üben. Was wir nicht üben, verlernen wir. Auch wir können unseren Körper und unseren Geist kräftigen, beweglich und geschmeidig machen, indem wir Bewegungsübungen wie Yoga oder Tai Chi ausführen.

Ich will meinen Geist nähren und sparsam mit meinen Kräften umgehen. Ich will mir ihrer bewußt werden und spüren, wann sie reichlich vorhanden sind und wann sie zur Neige gehen, damit ich mich entsprechend ausruhe und erhole.

Hier ist das immerwährende Vermächtnis – diese Schale, dieser Kelch, dieser Kessel aus alter Zeit mit echtem Blut aus dem Schoß einer Frau, erdfarben, voll versprechender Wärme, rhythmisch, zyklisch, bereit, den Mutterleib zu säumen und für so viele vergossen, um Leben zu spenden.

Robin Morgan

Vor langer Zeit, als Gott eine Frau war, wurde auf den Altären Menstruationsblut als Opferblut dargebracht. Es sollte an die heilige Verbundenheit allen Lebens erinnern, an die Macht der Frau und an die Macht der Wandlung. Menstruierende Frauen wurden auf der ganzen Welt geehrt. In der heutigen Zeit aber wird die Macht dieses Blutes verleugnet. Gerade deshalb müssen wir Raum in unserem Leben schaffen, um die Zeit des Blutens als eine Zeit der Verinnerlichung zu nutzen, denn wir alle brauchen Zeit zum Nachdenken, zur Besinnung. Und wie gut es der Frau doch geht, daß sie etwas hat, das sie an dieses Bedürfnis erinnert! In der Kultur der Indianer und im Tantra wird die Zeit des Blutens als eine Zeit betrachtet, in der die Frau größte Macht besitzt. Die Träume menstruierender Frauen gelten zum Beispiel als zukunftsdeutend. Die blutende Frau stellt ihre üblichen Tätigkeiten ein und verbringt ihre «roten Tage» oder ihre «Mondtage» damit, zu beten und zu meditieren zum Wohle der ganzen Gemeinschaft.

Ich nutze die Zeit des Blutens, um innezuhalten und mich zu sammeln und mir meiner weiblichen Macht bewußt zu werden. Ich weiß, wie wichtig es ist, meine Kräfte zu regenerieren, damit ich später um so freigebiger sein kann.

Mai

Denn das Dharma ist größer als seine Überbringer. Im Laufe der Zeit erkennt man mit Staunen, daß ein dem Dharma gewidmetes Leben, selbst unvollkommen gelebt, die größtmögliche Anstrengung ist, die man für eine bessere Zukunft erbringen kann. Dharma, der große Wandler, hat alles – und nichts – mit Wandlung zu tun.

Charlene Spretnak

Die Welt ist heutzutage so kompliziert und die Probleme sind so übermächtig, daß wir leicht von ihnen erdrückt werden, wenn wir über sie nachdenken. Allein die Frage der Umweltverschmutzung kann uns verzweifeln lassen. Das folgende Bild kann Ihnen helfen, wenn Sie das Gefühl haben, daß Ihre unbedeutenden Taten nichts bewirken. Stellen Sie sich vor, ein kleiner Stein zu sein, der in einen Teich geworfen wird: Sie erzeugen Wellen, die sich ausdehnen und schließlich den ganzen Teich füllen.

Unser spirituelles Leben, das uns lehrt, jeden Augenblick bewußt zu erleben, öffnet uns der Angst, dem Schrecken, der Freude und der Leidenschaft dieser Welt. Achtsamkeit erfordert den Mut, zu wissen, daß wir nicht das Leiden der ganzen Welt lindern können. Wenn wir jedoch gelassen sind, erdrückt uns dieses Wissen nicht.

Ich widme mein Leben dem Dharma, der universellen Wahrheit, die mich erkennen und akzeptieren läßt, daß die Probleme unserer Erde nicht alle von mir allein, nicht sofort und nicht alle auf einmal gelöst werden können.

Wie traurig, heute niemals Männer zu sehen, die sich an den Händen halten, während wir überall Männer erblicken mit Waffen in den Händen. Alice Walker

Warum erwarten wir von Männern, daß sie Waffen tragen? Warum verherrlichen wir die Gewalt? Warum meinen wir, es sei männlich, aggressiv und kriegerisch zu sein? Warum akzeptieren wir es, wenn wir Männer mit Waffen sehen? Warum empören wir uns, wenn sich Männer an den Händen halten? Warum erschreckt uns Liebe zwischen Männern mehr als Gewalt zwischen Männern? Was von beidem schadet uns wirklich? Was von beidem bringt uns Frieden? Wenn wir den Frieden wollen, muß Frieden unser größtes Anliegen sein. Wir müssen aufhören, jene zu fürchten, die anders sind als wir, und wir müssen aufhören, Gewalt zu verherrlichen.

Wählen Sie einen Zeitpunkt der Ruhe und stellen Sie sich diese Fragen. Hören Sie genau auf Ihre Antworten. Fühlen Sie, wie Ihr Körper darauf reagiert. Geben Sie sich nicht mit der ersten Antwort zufrieden. Dringen Sie tiefer ein. Fragen Sie immer und immer wieder.

Da ich den Frieden will, werde ich aufhören, jene zu fürchten, die anders sind als ich. Ich werde Gewalt, Kriege, Waffen und waffentragende Männer nicht mehr glorifizieren, sondern versuchen, andere davon zu überzeugen, daß es immer besser ist, sich an den Händen zu halten als Waffen zu tragen.

Das größte Geheimnis in der Tiefe unseres Herzens ist, daß wir schreiben, weil wir die Welt lieben. Und warum sollten wir dieses Geheimnis nicht mit unseren Körpern hinaustragen in die Wohnzimmer und in die Vorhallen, in die Hinterhöfe und in die Lebensmittelgeschäfte? Laßt uns das Ganze zum Erblühen bringen: das Gedicht und den Menschen, der es schreibt. Und laßt unser immer gütig sein auf dieser Welt. Natalie Goldberg

Eine meiner Freundinnen erzählte mir einmal eine Geschichte über einen Lieferanten, den sie in San Francisco gesehen hatte. Als sie am Lieferwagen vorbeikam, sah sie, wie der Fahrer des Wagens auf zwei Obdachlose zuging, die in einem Hauseingang schliefen. Er sagte zu ihnen: «Entschuldigen Sie bitte, es tut mir wirklich leid, Sie zu stören, aber ich muß ein paar Sachen durch diese Tür tragen.» Meine Freundin war sehr gerührt, weil er so sanft und liebevoll war.

Gütig zu sein ist einfach. Wir müssen andere nur so behandeln, wie wir selbst behandelt werden möchten. Niemand von uns will ignoriert, von oben herab behandelt oder verletzt werden.

Ich will andere lieben wie mich selbst und ihnen genauso viel Güte entgegenbringen, wie mir selbst entgegengebracht werden soll.

Ich empfinde eine Liebe für dieses Leben, die Einfühlsamkeit und Fürsorge in sich birgt, wahre Fürsorge. Wenn du zurückschlägst, verletzt du das Leben. Wenn du einfühlsam und fürsorglich bist, kannst du nicht rachsüchtig oder unversöhnlich sein, ungeachtet dessen, welches Unrecht man dir angetan hat. Ruth Denison

Betrachten Sie einen Baum und versinken Sie völlig in dieser Betrachtung. Spüren Sie den Wind, der in den Blättern raschelt, als ob er über Ihr Herz streichen würde. Sie sind eins mit dem Baum. Sie könnten ihn nicht verletzen, denn Sie würden sich selbst weh tun.

Einfühlsamkeit und die Fähigkeit loszulassen sind lernbar. Das folgende Ritual wird Ihnen dabei helfen. Wenn Sie verletzt worden oder traurig sind, suchen Sie einen Ort in der freien Natur auf, an dem Sie sich sicher fühlen. Suchen Sie sich einen Baum aus, der Ihnen besonders gut gefällt. Besuchen Sie ihn so oft wie möglich. Bleiben Sie lange genug dort, um seine Gegenwart zu spüren. Empfinden Sie die heilende Wirkung, die von dieser Verbindung ausgeht. Selbst wenn Sie ihn nicht spüren können – üben Sie weiter! Allmählich werden Sie etwas empfinden. Je mehr Sie sich in das Wesen des Baumes einfühlen, desto einfühlsamer werden Sie sich selbst und anderen gegenüber sein.

Ich weiß, daß ich mich nicht zwingen kann, Verständnis, Liebe und Mitgefühl zu zeigen. Aber ich weiß auch, daß ich durch stetiges Üben lernen kann, diese Gefühle zu empfinden, und daß es mir mit der Zeit immer leichter fallen wird.

Ich habe beinahe vierzig Jahre lang unterrichtet und meinen Schülern beigebracht, daß jeder von uns ein menschliches Wesen ist. Jeder Mensch ist heilig und trägt den Kern des Göttlichen in sich. Niemand ist mehr als das und niemand kann weniger sein. Margaret Walker Alexander

Spirituelle Lehren sollen uns helfen, so gute Menschen wie nur irgend möglich zu werden. Wir lernen, uns dem Göttlichen in uns zu öffnen, von dem Margaret Walker Alexander spricht.

Die letzte Zeile des obigen Zitats ist für mich ein Schlüsselsatz. Wir werden aufgefordert, unsere Arroganz abzulegen, die uns glauben läßt, daß wir aufgrund unserer Rasse, unserer Hautfarbe, unserer Landeszugehörigkeit oder unseres Geldes besser sind als andere. Wenn wir andere respektlos behandeln, lassen wir uns nicht von der Wahrheit leiten, sondern von unserem Haß und unseren Vorurteilen. Die letzte Zeile fordert uns auch dazu auf, uns nicht mit weniger als der uns innewohnenden Göttlichkeit zufriedenzugeben. Wenn wir uns dem Göttlichen in uns öffnen, werden wir von Mitgefühl und Wärme für alle Menschen erfüllt.

Ich trage das Göttliche in mir so wie alle anderen Menschen auch. Und dieses Göttliche soll alle meine Gedanken, Worte und Taten leiten.

Zuflucht suchen heißt Schutz suchen an einem Ort, an dem man nicht in Gefahr ist. Ich handelte nach dem Grundsatz, daß jede Erfahrung eine einflußreiche Lehrerin sein kann, und ich wandelte, verbrannte, bewegte die Energie der negativen Erfahrungen.

Judith Ragir

Die Überzeugung, daß wir unsere Lebenserfahrungen selbst wählen, um daraus zu lernen, ist nur teilweise richtig und sehr verwirrend. Aufgrund solcher Überzeugungen fühlen Frauen sich schuldig, wenn sie als Kinder mißbraucht worden sind oder vergewaltigt wurden. Dieser Art des Denkens fehlt es an Mitgefühl und sie schadet uns. Klarer und einleuchtender ist der Gedanke, daß wir aus all unseren Lebenserfahrungen sehr viel lernen können, ob diese nun schön oder schrecklich sind. Wenn wir dazu bereit sind, erfüllt uns jede Erfahrung mit Energie, die zu unserer Wandlung beiträgt. Dann können wir heilen. Und darin besteht die Macht der Frau, die Macht der Verwandlung. Klar denken heißt nicht: Ich wurde vergewaltigt, weil ich diese Erfahrung brauchte, um daran zu wachsen. Klar denken heißt: Ich wurde vergewaltigt und ich kann die Energie dieser schrecklichen und schmerzhaften Erfahrung aufnehmen und umwandeln.

Ich suche Zuflucht bei meinen Erfahrungen, deren Energie ich immer zu meinen Gunsten und zum Wohle aller nutzen kann. Denn gerade an schmerzlichen und unangenehmen Erfahrungen kann ich wachsen und der Sicherheit der Wahrheit näherkommen.

Haben Sie jemals erlebt, daß ein Ich *geboren wurde? Haben Sie jemals ein* Ich *gesehen? Das* Ich *wurde nie und wird nie geboren werden, nur der Körper. Das wahre, göttliche Selbst ist selbst die Vollkommenheit und kann deshalb nicht vollkommener werden.*

Elisabeth Haich

In langen Meditationssitzungen können wir Energie und Konzentration aufbauen und unseren Körper eingehend erforschen. Wenn wir aufhören, an ihn zu denken, und ihn einfach wahrnehmen, bemerken wir viele, sich ständig verändernde Empfindungen. Jede sinnliche Wahrnehmung ruft in uns ein Gefühl der Freude, des Mißfallens oder der Gleichgültigkeit hervor. Diese Reaktionen bemerken wir normalerweise gar nicht. Beständig versuchen wir, unsere angenehmen Empfindungen festzuhalten und die unangenehmen von uns zu weisen. Wir können zwar unsere unmittelbaren Reaktionen auf unsere sinnlichen Wahrnehmungen nicht einstellen, aber wir können uns ihrer bewußt werden. Wenn wir erkennen, daß wir gewisse Gefühle als angenehm und andere als unangenehm empfinden, werden wir nicht mehr so sehr versuchen, diese Empfindungen festzuhalten, oder uns davor fürchten. Und unseren Körper wahrhaft und direkt zu erfahren bedeutet, die sich ständig verändernden Empfindungen wahrzunehmen.

Beim Meditieren erkenne ich, daß das Ich oder Selbst nicht existiert. Denn ich stelle fest, daß sich alle meine Empfindungen und darauffolgenden Reaktionen ständig verändern und sich also auch mein Ich ständig verändert.

Ich verbeuge mich in Ehrfurcht vor den Millionen, die das Leben der Erde leben, ihre Arbeit tun, ihr Leid ertragen, das menschliche Schicksal offenbaren. Die ganze Welt ist unser Glaube. Gesegnet mit unserem inneren Kind können wir sie neu erleben. M. C. Richards

Auch wenn die Menschen ganz verschieden voneinander sind, wollen sie doch alle glücklich und ohne Leid und Schmerzen sein. Wir sollten uns deshalb nicht von Menschen absondern, die einer anderen Rasse oder Klasse angehören. Denn gleichgültig wie unterschiedlich wir äußerlich auch sein mögen, innerlich sind wir alle gleich. In uns allen sind Gier, Haß und die Fähigkeit zur Täuschung vorhanden, aber auch Großzügigkeit, liebevolle Güte und Weisheit.

Es gibt keinen Menschen, der nur gut oder schlecht ist. Fördern Sie das Gute in Ihnen und wirken Sie dem Schlechten entgegen. Sie brauchen über Rückschläge nicht enttäuscht zu sein und müssen sich nicht schuldig fühlen. Wenn wir tief in uns blikken, erkennen wir, daß Gier und Haß uns Unbehagen bereiten, Güte und Großzügigkeit hingegen Freude. Wenn wir dies aus eigener Erfahrung lernen, gibt uns das die Energie, die wir brauchen, um all unsere Habgier zu vernichten und Großzügigkeit zu entwickeln.

Meine Gefühle und inneren Fähigkeiten habe ich mit allen Menschen gemein. Ich weiß, daß wir alle den Kern des Guten wie des Schlechten in uns tragen und alle gleichermaßen das eine fördern und das andere bekämpfen müssen.

Die Felder, die Berge, die Blumen und auch mein Körper sind die Stimme des Vogels – was sonst gibt es, das wir hören sollten? Asan

Wir identifizieren uns für gewöhnlich mit den folgenden Dingen: mit unserer Arbeit, mit unserem Alter, mit unserem Wohnort, mit unserer sozialen Stellung, mit unseren liebgewonnenen Anschauungen und Meinungen. All das kann für unser Weiterkommen in der Welt nützlich sein. Aber wir laufen Gefahr, an diesen Dingen festzuhalten und sie mit unserem wahren Selbst zu verwechseln. Wenn wir alle unterschiedlichen Aspekte unseres Ichs gründlich erkunden, müssen wir erkennen, daß nichts für sich allein bestehen kann.

Haben Sie jemals das Gefühl gehabt, eins mit der Natur zu sein? Machen Sie einen Spaziergang und sagen Sie folgende Worte leise vor sich hin: «Ich kann mein eigenes Ich nicht vergessen, indem ich mich verleugne, sondern indem ich loslasse und nur noch der Kern meines Selbst, mein wahres Ich, übrigbleibt – die Lebenskraft, die alle Wesen dieser Erde durchdringt.»

Die Erkenntnis, daß nichts für sich allein bestehen kann, läßt mich zu meinem wahren Ich finden. Die Erkenntnis, daß ich eins bin mit der Natur, mit allem, was mich umgibt, mit dem Universum, macht es mir einfach, Äußerlichkeiten loszulassen und mich nicht mehr mit ihnen zu identifizieren.

Spirituelle Lehren können uns nur zu dem zurückbringen, was wir bereits wirklich sind. Unser Leben und unser Tod können voller Schönheit sein. Aber wir müssen hier und jetzt beginnen; wir müssen uns weiterentwickeln. Wir müssen die rauhe Oberfläche abschmirgeln und zum Vorschein bringen, was wir in Wahrheit sind.

Joan Halifax

Spirituelle Lehren können uns nichts geben, was wir nicht schon in uns tragen. Die Lehren jedoch helfen uns dabei, die in uns verborgene Wahrheit zu enthüllen. Unsere spirituellen Lehrer können uns diese Arbeit nicht abnehmen. Wir müssen sie selbst machen. Um erwachen zu können, genügen uns unsere eigenen Lebenserfahrungen. Wenn wir wollen, können wir aus jeder Erfahrung lernen. Erinnerungen, Gedanken und Bilder helfen uns dabei nicht. Sie bilden eine Barriere, die uns von unserer inneren Weisheit trennt. Weisheit ist etwas anderes als Wissen. Wissen eignen wir uns durch Lernen an. Wir können lernen, ein Instrument zu spielen, ein Auto zu fahren oder einen Garten richtig zu pflegen. Das sind äußerliche Fertigkeiten, bei deren Aneignung uns unser Gedächtnis von Nutzen ist. Weisheit hingegen liegt jenseits von Gefühl und Verstand. Sie kann nicht erworben werden. Weisheit ist tiefes Verständnis für das Leben. Ein anderes Wort für Weisheit ist Liebe.

Ich weiß, daß Wissen und Weisheit nicht dasselbe sind; daß ich Wissen durch eifriges Lernen erwerben kann wie alle anderen materiellen Dinge im Leben, daß ich die Weisheit hingegen entdecken muß, die schon seit jeher in mir verborgen ist.

Bis zum heutigen Tag glaube ich, daß wir auf dieser Erde sind, um zu leben, zu wachsen und alles zu tun, was in unserer Macht steht, um aus der Welt einen Ort zu machen, an dem alle Menschen in Freiheit leben können.

Rosa Parks

Rosa Parks ist uns bekannt als diejenige Frau, die in den Vereinigten Staaten die Bürgerrechtsbewegung auslöste. Ihre Worte sind erfrischend klar und einfach: Gesegnet mit dem Geschenk des Lebens haben wir das Recht und die Pflicht, es zu ehren, indem wir innerlich zu unserer vollen Größe wachsen. Um wirklich zu wachsen, dürfen wir nicht selbstsüchtig sein, sondern müssen an die Menschen um uns herum, an unsere Umwelt denken. Dabei fällt mir ein altes Poster aus den siebziger Jahren ein, das für die Frauenbewegung warb und das Bild einer großen starken Frau zeigte, über dem stand: NIEMAND IST FREI, SOLANGE WIR NICHT ALLE FREI SIND. Damit Frieden und Freiheit wachsen können, müssen wir uns der Welt öffnen und unsere selbstsüchtigen Ängste loslassen.

Ich will innerlich wachsen, indem ich Großzügigkeit, Verständnis, Toleranz und Liebe entwickle.

Wir Frauen sollten uns mehr der spirituellen Entwicklung widmen und wahrhaft als die Mütter der Gesellschaft handeln. In den Frauen steckt eine unwahrscheinliche Kraft, die es zu erkennen und zum Wohle der Welt zu nutzen gilt. Wenn Frauen sich selbst wahrhaft als Mütter sehen, können sie allen Menschen reine, bedingungslose Liebe schenken. Das ist es, was die Welt heute wirklich braucht.

Asha Ma

Auch in einer patriarchalischen Gesellschaft können wir Frauen unsere weiblichen Werte zur Geltung bringen. Großzügiges Geben ist einer dieser Werte, dessen Grundlage die Liebe und Fürsorge sind, die wir als Mutter unserem Kind entgegenbringen. Wenn wir nur geben, um etwas zurückzubekommen, wie dies in patriarchalischen Gesellschaftssystemen meistens geschieht, dann ist unser Geben an Bedingungen gebunden und führt unweigerlich zu Konflikten. Solange wir unser Ich nicht loslassen, müssen wir es beständig pflegen und bestätigen – und das kann zu Gewalt gegenüber anderen führen.

Es entspricht unserer Natur, großzügig zu geben, auch wenn wir gelernt haben, das Gegenteil zu tun. Wehren Sie sich nicht gegen Ihr Bedürfnis, zu geben. Lassen Sie sich nicht von Gefühlen der Angst, des Mangels und der Scham beirren.

Es liegt in meiner wahren Natur, den Menschen gegenüber großzügig zu sein und zu geben, ohne dafür eine Gegenleistung zu erwarten. Ich will mich bemühen, zu dieser wahren Natur zurückzufinden.

Schwestern, unsere Erde ist gut, oh, sie ist süß. Als wüßten wir's nicht! Preist die Erde! Diese grüne Erde, sie ist eine großzügige Frau, aber sicher! Eine reiche, süße Mama. Spüren wir das nicht? Spüren wir nicht, wie sie uns wiegt? Oh, laßt uns die Augen schließen und sie spüren, sie wiegt uns im Takt unseres Herzens. Hört, wie sie uns liebt, hört ihr Wiegenlied. Sue Silvermarie

In einem meiner Bücher, das Bilder der Erde enthält, die vom Mond aus aufgenommen wurden, geben Astronauten verschiedener Länder ihre persönlichen Eindrücke wieder. Was diese Forscher verbindet, ist ihre Liebe zu der großen Schönheit des Weltraums, des Nachthimmels, der Erde. Während sie die Erde aus so großer Ferne betrachteten, erkannten sie, daß die Grenzen zwischen unseren Ländern etwas Künstliches sind, daß die Menschheit vielmehr «eine einzige Gemeinschaft ist, die auf dem Raumschiff Erde lebt». Sie erkannten, daß dieser Planet gefährdet ist und wir alles in unserer Macht Stehende tun müssen, um ihn zu beschützen. Mit ihrem Buch beabsichtigten sie, den Menschen eine «kosmische Auffassung von der Welt» näherzubringen, die keine Unterschiede zwischen den Menschen macht, und alle Völker dieser Erde zu vereinigen, damit sie ihrer gemeinsamen Aufgabe nachkommen können, unsere Erde, unsere Heimat, zu schützen.

Ich betrachte den Mond, die Sonne und die Sterne und staune über das Wunder der Schöpfung. Der Anblick des Universums läßt mich erkennen, daß es keine Unterschiede und keine Grenzen gibt und alle Menschen eine einzige gemeinsame Heimat haben.

Auf andere Weise lieben zu lernen ist schwer, lieben mit offenen Armen, lieben mit Türen, die aus ihren Angeln springen wollen. Es tut weh, sich zu lösen vom Reflex des Festhaltens und Anklammerns; zu lieben und loszulassen, immer und immer wieder. Marge Piercy

Wir glauben, uns wirklich um unsere Partner und Geliebten zu sorgen. Wir meinen, sie glücklich zu machen, ihnen Gutes tun zu wollen. In Wirklichkeit entspringt unsere Sorge um sie häufig starkem Eigeninteresse. Wenn wir versuchen, unserem Partner zu gefallen, tun wir das, weil wir geliebt werden wollen oder wollen, daß er etwas für uns tut. Wir suchen nach emotionaler Sicherheit oder sexueller Befriedigung. Sobald wir nicht mehr bekommen, was wir wollen, beenden wir die Beziehung und suchen uns einen neuen Partner.

Wir müssen unsere Beziehungen näher betrachten und uns fragen, welchen Zweck sie in unserem Leben erfüllen. Eine Beziehung wird zu einem Spiegel unserer selbst, wenn wir bereit sind, unser Spiegelbild auch wirklich zu sehen. Wenn wir jedoch nicht dazu bereit sind, stellt sie nur eine weitere Möglichkeit dar, unsere Wünsche zu befriedigen.

Wenn ich es zulasse, wird jede Beziehung zu einem Spiegel, in dem ich mich selbst sehen kann.

Es gibt den Hunger nach gewöhnlichem Brot und es gibt den Hunger nach Liebe, Güte und Anteilnahme; und das ist die große Armut, unter der die Menschen so sehr leiden.

Mutter Teresa

Eines der Probleme unserer Gesellschaft ist das Verleugnen von Mißständen. Wir wollen nicht wahrhaben, daß alle Menschen die gleichen Bedürfnisse haben: Wir alle brauchen Güte, Liebe und genug Nahrung. Aber man erzieht uns dazu, zu konkurrieren anstatt zu kooperieren. Wir wetteifern aus Angst, nicht genug zu bekommen, aus Angst, zu verlieren, was wir besitzen. Aber unsere Ängste führen dazu, daß wir den anderen mißtrauen, anstatt uns um sie zu sorgen. Wir werden selten dazu erzogen, gütig, liebevoll und mitfühlend zu sein. Gütig zu sein ist eigentlich einfach, fällt uns aber trotzdem nicht immer leicht. Wenn wir den spirituellen Weg beschreiten wollen, müssen wir unsere Ängste und unser gewohntes Denken überwinden, um unsere natürliche Güte zum Vorschein zu bringen. Ein Suchender fragte einst den Dalai Lama: «Welchen Zweck erfüllen die tibetischen Meditationsübungen, Rituale und Gesänge?» Der Dalai Lama erwiderte: «Den Zweck, ein gütiger Mensch zu werden.»

Das Bedürfnis, gütig zu sein, ist bereits in mir vorhanden. Durch spirituelle Übungen kann ich es wiederentdecken und ans Licht bringen, damit meine Güte anderen zugute kommen kann.

Wir sind die Bäume der Erde, unsere Wurzeln reichen tief und sind stark, der Stein am Firmament, Schwestern der Sterne, die diese Erde geboren haben.

Alma Villanueva

Allen Frauen ist etwas gemein, das nichts mit unserer Rasse oder Kultur zu tun hat: die Fähigkeit, Leben zu schaffen – und das verbindet uns mit allem Leben. Wir wissen, wie zart und zerbrechlich, wie wertvoll das Leben ist. Dieses Wissen macht uns verletzlich und stark zugleich.

Die folgende Übung soll uns dabei helfen, uns auf unsere Wurzeln zu besinnen: Konzentrieren Sie sich auf Ihre Bauchmuskeln, die Ihren Rücken stützen. Halten Sie den Kopf entspannt und gerade. Lassen Sie Ihre Arme und Hände einfach herunterhängen. Ahmen Sie nun einen Baum nach. Beugen und wiegen Sie sich und denken Sie daran, daß Sie mit der Erde verbunden sind. Strecken Sie Ihre Arme nach oben und auf die Seite. Gehen Sie ein paar Schritte, ohne Ihre Erdverbundenheit zu verlieren. Bleiben Sie stehen und halten Sie allmählich in Ihren Bewegungen inne.

Ich bin verletzlich und stark zugleich, weil ich weiß, wie kostbar das Leben ist und wie leicht es zerstört werden kann, und weil ich die Fähigkeit habe, selber Leben hervorzubringen.

Die Kunst dient mir. Nicht ich diene der Kunst. Aber ich muß ein Diener sein, bevor sie mir dient. Mit anderen Worten: Ich muß diszipliniert sein. Es gibt keine Freiheit ohne Disziplin. Jemand, der frei ist, ist diszipliniert.

Janet Collins

Meditationsseminare lehren uns Disziplin. Wir stehen früh auf und arbeiten bis spät in die Nacht. Wir meditieren, wir gehen spazieren, alleine und gemeinsam machen wir Übungen für Körper und Geist, wir tanzen, werden beraten, singen und begehen Rituale. Der strenge Lehrplan widerstrebt uns manchmal. Nach einer Woche harter Arbeit wollen wir uns entspannen und mit unseren Mitschülerinnen unterhalten, statt in Stille zu meditieren.

Anfangs können wir diese Disziplin leicht als persönliche Einschränkung empfinden. Sie hilft uns aber, alte Gewohnheiten abzulegen, indem sie uns Ruhe finden läßt. Erst dann können wir unsere Gewohnheiten betrachten, ohne sofort auf sie zu reagieren oder sie zu unterdrücken. Mit jeder Gewohnheit, die wir ablegen, erlangen wir ein bißchen mehr Freiheit.

Ich will Disziplin nicht als Einschränkung meiner Freiheit betrachten, sondern als wertvolle Hilfe, um Freiheit zu erlangen. Sie unterstützt mich beim täglichen Üben, läßt mich ruhig und gelassen werden und gibt mir Kraft, alte Gewohnheiten abzulegen.

Wir alle entstammen der Mutter und zu ihr werden wir zurückkehren wie ein Regentropfen, der dem Ozean entgegenfließt. Zsuzsanna E. Budapest

Dieses wunderbare Lied erinnert uns daran, daß wir alle einer einzigen großen Quelle, dem Meer, entstammen. Die Erhabenheit des Ozeans ist in jedem Regentropfen enthalten. Und wir alle kommen von und kehren zu dieser Quelle zurück. Nie sind wir von ihr getrennt. Ihre Energie steht uns immer zur Verfügung.

Lieder wie diese sind in einer Zeit, in der zahlreiche Frauen viel unterwegs und dadurch häufig getrennt von ihren Familien und Freunden sind, ganz besonders hilfreich. Empfinden wir es als Herausforderung, unseren Ursprung zu entdecken und mit ihm verbunden zu bleiben. Wenn wir alle von der «Mutter», dem Meer, abstammen, bedeutet das, daß wir alle miteinander verwandt sind. Wir sind nie allein. Wir sind immer von unserer Familie, von allen anderen Menschen, umgeben. Mit dieser Familie müssen wir in Verbindung treten.

Ich bin niemals allein, denn wir alle haben den gleichen Ursprung, dieselbe Mutter. Alle Menschen sind meine Geschwister, und gemeinsam bilden wir die eine große Erdenfamilie.

Der Weg, den ich einschlagen muß, führt von Dunkelheit zu Dunkelheit – o Mond über den Gipfeln der Berge, bitte wirf ein wenig mehr Licht auf meinen Weg.

Izumi Shikibu

Die wunderbaren Eigenschaften der Freude, der liebevollen Güte und des Gleichmuts, diese Früchte eines spirituellen Lebens, sind in uns verborgene, natürliche Eigenschaften, die schon immer vorhanden waren. Um sie hervorzuholen, müssen wir uns jenen Denkgewohnheiten stellen, die unsere natürlichen Eigenschaften überdecken. Izumi beschreibt, was zu tun ist, um unsere natürliche Großzügigkeit wiederzuentdecken. Wir müssen durch die Dunkelheit der Hoffnungslosigkeit, der Verzweiflung, der Enttäuschung, der Wut, der Angst und des Hasses gehen, die unsere wahre Natur überschatten. Wir müssen der Dunkelheit gegenübertreten. Wir müssen das Wagnis eingehen, sie vielleicht niemals zu verlassen. Wir wissen nicht, was uns erwartet. Wir müssen die Reise alleine antreten. Aber uns wird dabei Hilfe zuteil. Es gibt ein Licht. Denn die Menschen, die vor uns denselben Pfad beschritten haben, sind wie der Mond, der uns den Weg erhellt.

Ich will durch die Dunkelheit zum Licht wandern, auch wenn diese Wanderung viel Mut erfordert und anstrengend sein wird. Ich bin nicht gänzlich alleine dabei, denn meine Vorgängerinnen sind mir wie leuchtende Laternen.

Heilige ziehen alles Irdische an sich.

Hildegard von Bingen

Ein heiliger Mensch ist ein ganzer Mensch. Er ist vital und lebendig, ohne aber am Leben festzuhalten oder zu versuchen, ein bestimmtes Ziel zu erreichen. Er ist voller Achtsamkeit und offen für alles, was das Leben ihm beschert. Heilige lieben die Erde. Wir dürfen nicht denken, daß Heilige das Leid dieser Welt hinter sich lassen wollen. Der heilige, der ganze Mensch hat ein offenes Herz und steht mit beiden Beinen fest auf der Erde – ungeachtet dessen, ob er ein einfaches, zurückgezogenes Leben oder ein Leben in der Öffentlichkeit führt.

Allen Heiligen ist gemein, daß sie einfühlsam, mitfühlend, liebevoll, gütig und tiefblickend sind. Sie weisen die irdischen Erfahrungen nicht von sich. Je mehr wir zum Loslassen bereit sind, desto mehr können wir uns dem Leben öffnen. Auf diese Weise werden wir geheilt, werden wir ganz, werden wir heilig. Das irdische Leben gibt uns die wertvolle Gelegenheit, unsere Heiligkeit zum Ausdruck zu bringen.

Mitten in diesem Leben will ich meine Güte, mein Mitgefühl und Verständnis zum Ausdruck bringen und dadurch heilig und ganz werden.

Man muß um des Kampfes willen kämpfen. Man muß gegen Rassismus und Sexismus sein, weil beides falsch ist, nicht, weil man schwarz oder eine Frau ist.

Eleanor Holmes Norton

Die Angst vor allem, was anders ist, manifestiert sich zum Beispiel in Sexismus und Rassismus. Sicherheit erlangen wir nicht, indem wir alle gleich machen oder denjenigen ihre Rechte verweigern, die anders sind als wir. Wahre Sicherheit erlangen wir nur, wenn wir unsere Herzen öffnen und die Vielfalt des Lebens würdigen. Und wir können uns den Unterschieden leichter öffnen, wenn wir all unsere Ähnlichkeiten erkennen.

Ich war einmal mit einer Freundin, die eine leuchtend bunte Bluse trug, in einem großen Kaufhaus. Die Kassiererin machte ihr ein Kompliment und fragte, wo sie die Bluse gekauft habe. Meine Freundin zögerte kurz und sagte dann: «Auf einem Lesbenbazar.» Dann sprach sie weiter und erzählte, daß die Bluse handbemalt war. So hatte die Kassiererin Zeit, die Information, daß meine Freundin eine Lesbe war, zu verarbeiten und festzustellen, daß sie eine Frau war wie jede andere auch.

Ich öffne mich der Vielfalt des Lebens und erkenne, daß mich nur kleine Unterschiede von anderen trennen, daß die Gemeinsamkeiten bei weitem überwiegen.

Das Ziel der Meditation ist, die Dinge, an denen wir festhalten, zu durchschauen, nicht, sie zu beseitigen. Unser Geist an sich ist unwichtig. Wichtig ist, daß wir loslassen, was er erzeugt. Und unsere Gefühle können uns nicht schaden, solange sie uns nicht beherrschen.

Charlotte Joko Beck

Unser Geist wird immer Wünsche, Gedanken, Erwartungen, Zweifel und Ängste hervorbringen. Das macht aus uns keine schlechten Menschen. Wir müssen aber lernen, unseren Geist zu durchschauen, damit wir unsere Bindungen ablegen können. Wenn wir nicht aufhören, beständig unsere Wünsche zu befriedigen, finden wir keine Ruhe. Wir glauben, unsere Zufriedenheit hänge von der Befriedigung unserer Wünsche ab. Nicht unsere Wünsche sind aber das Übel, sondern unser Festhalten an ihnen. Es ist nicht falsch, sie zu befriedigen. Wir sollten aber auch nicht enttäuscht, verärgert oder betrübt sein, wenn wir sie nicht befriedigen können. Auch diese Gefühle müssen wir loslassen. Wenn wir das tun, können wir durchaus Wünsche haben und trotzdem gelassen bleiben, wenn wir sie uns nicht erfüllen können.

Ich will meinen Geist und die von ihm erzeugten Wünsche durchschauen und somit erkennen, daß meine Zufriedenheit, mein Glück und meine innere Harmonie nicht von ihrer Befriedigung abhängen.

Vergeßt euren Lebenszweck nicht. Das alles ist heilig – aber erzählt es nicht weiter. Lynn Park

Nach den Lehren Buddhas ist klares Verstehen ein Aspekt der völligen Achtsamkeit. Klares Verstehen heißt, die Macht, die alles steuert, den Zweck hinter allen Gedanken, Worten und Taten zu kennen. Viele Menschen haben vergessen, daß es einen Lebenszweck gibt, etwas, das über unserem Streben nach Fortbestand und Vergnügen steht. Ihnen ist nicht bewußt, daß sie einen speziellen Zweck zu erfüllen haben. Dadurch werden sie traurig und haben das Gefühl, verloren zu sein. Streben nach materiellem Erfolg und Konkurrenzdenken sind darauf zurückzuführen, daß wir uns dieses Zwecks nicht bewußt sind. Wenn wir ihn kennen, sind wir mit dem gesamten Kreislauf des Lebens verbunden. Wir können unsere Energien darauf verwenden, mit allen Lebewesen in Harmonie zu leben.
Unser Leben wird einfacher, wenn wir unseren Lebenszweck kennen. Bevor wir reagieren, sollten wir innehalten, tief durchatmen und uns auf den Sinn unseres Daseins besinnen. Wenn wir diesen kennen, können wir unsere Weisheit wachsen lassen.

Ich denke über den wahren Sinn und Zweck meines Daseins nach, der über meinen persönlichen Wünschen steht.

Wenn ich allein bin, kann ich die Blumen wirklich sehen. Ich fühle ihre Gegenwart. Sie leben und sterben innerhalb weniger Tage; sie erinnern mich an den Lauf des Lebens, an Wachstum und auch an den Tod.

May Sarton

Der Frühling in Nordkalifornien ist eine ganz besondere Zeit für mich. An vielen Orten wachsen meine Lieblingsblumen: purpurn und blau leuchtende Lilien und Lupinen neben gelben und orangefarbenen Mohnblumen, winzige, blaue Vergißmeinnicht und strahlend rote Ginsterbüsche. Jeder Spaziergang wird zu einem Fest für die Augen und die Nase, und jeden Tag erblühen neue Blumen: Primeln, Gänseblümchen, Rittersporn und Bärentraube. Freude erfüllt mich beim Anblick derartiger Schönheit. Diese Blumen sind ein Geschenk der Erde an uns alle; wenn wir sie pflücken, sterben sie sofort. Auf den Feldern und Wiesen blühen sie nur kurze Zeit. Vielleicht ist es die zerbrechliche, kurzlebige Schönheit einer wild wachsenden Blume, die sie so wertvoll macht. Denn der Hauch des Todes weht durch jede Blüte.

Jede blühende Blume erinnert mich an die Vergänglichkeit. Ich will bei ihrer Betrachtung aber nicht an ihr kurzes Leben, sondern an ihre gegenwärtige Schönheit denken.

Dieses Ganze, das nicht isoliert ist, bleibt niemals von einem Augenblick zum anderen dasselbe und dennoch ist jeder Augenblick völlig ausreichend, ganz und ohne Widerspruch. Wir sind von all dem nicht isoliert! Es gibt kein getrenntes Ich, außer in Gedanken, Gefühlen und Erinnerungen. Wenn uns die Schönheit dessen bewußt wird, bedeutet das Liebe und Freude und das Ende jeglicher Unsicherheit. Toni Packer

Zu meinem fünfzigsten Geburtstag schenkte mir mein Sohn ein Exemplar seines liebsten Kinderbuches. Es handelt sich dabei um eine Geschichte des Gebens und es geht darum, als Gegenleistung die Liebe zu akzeptieren. Er versah es mit folgender Inschrift: «Das Gefühl, sich in nichts aufzulösen, ist sehr positiv. Ich bin froh, zu wissen, daß es mehr gibt als nur mich oder Dich. Es macht einem Angst, das aufzugeben, was man kennt. Denn das, was man dafür bekommt, ist einem unbekannt und man muß es unmittelbar erleben, um es wirklich zu verstehen. Aus einem mir unbekannten Grund hatte ich niemals Angst davor. Ich habe immer gewußt, daß es gut ist, mein isoliertes Ich aufzugeben. Das verdanke ich meiner Mutter. Welches Glück ich doch habe.»

Ich weiß, daß wir miteinander verbunden sind und ich nicht getrennt von anderen existiere – und das ist Liebe.

Unser Geist wird offen und leicht, wenn wir die Wut aufgeben, wenn wir sie als eine zerstörerische Macht betrachten, die Schaden anrichtet. Die Wut kann erschrekkend stark sein und uns der Harmonie, des Friedens und der Güte berauben, uns selbst und allem Leben gegenüber.

Ruth Denison

Feminismus und Psychotherapie haben uns gelehrt, unsere Wut zuzulassen, weil sie uns stärkt. Im Laufe dieses Prozesses, bei dem wir lernen, die Wut nicht zu unterdrücken, verfallen wir manchmal in das andere Extrem und drücken unsere Wut auf übertriebene Weise aus. Um wirklich stark zu sein, dürfen wir unsere Gefühle weder unterdrücken noch übertreiben. Wenn wir Wut unmittelbar erleben, fühlen wir alle damit verbundenen Empfindungen in unserem Körper – Hitze, Anspannung, Kurzatmigkeit. Wir sehen, wir spüren, wir akzeptieren. Wenn wir uns auf diese Weise öffnen, wird die Wut umgewandelt. Diese Umwandlung schafft Lebensenergie und Ausgeglichenheit.

Die Wut kann ein Warnsignal dafür sein, daß wir aus dem Gleichgewicht geraten sind. Wir können versuchen, ruhig und klar darüber zu reden, ohne Angst und ohne Ärger. Das garantiert aber nicht, daß unsere Worte und Taten wohlwollend aufgenommen werden. Es garantiert nur, daß die Möglichkeit einer friedlichen Lösung besteht.

Ich gebe meiner Wut angemessen Raum, damit sie sich auflösen kann, und versuche, eine friedliche Lösung zu finden.

In Buddha Zuflucht suchen heißt, daß du bereit bist, dein Wachsein zu erkennen oder es dir bewußt zu machen; zu lernen, jedesmal wenn du den Drachen triffst, mehr von deiner Rüstung abzulegen, besonders diejenigen Teile, die dein Herz bedecken. Pema Chödrön

Das Patriarchat, das seit Tausenden von Jahren besteht, hat dazu geführt, daß Frauen abgelehnt, gehaßt und herabgesetzt werden und wir der Aufforderung, bei einem Mann Zuflucht zu suchen, wahrscheinlich mißtrauisch gegenüberstehen.

Wir wollen die Bedeutung von Zuflucht etwas näher betrachten. Buddha bedeutet Aufwachen. Zuflucht zu suchen ist ein mutiger Schritt. Wir suchen nicht bei einem Mann Zuflucht, sondern bei unserer eigenen Fähigkeit aufzuwachen. Zuflucht bei Buddha suchen heißt, daß wir bereit sind, alles zu tun, um uns unseres Wachseins, das bereits in uns vorhanden ist, bewußt zu werden. Anstatt vor unseren Ängsten davonzulaufen, sind wir bereit, ihnen gegenüberzutreten und sie abzustreifen, bis nichts mehr übrig ist als das freie Herz. Aufzuwachen bedeutet, ein mutiges und ausgeglichenes Leben zu führen.

Ich will aufwachen und meine Ängste abstreifen. Denn damit ich Zuflucht bei meiner eigenen inneren Stärke, Macht und Weisheit finden kann, muß ich mich zuerst mutig dieser Ängste entledigen.

Ich war immer mit dir, von Anfang an, so einfach ist das. Ich werde bei dir sein, wenn du stirbst, ob du es glaubst oder nicht. Zwischen uns ist niemals Schluß.

Robin Morgan

Wir befinden uns immer in den Armen der Göttin. Diese Verbindung ist zeitlos und unveränderlich. Wenn wir sterben, verändern wir uns physisch, wir streifen diesen Körper ab wie einen Mantel. Es ist möglich, daß wir uns der Realität des ewigen Lebens bewußt werden.

Wir leben in einer materiellen Welt und halten an materiellem Besitz fest, einschließlich unseres Körpers. Ewiges Leben bedeutet nicht, daß wir für immer im selben Körper bleiben. Jede Form, die erschaffen wird, muß auch wieder sterben. Das gilt ebenso für unsere Gedanken, Ideen, Beziehungen und beruflichen Tätigkeiten wie für das, was wir erschaffen. Das Wissen darum, daß sich alles verändert, deuten wir nicht richtig und versuchen, alles so zu gestalten, daß es für immer hält. Wir mißverstehen den Vorgang des Sterbens. Wir glauben, wenn etwas stirbt, sei das für immer.

Große Mutter, wir beten darum, daß allen Lebewesen ihre Verbundenheit und Liebe zueinander bewußt wird. Wir beten dafür, daß alle Wesen Frieden und Glück finden.

Ich erkenne, daß alles ständigem Wandel unterliegt und nichts ewig währt außer der Tatsache, daß wir alle in Liebe und Harmonie miteinander verbunden sind.

Wir sind Natur. Wir sind Natur und sehen Natur. Die Amsel mit ihren glänzendschwarzen Flügeln fliegt in uns.

Susan Griffin

Zusammen mit einer meiner spirituellen Lehrerinnen unternahmen ich und andere Schülerinnen im Rahmen unserer Seminare viele morgendliche Meditationsspaziergänge. Die Luft war kühl und klar, noch herrschte keine Mittagshitze. Eines Morgens kamen wir in der unendlichen Weite und Schönheit der Wüste zusammen. Die Lehrerin forderte uns auf, folgende Worte zu sprechen: «Durch unsere Bewegungen möge sich unser Körper der Frische der Luft und des Lebens über uns, um uns und unter uns öffnen. Mögen wir uns öffnen und akzeptieren.» Sie forderte uns auf, genau hinzusehen und darauf zu achten, was die Augen tatsächlich wahrnahmen.

Das tun wir nicht oft. Meist sind wir damit beschäftigt, über das nachzudenken, was wir gesehen haben. Unser Geist beginnt, zu vergleichen, auszuwerten und Erinnerungen wachzurufen. In der kühlen Wüstenluft lernten wir, die Gegenwart wahrzunehmen. Unser Blick war nicht durch Gefühle oder Gedanken getrübt. Die Barrieren fielen und unsere Wanderung war nicht länger nur noch Wanderung. Sie war die Frische der Morgenluft, sie war die Schmetterlinge, die sich auf den Büschen niederließen, sie war der Sand der Wüste. Kraftvoll und lebendig atmete uns die duftende Wüstenluft ein.

Um wirklich zu sehen, will ich meine Gedanken und Gefühle hinter mir lassen.

Der Krieg wird enden, wenn wir ihn nicht mehr preisen oder einfach nicht mehr beachten. Der Friede wird Einzug halten, wenn wir ihn aufrichtig einladen. Die Liebe wird die Orte der Zuflucht, die wir dem Frieden gewähren, überfluten. Die Wahrheit wird wachsen, wo der sie nährende Dünger ebenfalls Wahrheit ist. Vertrauen wird sich bezahlt machen. Alice Walker

Als meine Söhne noch klein waren, bat ich ihre Großeltern, sie nicht zu Militärparaden mitzunehmen. Ich wollte nicht, daß sie sahen, wie der Krieg glorifiziert wird. Ich wollte meinen Söhnen beibringen, kameradschaftlich mit anderen Menschen, mit anderen Männern umzugehen. Sie sollten nicht durch den Nervenkitzel und die Schrecken des Krieges, sondern durch ihre Freude und Neugier am Leben motiviert werden. Die Kinder sind unsere Zukunft. Wir müssen sie lieben, ehrlich zu ihnen sein und ihnen den Frieden näherbringen.

Einmal hatte einer meiner Söhne Streit mit einem Freund und sie waren kurz davor, sich zu prügeln. Ich rief beide Jungen ins Haus und gab ihnen einen Zweig in die Hand. Ich forderte sie auf, miteinander zu reden, wobei nur derjenige, der gerade den Zweig hielt, sprechen durfte. Erstaunlicherweise taten sie, was ich ihnen aufgetragen hatte. Sie redeten abwechselnd und tauschten dabei jedesmal den Zweig aus. Bald begannen sie, darüber zu lachen, kehrten zu ihrem Spiel zurück und hatten ihren Streit vergessen.

Ich will meinen eigenen und anderen Kindern den Frieden näherbringen.

Liebe ohne Erkenntnis dünkt die weise Seele eine Finsternis. Erkenntnis ohne Genuß dünkt sie eine Höllenpein. Genuß ohne Sterben kann sie nicht verschmerzen.

Mechtild von Magdeburg

Es ist leicht, den Menschen in unserem Leben die Hand zu reichen, die gut zu uns sind. Es ist einfach, mitfühlend und großzügig zu sein, wenn die Dinge so laufen, wie wir es wollen. Wir haben keine Schwierigkeiten, nett zu sein, wenn das Leben nett zu uns ist. Anders sieht es aus, wenn die Umstände widrig sind. Dann wird unsere Offenheit wirklich auf die Probe gestellt. Und das Leben stellt uns tatsächlich auf die Probe! Rechnen Sie also mit Widrigkeiten. Das ist kein Pessimismus, sondern eine realistische Einstellung dem Leben gegenüber, das immer seine Höhen und Tiefen haben wird. Wenn wir den Prüfungen des Lebens gelassen und ausgeglichen begegnen, sind sie gar nicht so schlimm. Wie alle Umstände gehen auch widrige Umstände wieder vorbei. Und wir werden unbeschwerter sein, ohne bitter zu werden, wenn wir das Unvermeidliche gelassen akzeptieren.

Gelassen akzeptiere ich, daß ich auf meinem Weg stolpere. Aber ich stehe wieder auf und schreite auf ihm fort, ohne mich aus dem Gleichgewicht bringen, ohne Zweifel in mir aufkommen zu lassen.

Juni

Gebärt mich, Schwestern: Im Kampf verwandeln wir uns selbst, aber wie oft, wie oft brauchen wir Hilfe, um uns loszureißen, um aufzuschreien, um zu atmen! Heute morgen müssen wir uns gegenseitig stärken. Der Wandel ist von Wert: Wir sind das Wunder, das wir einander angedeihen lassen.
Marge Piercy

Es ist ein Segen, Schwestern zu haben, ein Segen, der uns Kraft gibt. Jedesmal, wenn eine von uns auch nur ein wenig Mut zeigt, profitieren wir alle davon, weil alles Leben miteinander verbunden ist. Die jungen Frauen von heute haben viele Möglichkeiten, die sie allzu oft als selbstverständlich hinnehmen. Vor fünfzehn oder zwanzig Jahren hätten ihnen diese Möglichkeiten noch nicht offen gestanden. Heute jedoch ist vieles anders, weil vor uns unsere Schwestern dafür gekämpft haben. Noch haben wir jedoch nicht die volle Gleichberechtigung erlangt, die notwendig wäre, um eine Welt der Liebe und des Gebens zu schaffen.

Unser Ziel sollte darin bestehen, den Weg des Lebens gemeinsam zu beschreiten. Wenn eine Frau müde oder kraftlos ist, soll sie sich darauf verlassen können, daß die anderen Frauen sie stützen. Bei einer anderen Gelegenheit wird man *ihre* Stärke brauchen. Wir stellen unsere Kraft in den Dienst der anderen Frauen, der Menschheit und des gesamten Lebens.

Zusammen mit meinen Schwestern erschaffe ich eine neue Welt. Sie helfen mir, wenn ich müde werde, so wie ich mich ihrer annehme, wenn sie Schwäche zeigen.

Die erste Sichel des Mondes zeigt sich in ihrer Form wie das Antlitz einer Schönheit: Gepaart mit dem Licht der Sonne, erstrahlt sie in voller Reinheit.

Cui Shaoxuan

Cui Shaoxuan war überzeugte Taoistin und eine begnadete Dichterin. Der Symbolgehalt ihrer Verse wird in der Übersetzung noch deutlicher als im Original: Die erste Sichel des Mondes steht für das anfängliche Erwachen, die erste Erkenntnis, die uns aus dem Schatten unserer gewohnten Verhaltensweisen hinausführt. Das Bild des Mondes und der Sonne als Paar symbolisiert das völlige Gleichgewicht oder die vollständige Erleuchtung.

Einen Großteil unseres Lebens verbringen wir im Schatten. Wir glauben zwar, sehen und verstehen zu können, doch was wir wissen, wird von unseren früheren Erfahrungen überschattet. Jedesmal, wenn wir unsere Gewohnheiten durchschauen, jedesmal, wenn wir unsere Ängste oder Erwartungen durchbrechen, wächst unsere Erkenntnis. Die Fähigkeit, über unsere Lebenserfahrungen nachzudenken und zuzulassen, daß die Erkenntnis unsere Taten erleuchtet, führt zu Gelassenheit und vollständigem Sein. Aber es reicht nicht, etwas einzig auf der theoretischen Ebene zu verstehen. Wir müssen uns dem Wissen unterwerfen und zulassen, daß es unser Verhalten im Alltag bestimmt.

Ich will meine Gewohnheiten durchschauen und mich der Erkenntnis hingeben, die unter der Oberfläche der mich umgebenden Wirklichkeit verborgen ist und darauf wartet, von mir entdeckt zu werden.

Der Begriff «Geliebter Gott» ist für mich nicht nur Ausdruck einer herzlichen und innigen Beziehung zu Gott, sondern auch einer Beziehung, die freudig, erhebend und belebend ist, weil ich durch sie erkenne, wer ich bin.

Nana Veary

Die Vorstellung, daß der Mensch und Gott vollkommen voneinander getrennte Wesen sind, können wir entweder akzeptieren oder verwerfen. Und dies führt zu einem weiteren Mißverständnis, nämlich zu der Überzeugung, daß Gott entweder für oder gegen uns ist. Viele religiöse Kriege wurden in dem Glauben ausgetragen, daß «Gott auf unserer Seite» sei. Tagtäglich werden viele kleine Kriege von Menschen ausgetragen, die darauf beharren, daß ihre Ansicht die einzig richtige ist.

Wenn wir diese Vorstellungen hinter uns lassen und versuchen, unseren Körper und unseren Geist unmittelbar zu erfahren, entdecken wir eine Fülle sich verändernder Empfindungen. Nichts ist unveränderlich, nichts existiert für sich alleine oder im luftleeren Raum. Wenn wir den Mut haben, uns diesem stetigen Wandel zu stellen, öffnen wir uns dem Göttlichen, der letztendlichen Wahrheit, der reinen Freude.

Ich öffne mich der Veränderung und erfahre dadurch Gott. Denn er ist das einzig Beständige im stetig sich wandelnden Universum.

Ich reite auf dem Gesang des Wassers, schnittig wie ein Delphin. Tochter, sein stetiger Puls gehört dir so sehr wie die Ebbe und Flut deines eigenen Herzschlages. Dieses Meer, das mich trägt, ist wie dicker Samt. Und unbändig sind seine Wogen! Komm, fordere deinen Platz.

Sue Silvermarie

Dieser Auszug aus Sue Silvermaries Gedicht «Child to Your Greater Sea» («Kind deines Großen Ozeans») erinnert uns daran, daß wir alle der gleichen Quelle entstammen, der Weite des Meeres. Tief im Innern wissen wir, daß Ebbe und Flut sich in unserem Herzschlag und in jedem unserer Atemzüge widerspiegeln.

Um Ihre Einheit mit dem großen Wasser zu erfahren, gehen Sie ans Ufer des Meeres oder stellen Sie es sich im Geiste vor. Beobachten Sie, wie die Wellen ans Ufer schlagen und sich wieder zurückziehen. Achten Sie auf Ihre Atmung, das Ein- und Ausatmen. Werden Sie ruhig, werden Sie eins mit dem Ozean; atmen Sie mit ihm ein und aus, bis der Unterschied zwischen Ihrem Atem und dem seinen verschwunden ist.

Ich bin eins mit dem Ozean der Welt, der Quelle allen Lebens, der auch ich entstamme. Der Rhythmus meines eigenen Lebens und der aller anderen Menschen richtet sich nach dem seinen, so daß unser aller Herzen im selben Takt schlagen.

Ein Leben ohne Ich konzentriert sich nicht auf eine spezielle Sache, sondern auf alle Dinge. Es hält an nichts fest, so daß die Empfindungen des Ich verschwinden. Wir sind nicht ängstlich oder besorgt, wir werden nicht gleich zornig, geraten nicht so leicht aus der Fassung und finden vor allem unser Leben nicht mehr so verwirrend. Die Auflösung des Ich bedeutet Freude. Sie ist zum Wohle aller, weil sie sich nichts und niemandem entgegenstellt.

Charlotte Joko Beck

Die Vorstellung, daß es kein eigentliches Ich gibt, bildet den Kern der buddhistischen Lehre. Vor allem in unserer westlichen Welt, wo ein ausgeprägter Sinn für Individualität vorherrscht und man uns lehrt, daß es erstrebenswert sei, «die Nummer eins zu sein», wird diese Vorstellung oft falsch verstanden. Wir glauben, daß uns nur ein stark entwickeltes Ich Glück, Erfolg und Popularität bringen wird. Diese Denkweise erzeugt Spannungen – entweder zwischen uns und anderen Menschen oder in uns selbst, weil wir befürchten, nicht zu bekommen, was wir uns wünschen.

Erst wenn wir an den Dingen nicht mehr festhalten, finden wir Frieden. Wir erkennen, was wahr ist: Wir befinden uns auf der Erde, der Himmel ist über uns und wir atmen. Und das ist vollkommen unabhängig von Reichtum oder Armut, von Erfolg oder Mißerfolg. Wenn wir diese unsere Mitte gefunden haben, sind wir glücklich, am Leben zu sein.

Ich verliere mich selbst und gewinne das Leben. Denn erst wenn ich mein Ich loslasse, kann ich wahre Freude erfahren.

Das Leben selbst ist die beste spirituelle Übung. Wenn wir genau hinhören, was vorgeht – wenn wir bis in die tiefsten Tiefen unseres Lebens hinabsteigen –, dann haben wir unseren wahren Lehrer gefunden, den erhabensten Lehrer: das Leben selbst! Maurine Stuart

Unter spirituellen Übungen verstehen wir in erster Linie Meditationsseminare, rituelle Zusammenkünfte, Schweigestunden, Gesänge, Gebete und Yoga. Das alles sind jedoch nur Hilfsmittel, die dazu dienen, unsere Spiritualität zum Leben zu erwecken. Sie dürfen nicht mit dem Erwachen oder der Erleuchtung selbst verwechselt werden. Um diese spirituelle Energie fest in unser Leben zu integrieren, müssen wir das Leben selbst als Übung betrachten. Es genügt nicht, spirituelle Wahrheiten zu hören oder selbst spirituelle Erkenntnisse zu erlangen. Alles, was mit uns geschieht, muß Teil eines Lernprozesses werden. Wir müssen diese Wahrheiten erkennen und in uns aufnehmen. Wir müssen sie in unser Bewußtsein, unseren Charakter und unser Verhalten integrieren.

Das Leben ist mein bester Lehrmeister, weil es mir tagtäglich unzählige Situationen bietet, an denen ich wachsen kann. Das Leben selbst ermöglicht mir also, auf meinem spirituellen Weg jeden Tag ein Stückchen weiterzukommen.

Laßt uns unsere Wurzeln zum großen Baum des Friedens zurückverfolgen. Laßt uns die Weisheit unserer Großeltern ehren und diese Weisheit für unsere Enkel verwalten, sieben Generationen lang. Laßt uns die Heiligkeit dieser Zeit des Wandels und des Entscheidens erkennen, damit wir zur Familie der Menschheit zusammenwachsen können.

Dhyani Ywahoo

Die Verwirrung und die Konflikte in unserer heutigen Welt können unsere Energie erschöpfen. Und zwar so sehr, daß wir gar nicht mehr erkennen, daß wir auch ohne Konflikte zu leben vermögen. In ihnen steckt aber auch eine enorme Energie, die wir umwandeln können. Jedesmal wenn ein Mensch einen Konflikt wirklich erkennt und erforscht, löst dieser sich auf und friedliche Energie geht daraus hervor. Je mehr Konflikte und Ängste die Menschen empfinden, desto mehr Konflikte und Ängste werden in die Welt hinausgetragen. Wenn die Menschen ruhig und friedlich sind, verströmen sie friedliche Energie auf der Welt.

Wird es uns gelingen, uns als eine große Familie, als Erdenfamilie, zu betrachten? Können wir die Vorstellung aufgeben, daß nur unsere Art zu denken richtig ist? Werden wir endlich fähig sein, voneinander zu lernen?

Ich will offen sein und von anderen lernen, damit eine große Erdenfamilie entstehen kann. Denn im Grunde bin ich mit allen anderen Menschen verwandt, auch wenn sie anderen Rassen oder Kulturen angehören.

Wir betrachten unsere Seele als ein Schloß, das aus einem Diamanten oder einem sehr klaren Kristall erbaut wurde und das viele Räume enthält. Den Eingang zu diesem Schloß bilden Gebet und Meditation.

Teresa von Avila

Teresa von Avila, eine spanische Mystikerin des sechzehnten Jahrhunderts, wird als eine der maßgeblichsten spirituellen Lehrerinnen in der Geschichte des Christentums betrachtet. Mit etwa vierzig Jahren begann sie, Visionen und Trancezustände zu haben. Eines der Bilder, das Teresa in ihren Visionen sah, zeigte die Seele als einen Diamanten. Diamanten und Kristalle reflektieren das Licht und sind unglaublich stark und schön. Sie entstehen im Herzen der Erde durch enorme Hitze und Druck. Wir selbst werden auf ähnliche Weise durch den Druck in unserem Leben geformt. Und durch die Spannungen in unserem Leben können wir geschliffen werden. Wir können uns durch Gebete öffnen, unser Herz durch Dankbarkeit erschließen. Wenn wir mit der Schönheit und Macht des Universums im Einklang sind, erhalten wir Zugang zu ihnen. Wir müssen über unser Leben nachdenken, uns über unsere Motive und Wünsche klarwerden. Dadurch werden wir geschliffen. Dann kann sich unsere Seele öffnen und ihre Liebe zum Ausdruck bringen.

Ich öffne meine Seele durch Gebet und Dankbarkeit und dadurch, daß ich mit dem Universum im Einklang bin. Durch diese Öffnung kann ich all die Liebe aus meiner Seele entlassen, die in ihr verborgen ist.

Sie, die sie Rosen liebt, muß geduldig sein und darf nicht aufschreien, wenn sie die Dornen stechen.

Olga Broumas

Das sind einfache und weise Worte, aber wir müssen sie immer und immer wieder hören. Wir arbeiten eifrig, um zu bekommen, was, wie wir glauben, unser Leben verbessern wird. Wir geben uns leicht dem Irrglauben hin, daß wir alles bequem und komfortabel gestalten und jeden Schmerz ausschließen können. Das ist unrealistisch und mit dem tatsächlichen Leben nicht vereinbar. Wie können wir lernen, das Leben so zu nehmen, wie es ist? Es gibt so viele Möglichkeiten, die Realität zu verleugnen: «Nimm das nicht einfach hin», «Steh auf und kämpfe», «Du kannst alles erreichen, wenn du nur willst». Wir glauben, daß wir nur die richtigen Leitsätze haben, die richtige Diät einhalten, die richtigen Gedanken denken müssen und dann alles nach Plan läuft. Die Vorstellung, daß wir alles kontrollieren und unsere Lebensumstände unseren Wünschen anpassen können, ist nur schwer aufzugeben.

Das Leben ist nicht kontrollierbar und wird immer aus angenehmen und unangenehmen Erfahrungen bestehen. Es gleicht einer wunderschönen Rose, die süß duftet, aber auch viele Dornen hat.

Von überall auf diesem Planeten kommen die Völker der Nationen, um Weisheit zu verbreiten und Weisheit zu erwerben. Laßt uns still sein, damit wir dieses wichtige Wissen der Erde hören können, wo immer wir gerade sein mögen. M. C. Richards

Die Vielfalt ist eines der größten Geschenke, die uns dieses Leben macht. So wie wir uns an der unendlichen Vielfalt der Blumen erfreuen, sollten wir auch die Vielfalt der menschlichen Erfahrungen würdigen. Unterschiede brauchen uns keine Angst zu bereiten. Wir können lernen, unsere Angst zu erkennen, uns ihr zu öffnen und ihr Raum zu geben: Raum zum Staunen, Raum, um einander respektvoll und neugierig zu begegnen, und Raum, um zu lernen.

Eine Freundin, die in einem großen Unternehmen arbeitet, erzählte mir folgende Geschichte: Bei einer Projektbesprechung erwähnte eine Mitarbeiterin chinesischer Herkunft, daß sie mit den chinesischen Kunden besonders gut klarkomme. Sie wußte zum Beispiel, daß sie ihnen keine Kontonummer mit einer Vier geben durfte. Das Wort für «Vier» ist in der chinesischen Sprache das gleiche wie dasjenige für «Tod», es hat nur eine andere Betonung. Deshalb wird die Vier in China als Unglückszahl betrachtet. Eine nicht-chinesische Mitarbeiterin hätte diese wichtige Information nicht gehabt.

Ich brauche vor Unterschieden zwischen mir und anderen Menschen keine Angst zu haben. Wenn ich meine Angst überwinde, kann ich aus diesen Unterschieden sogar lernen.

Ich will mich dem Geheimnis des Lebens tagtäglich aufs neue hingeben, und zwar jede Nacht, wenn ich den Schlaf sterbe, der eine Generalprobe des endgültigen Todes ist, so wie das Erwachen zur Zeit der Morgendämmerung eine Generalprobe ist – wofür? Elsa Gidlow

Solange wir selbst das Geheimnis des Lebens nicht direkt wahrnehmen, können wir lediglich daran glauben, daß es eine Wahrheit gibt, die über unser Wahrnehmungsvermögen hinausgeht. Durch unseren Glauben können wir das eindrucksvolle Mysterium des Lebens erahnen und spüren. Und in diesem Bewußtsein legen wir uns jede Nacht schlafen, voller Dankbarkeit für all die Erfahrungen des vergangenen Tages.

Können Sie den Gedanken ertragen, am morgigen Tag vielleicht nicht mehr aufzuwachen? Das ist keineswegs ein morbider Gedanke. Damit machen wir uns nur bewußt, daß alles, was geboren wurde, auch sterben muß. Und können Sie morgens aufwachen und sich wie ein neugeborenes Kind fühlen, bereit, den neuen Tag voller Begeisterung und Neugier zu erforschen, interessiert, offen und bereit, Risiken einzugehen?

Mit jedem Tag erlebe ich das Mysterium des Lebens aufs neue und will mich ihm völlig hingeben, indem ich offen bin für alle Erfahrungen, die mir dieser neue Tag bringen wird.

Mama sagte, ich solle auf meine Kinder achtgeben – sie erziehen. Und wie? Indem ich ihnen beibringe, Soldaten oder Politiker oder Bauern zu werden? Nein. «Lehre sie, zu vergeben, Bay Ly.» Le Ly Hayslip

Wir müssen endlich damit beginnen, unsere Kinder Vergebung zu lehren. Wir haben ihnen beigebracht, zu hassen, zu fürchten, Gewalt zu erzeugen. Damit ist unser Leben nicht gesünder oder glücklicher geworden. Allein in den Industrienationen gibt es genug Waffen, um jeden Menschen auf diesem Planeten mehrere Male zu töten.

Jeder von uns hat schon einmal emotionalen, seelischen oder körperlichen Schmerz erlitten. Wenn wir uns weigern, zu vergeben, wird das unsere Verletzungen nicht heilen. Damit erhalten wir vielmehr den Schmerz in uns am Leben. Vergeben sollte man nicht gleichsetzen mit Dulden. Vergeben erfordert Mut. Wir geben unseren Schmerz, unseren Zorn, unsere Angst auf und schaffen Raum in uns. Raum, um zu heilen, zu lieben und neue Beziehungen zu knüpfen.

Ich öffne mein Herz der Vergebung und bringe auch meinen Kindern das Vergeben bei.

Der Geist und die Energie sollten rein wie die Nachtluft sein; im Lautlosen liegt die größte Freude. Dort, wo wir Realität in der Illusion finden, finden wir Illusion in der Realität, derweil spielend mit magischer Geburt in der Silberschale.

Sun Bu-Er

Waren Sie jemals nachts, wenn die Luft frisch und klar ist, in der freien Natur? Das herrliche Gefühl, das wir dabei empfinden, ist unserer Lebensenergie vergleichbar, wenn sie voller Harmonie unseren Körper durchströmt. Unser moderner Lebensstil, die Tatsache, daß wir zuviel arbeiten, daß wir uns einerseits Sorgen um unser persönliches Leben, andererseits aber keinerlei Gedanken um unsere Umwelt machen, haben uns geschwächt.

Wie können wir unserem Geist und unserer Lebensenergie Klarheit und Reinheit verschaffen? Wir müssen uns hingeben, uns öffnen und loslassen. Unsere westliche Kultur legt zu viel Wert auf Äußerlichkeiten und vergißt dabei die innere Realität, die sich unter der Oberfläche befindet. Wir verbringen unser ganzes Leben damit, nach sinnlichen Freuden zu streben, ohne zu erkennen, daß derlei Freuden vergänglich sind. Zu glauben, daß die faßbare, materielle Welt keiner Veränderung unterliegt und wir in ihr unser Glück finden können, ist eine Illusion, die unser Geist erzeugt. Tiefster Frieden und größte Freude gehen über materielles und sinnliches Vergnügen hinaus.

Wenn ich nach Klarheit und Reinheit strebe, werde ich erkennen können, daß das Äußerliche Illusion ist und die Wirklichkeit nur im Innern gefunden werden kann.

Ich habe erkannt, daß es beim Meditieren nicht darum geht, das beste Pferd, ein gutes, ein schlechtes oder das schlechteste Pferd zu sein. Beim Meditieren geht es darum, unsere wahre Natur zu erkennen und danach zu handeln.

Pema Chödrön

Konkurrenzverhalten wird in unserer Gesellschaft zwar als normal betrachtet, schafft aber ständig innere Konflikte: Wir leiden unter ständigem Druck, Zweifeln oder einem Gefühl des Hin- und Hergerissenseins. Trotzdem lernen schon die Jüngsten unter uns dieses Konkurrenzverhalten. Es durchdringt all unsere Beziehungen, die Liebe, das Spiel, die Arbeit; es bildet die Grundlage unserer Wirtschaft. Das Ergebnis sind übertriebener Patriotismus, Rassismus und Sexismus.

Babys sind von Natur aus friedlich, außer wenn sie hungrig oder müde sind oder wenn ihnen etwas weh tut. Sie brauchen weder Bücher über den Frieden noch Meditationsseminare. Im Laufe unseres Lebens werden uns das Konkurrenzverhalten und die damit verbundenen Gedanken jedoch anerzogen. Irgendwann halten wir es dann nicht mehr für möglich, auch anders leben zu können. Doch das können wir! Wenn wir uns unseres Konkurrenzverhaltens bewußt werden, wird es bald nachlassen. Unser Leben wird allmählich konfliktfreier und glücklicher.

Ich bin von Natur aus friedlich. Mein Konkurrenzverhalten ist mir anerzogen worden. Ich will mich seiner entledigen, um von neuem Frieden in mein Herz einziehen zu lassen.

Gleich den wogenden Wolken, gleich dem unaufhörlich gurgelnden Bach wird auch die Sehnsucht der Seele niemals gestillt.
Hildegard von Bingen

Hildegard von Bingen hatte ihre ersten Visionen im Alter von sechs Jahren, und diese kehrten immer wieder. Die wenigsten von uns machen ähnliche Erfahrungen, aber wir alle kennen die Sehnsucht, von der sie spricht. Und eben diese Sehnsucht bildet den Kern der spirituellen Suche. Sie ist der Grund unseres Daseins. Wir sehnen uns nach Vereinigung, nach Verbundenheit mit dem Universellen oder Göttlichen. Vielleicht ist das schwer zu glauben. Vielleicht machen wir den Fehler, uns für etwas Besonderes zu halten, weil wir dieses Verlangen spüren, es bei anderen jedoch nicht zu erkennen vermögen. Aber auch der Mensch, der durch Leid hart und unerbittlich geworden ist, kennt diese Sehnsucht. Vielleicht ist er sich ihrer nicht bewußt. Vielleicht sucht er sie mit falschen Mitteln zu stillen, strebt nach Reichtum oder Ruhm.

Wie glücklich sind wir, die wir ein spirituelles Leben führen! Wir wissen um unser Sehnen und wir kennen die richtigen Mittel, um es zu stillen. Unsere Spiritualität verbindet uns mit allem Leben. Und diese Verbindung ist Liebe.

Wie alle Menschen spüre ich eine Sehnsucht in mir, die alle anderen Sehnsüchte in den Schatten stellt: die Sehnsucht, eins zu werden mit dem Universum, mit dem Göttlichen.

Um das Wesentliche zu nähren, besänftige erst den Geist. Warum uns noch darum bemühen, mit Nadel und Faden umgehen zu können? Fan Yunqiao

Dieses Gedicht sagt aus, daß unsere alltägliche Welt – hier symbolisiert durch Nadel und Faden – unbeständig ist. Um ein zufriedenes Leben zu führen, ist es nicht wichtig, nach Ruhm und Reichtum in der materiellen Welt zu streben. Wir müssen nur eines: unseren Geist besänftigen.

Eine Möglichkeit, dies zu bewirken, ist das Wiederholen von Mantras, von religiösen Sprüchen. Jede Religion hat ihre eigenen Mantras, ihre mächtigen spirituellen Formeln, die unser Bewußtsein umwandeln, wenn wir sie laut oder leise wiederholen. Einige Beispiele sind das «Ave Maria» der Katholiken, das «Baruch attah Adonai» («Heiliger einzig Gesegneter») der Juden oder das «Om Mani Padme Hum» («Juwel im Lotus des Herzens») der tibetischen Buddhisten. Wählen Sie ein Mantra, das Sie besonders anspricht. Viele Frauen lieben es zum Beispiel, den Namen einer Göttin auszusprechen. Wiederholen Sie das Mantra so oft Sie können, besonders, wenn Sie mechanische Arbeiten erledigen, aber auch vor dem Einschlafen oder wenn Sie sich fürchten. Das Wiederholen des heiligen Namens der Göttin festigt Ihren Geist, macht Sie entspannt und wachsam.

Ich suche mir ein Mantra aus und wiederhole es mehrere Male, damit es meinen Geist besänftigt. Denn die mich erfüllende Ruhe wird mich Frieden und Glückseligkeit erlangen lassen.

Der, der mir nahe ist, sogar mein eigener Körper – diese beiden werden bald schon sich in Wolken verwandeln, die in unterschiedliche Richtungen ziehen.

Izumi Shikibu

Für uns im Westen ist es sehr schwer, unsere Sterblichkeit zu akzeptieren. Die Menschen möchten sich unbesiegbar fühlen und weigern sich, mit dem Tod konfrontiert zu werden. Die spirituellen Traditionen des Ostens widmen der Unvermeidbarkeit des Todes große Aufmerksamkeit. Sie stellen sich der Angst vor dem Tod und beschäftigen sich mit ihr. Jeder von uns wird sterben. Nur der Zeitpunkt ist ungewiß. Dieses Wissen braucht uns weder zornig noch ängstlich zu machen. Wir können lernen, gut zu sterben. Das bedeutet, daß wir gut leben werden.

Gut leben heißt, alles aus ganzem Herzen tun, ohne an den Dingen festzuhalten, und in dem Bewußtsein, daß wir nicht für immer leben werden. Deshalb sollten wir nichts mehr auf morgen verschieben oder hoffen, daß ein anderer unsere Arbeit erledigt. Wir sollten uns nicht an unsere Schmerzen und unsere Zweifel klammern. Wir sollten unsere hektische Lebensweise aufgeben und voller Ruhe und Gelassenheit unser Dasein, unsere Stärken und Schwächen akzeptieren. Wir sollten unser Bestes geben, ohne dem Ergebnis allzu große Bedeutung beizumessen.

Ich will meine Sterblichkeit akzeptieren und im Hier und im Jetzt leben. Ich will meine Aufgaben gewissenhaft erledigen, denn ich weiß nicht, wann ich sterben werde.

Die Liebe verwandelt. Die Liebe läßt leere Herzen überfließen. Und das um so mehr, je mehr wir uns durchs Leben kämpfen müssen, ohne Sicherheit, gar nicht bereit für das Spiel der Liebe. Mechtild von Magdeburg

In meinem Leben habe ich ein paar äußerst gütige Menschen getroffen, die sich selbst nie für spirituell halten würden. Ihre Einstellung zum Leben ist geprägt von tiefer Güte und Sorge gegenüber allen menschlichen Wesen. Und Güte ist der Zentralgedanke wahrer Spiritualität, deren Ziel die wahre Verbundenheit mit allem Leben ist. Es geht nicht darum, welches Geschlecht Gott unserer Meinung nach hat, ob wir überhaupt an Gott glauben, welchem Glauben wir anhängen oder welche Rituale wir ausführen. Das Wichtigste ist, aus einem Gefühl tiefer Verbundenheit heraus zu handeln. Das geschieht oft leise, ohne großes Tamtam. Menschen, die zutiefst spirituell sind, machen nicht viel Lärm um ihre guten Taten, sondern leben einfach das, was für sie ganz natürlich ist: liebevolle Güte und Freundlichkeit. Je mehr Liebe wir geben, desto offener sind wir, zu empfangen, und je mehr wir empfangen, desto mehr können wir geben.

Ich will mich mit meinen guten Taten nicht aufspielen, sondern still und leise das Beste geben, das ich mir und anderen schenken kann: die Liebe.

Wenn du Frieden willst, schau nicht auf die Fehler der anderen. Lerne, dir die Welt zu eigen zu machen. Niemand ist ein Fremder; die ganze Welt gehört dir.

Heilige Mutter

Wir neigen dazu, nur zu jenen Menschen freundlich zu sein, mit denen wir uns gut verstehen. Wir freunden uns mit jenen an, mit denen wir uns gut unterhalten können, mit Menschen, die imstande sind, uns zu faszinieren, zu inspirieren oder zu beruhigen. Wenn wir jedoch die ganze Welt als unser Eigen betrachten wollen, bedeutet das, daß wir allem Leben Sanftmut und Güte entgegenbringen müssen. Auch denjenigen Menschen, Kulturen und Gruppierungen, die uns fremd sind. Erst wenn wir offen und neugierig sind, wenn wir wissen, lernen und entdecken wollen, sind wir in der Lage, einander ohne Barrieren, ohne Abwehr zu begegnen – erst dann wird es Frieden geben. Wenn wir uns nur darum bemühen, zu bekommen, was uns Spaß macht, versuchen wir automatisch, Situationen zu unseren Gunsten zu nutzen. Wir versuchen, Menschen einzuschränken, abzuweisen oder zu beeinflussen, was wiederum zu Konflikten und Spannungen führt. Wenn wir aus unserer natürlichen Güte heraus handeln und die Güte in den anderen erkennen, wird unser Leben zwar immer noch nicht ganz frei von Konflikten sein, aber diese werden sich leichter beseitigen lassen.

Da ich nach Frieden strebe, will ich allen Menschen mit meiner natürlichen Güte begegnen und sie nicht ablehnen oder zu ändern versuchen, wenn sie anders sind als ich.

Ich gelobe, dich für immer in mein Herz zu schließen. Ich gelobe, ein klarer Spiegel zu sein, der deine Schönheit reflektiert. Ich gelobe, offen zu sein, trotz Zweifel, Angst, Wut und Schmerz. Ich gelobe, in jedem Augenblick offen für die Wahrheit zu sein. Ich gelobe, dein Vertrauen als ein wertvolles Geschenk zu schätzen und zu ehren. Ich gelobe, so weit wie der Himmel zu sein und jedem von uns Platz zu lassen, um wachsen zu können. Ich gelobe, dich immer zu lieben, zu ehren und zu schätzen. Von ganzem Herzen, von ganzer Seele und mit jedem Atemzug gehe ich dieses Bündnis mit dir ein. Diane Mariechild

Dieses Gelübde, das mein Partner und ich während unserer Hochzeitsfeier ablegten, fiel mir eines Tages ganz unerwartet während eines winterlichen Meditationsseminars ein. Beständig erinnert es mich und meinen Partner daran, liebevoll und gütig miteinander umzugehen. Manchmal wählen wir eine Zeile des Gelübdes aus und wiederholen sie, während wir an unserem Altar beten, und verwenden sie dann als unser Mantra während der folgenden Woche. Wir haben uns auch darüber gefreut, von einigen unserer Freunde zu hören, daß sie dieses Gelübde in ihre täglichen Meditationsübungen integriert haben.

Ich gelobe, meinen Partner und alle anderen Menschen in mein Herz zu schließen und ihnen täglich aufs neue meine Liebe darzubringen.

Die Liebe zum Grenzenlosen ist grenzenlos; deshalb muß unser Herz gebrochen werden und sich vollständig auflösen, um das Grenzenlose in sich aufnehmen zu können.

Irina Tweedie

Die Sommersonnenwende ist eine Zeit der Magie und Wandlung, eine wunderbare Zeit, um unsere Herzen zu erforschen und zu öffnen. Allzu oft schränken wir uns ein, indem wir denken, wir könnten nur eine einzige Person oder Familie oder nur eine kleine Anzahl von Freunden lieben. Und viele von uns lieben nicht einmal sich selbst. Beten Sie zur kosmischen Mutter, bringen Sie den Liebesgöttinnen Opfer aus Feuer und Früchten dar. Denken Sie daran, daß Sie ein gesegnetes Kind der Mutter der Liebe sind. Welcher Schmerz Sie auch davon abgehalten hat, Ihr Herz zu öffnen, werfen Sie diesen Schmerz in das Feuer der Liebe, das ihn verwandeln wird. Verhindern Sie, daß irgend etwas zwischen Sie und die letztendliche Wahrheit tritt. Das Feuer der Göttin ist in Ihnen. Lassen Sie zu, daß dieses Feuer Ihrem Leben Wärme und Licht spendet.

Ich nutze die Zeit der Sommersonnenwende, um mich selbst zu wandeln und der Liebe zu öffnen, die mich wie ein inneres Feuer wärmt.

Ihre Worte haben nichts mit diesem Vogel zu tun, außer daß sie die Luft, durch die dieser Vogel fliegt, einatmen, daß das Gras den Vogel braucht, damit dieser den Samen weiterträgt, daß die Erde das Gras braucht, daß wir dieser Erde entstammen und daß die Sonne im Gras den Körper des Vogels durchdringt – und somit uns durchdringt.

Susan Griffin

Wir könnten ohne die Luft, die wir atmen, nicht leben. Wir sind weder unabhängig vom Boden, in dem unsere Nahrung wächst, noch von dem Bauern, der diese Nahrung pflanzt und erntet. Der Bauer könnte ohne Eltern, die ihn gezeugt und geboren haben, nicht hier sein. Niemand könnte ohne die Luft und das Wasser und die Sonne überleben. Würde die Sonne nicht scheinen und der Regen nicht fallen, könnten die Bäume nicht wachsen. Und das Holz dieser Bäume hat das Papier geliefert, auf dem diese Worte gedruckt wurden. Wäre ich nicht geboren worden, hätte ich sie nicht schreiben können, und wären Sie nicht geboren worden, könnten Sie sie nicht lesen.

Betrachten Sie die Vögel, das Gras und die Sonne, erleben Sie die Verbundenheit mit der Welt. Denken Sie daran, daß die Luft, die Sie atmen, von allen anderen Lebewesen auf diesem Planeten eingeatmet wird.

Ich spüre die Sonne, den Wind, den Regen auf meiner Haut und ich spüre den Boden unter meinen Füßen, so wie alle Lebewesen diese Dinge spüren, ich atme die Luft, die von allen Lebewesen geatmet wird – und das verbindet mich für immer mit dem Leben.

Im täglichen Leben gibt es immer Ecken und Kanten: Schüler arbeiten nicht richtig mit, Vorgesetzte lehnen gute Ideen ab, Kinder werden kurz vor dem Urlaub krank, der Verkehr stockt, das Telefon läutet, ein geliebter Mensch stirbt. Anstatt diese Ereignisse zu ignorieren, zu leugnen oder zu bekämpfen, sollten wir sie ruhig über uns ergehen lassen und ergründen, wie wir die in ihnen enthaltene Spannung nutzen können.

Catherine Peck

Wir lernen nicht vor allem aus den großen Ereignissen in unserem Leben. Wir müssen keine weite Reise unternehmen, um unsere Weisheit zu entdekken. Wir können vielmehr an allem wachsen, was geschieht. Wir können die Spannung alltäglicher Ereignisse dazu nutzen, uns zu öffnen und sanfter zu werden. Diese Art der Empfänglichkeit läßt sich zwar nicht erzwingen, aber wir können zumindest zulassen, daß wir manchmal betrübt sind oder Angst haben. Begegnen wir der Spannung mutig und betrachten wir sie aufmerksam. Dadurch werden wir gelassener und erkennen plötzlich, welche Situationen wir ändern können und welche nicht.

Sich einer Situation ergeben bedeutet nicht, sich ihr hoffnungslos oder hilflos beugen. Unsere Empfänglichkeit ermöglicht uns vielmehr, über die Spannung hinauszuwachsen und zu dem ruhigen Ort zu gelangen, der sich dahinter befindet.

Ich will die unangenehmen und traurigen Ereignisse in meinem Leben nutzen, um aus ihnen zu lernen und über sie hinauszuwachsen. Indem ich sie gelassen annehme, erlange ich innere Ruhe.

Die Ereignisse selbst sind nicht wichtig, nur die Erfahrungen, die wir durch sie machen, und die Lektionen, die sie uns erteilen. Auf deinem Weg wirst du das gleiche lernen wie ich auf meinem. Es gibt zahllose Wege, aber sie alle führen zum selben Ziel. Elisabeth Haich

Die Ereignisse in unserem Leben gehören uns nicht. Sie sind nur Teil unseres Weges. Wichtig ist, wie wir uns ihnen gegenüber verhalten, wie wir auf sie reagieren. Wir müssen nicht danach streben, Erfahrungen zu machen. Es ist nämlich nicht das äußere Ereignis, sondern die innere Reaktion, die uns etwas lehrt. Wir können wählen, ein Ereignis anzunehmen oder es abzulehnen. Wir sollten jene, die wir als unsere Vorbilder verehren, nicht imitieren. Sie geben uns nur das Vertrauen, daß wir unser Ziel erreichen können. Denn jede Person lernt die Lektionen des Lebens auf ihre eigene Weise.

Mein spiritueller Weg wird nicht derselbe sein wie der meines Partners, meiner Eltern, meiner Kinder, meiner Freunde oder geistigen Vorbilder. Aber auf diesem meinem Weg werde ich die gleichen Erfahrungen machen wie sie auf dem ihren, und ich werde die gleichen Lehren aus ihnen ziehen können.

Ich gebe den Frauen keine Schuld. Ich sage: Wenn wir die Verantwortung für eine Situation übernehmen, fühlen wir uns weniger hilflos, als wenn wir der Gesellschaft oder den Männern die Schuld geben. Wenn wir uns unserer Situation bewußt sind, haben wir größeren Einfluß auf unser Schicksal – und es ist viel interessanter, unser Schicksal selbst in die Hand zu nehmen, als von anderen zu erwarten, daß sie unsere Geschicke lenken.

Anaïs Nin

Wenn wir die Verantwortung für etwas übernehmen, hat das nichts mit Schuldzuweisung zu tun. Wir nehmen lediglich die Dinge in die Hand, damit wir angemessen reagieren können. Das ist ein wichtiger Unterschied. Wenn wir uns oder anderen Schuld zuweisen, können wir keine wirkliche Wandlung bewirken. Mit einer Schuldzuweisung geben wir die Verantwortung aus der Hand. Wir können nur uns selbst ändern. Wir können üben, stärker zu werden. Anstatt uns überfordert zu fühlen, sollten wir versuchen, schwierige Situationen im Licht der Sanftmut und Güte neu zu bewerten. Ohne Schuld zuzuweisen, können wir herausfinden, inwieweit uns eine bestimmte Situation betrifft. Wir können unsere Fehler akzeptieren und etwas verändern.

Ich will die Verantwortung für mein Leben selbst in die Hand nehmen und nicht andere darüber bestimmen lassen. Ich will nicht den anderen die Schuld an unangenehmen Ereignissen geben, sondern mit diesen Situationen umgehen lernen.

Spiritualität ist nicht sehr schwierig umzusetzen – wir müssen nur verstehen, daß wir alle miteinander verbunden sind. Wenn wir erkennen, daß wir miteinander verbunden sind, können wir der Erde und einander nicht schaden oder uns töten. Wir müssen uns umeinander kümmern – was lediglich heißt, daß wir uns um uns selbst kümmern.

Mayumi Oda

Wahre Spiritualität ist nicht mit religiösen Dogmen zu verwechseln. Sie ist nicht auf ein bestimmtes Gebet, einen bestimmten Glauben oder ein bestimmtes Ritual beschränkt. Eine Frau, die ich kenne, ging einmal zu einem Akupunkteur, weil sie Schmerzen in den Schultern hatte. Sie war ziemlich überrascht, als der Akupunkteur Nadeln in ihre Füße steckte. «Warum sind die Nadeln in meinen Füßen, wenn ich Schmerzen in meinen Schultern habe?» fragte sie. «Der ganze Körper ist eine Einheit», antwortete der Akupunkteur.

Auch wir können die Verbindung allen Lebens erfahren: Bewegen Sie Ihre Zehen und Sie werden merken, daß diese mit den Füßen, die Füße mit den Beinen verbunden sind und so weiter. Schauen Sie sich Ihre Zugsnachbarn an und erkennen Sie, daß sie alle miteinander verbunden sind, weil sie alle im Zug sitzen und versuchen, möglichst schnell von einem Ort zum andern zu kommen. Nehmen Sie sich jeden Tag ein paar Minuten Zeit, um dieses Spiel zu spielen. Prüfen Sie nach ein paar Wochen, wie Sie jetzt über die Verbundenheit denken.

Tagtäglich erkenne ich, daß ich mit allen anderen Menschen verbunden bin, daß alles mit allem in Verbindung steht.

Ich erbebe vor Glückseligkeit, wenn ich mich an die Worte der Göttlichen Mutter erinnere. Oh meine Geliebte, komm' zu mir! Du warst immer mein.

Lied der Hindu

Hingabe kann Abhängigkeit bedeuten, wenn wir uns ihrer nicht bewußt sind. Sie kann dazu führen, daß wir uns zu wenig um uns selbst kümmern, was nicht nur ungesund ist, sondern uns sogar unserer Freiheit beraubt, weil wir nur um so mehr an den Dingen festhalten. Wir projizieren unsere Gefühle auf das Objekt unserer Hingabe und vergessen unseren eigenen Wert. Die geistige Kraft des Verstehens, der die Süße der Hingabe fehlt, kann jedoch ebenso schädlich sein, da wir mit dem Objekt, das wir bloß verstehen, nicht eins werden können. Erst die Verbindung zwischen Hingabe und Verstehen öffnet unser Herz und beschert uns große Freude.

Ich will mich den Dingen hingeben und sie gleichzeitig mit dem Verstand begreifen. Denn durch zu viel Hingabe laufe ich Gefahr, mich selbst zu vergessen, durch zu wenig Hingabe, mich den Dingen nicht wirklich öffnen zu können.

Die Liebe zwischen Frauen, vor allem wenn sie öffentlich gezeigt wird, ist ein Teil der weiblichen Freiheit, wie auch der Freiheit eines jeden anderen. Wenn man nicht die Freiheit hat, seine Liebe zu zeigen, ist man ein Sklave; und jeder, der verlangt, daß man sich versklavt, indem man seine Liebe nicht zeigt, hat die Mentalität eines Sklavenhalters. Alice Walker

Wir verweigern anderen Menschen die Freiheit, weil wir Angst haben. Die Angst verschließt unser Herz und wir projizieren sie auf andere, indem wir versuchen, diese einzuschränken, weil ihr Verhalten sich von dem unseren unterscheidet oder für uns inakzeptabel ist. Wir teilen die verschiedenen Verhaltensweisen in zwei Kategorien ein: in eine gute – das sind wir und alles, woran wir glauben – und eine schlechte – das sind die anderen und woran sie glauben.

Warum fürchtet man die gleichgeschlechtliche Liebe und vor allem diejenige zwischen Frauen? Von Beginn an hat sich eine Frau um uns gekümmert und gesorgt: unsere Mutter, die wir als Kinder für allmächtig hielten. Männer haben dieselbe Erfahrung gemacht. Vielleicht fürchten sie diese Macht deshalb so sehr und fühlen sich angesichts gleichgeschlechtlicher Liebe zwischen Frauen plötzlich nutzlos. Ebenso bedrohlich ist für viele die Liebe zwischen Männern, die deshalb genausowenig akzeptiert wird.

Ich will keinen Unterschied machen zwischen der Liebe zwischen Mann und Frau und der Liebe zwischen zwei Frauen oder zwei Männern.

Das Jetzt ist eine großzügig gespannte Leinwand. Daß sie ständig zerrissen und abgewaschen wird, ist selbstverständlich; aber trotzdem ist es eine Leinwand.

Annie Dillard

Wir tragen das Potential zum Leben, zum Göttlichen, in uns. Es liegt deshalb auch an uns, diese Göttlichkeit zu zeigen. Alles, was auf dieser Welt existiert, unterliegt einem ständigen Wandel. Wir machen sowohl schmerzliche als auch freudige Erfahrungen in unserem Leben. Wir sind frei, wenn wir alle Lebenserfahrungen gleichermaßen akzeptieren.

Stellen Sie sich vor, Sie seien eine Künstlerin, die ihr Studio betritt. Vor sich sehen Sie eine große, leere Leinwand. Nehmen Sie den Pinsel und malen Sie Ihren Tag. Es ist nicht wichtig, ob Sie tatsächlich oder nur in Gedanken malen. Es ist nur wichtig, zu verstehen, *daß* wir eine Wahl haben, und zwar die Wahl, so oder anders auf die Umstände unseres Lebens reagieren zu können. Legen Sie den Pinsel nun beiseite, verlassen Sie das Studio, schließen Sie die Tür und widmen Sie sich Ihrem Alltag. Kehren Sie am Abend nochmals ins Studio zurück und malen Sie das Bild neu. Waschen Sie alles ab, was Sie vorher gemalt haben. Schließen Sie Frieden mit den Gedanken und Aktivitäten des Tages. Bringen Sie, wo nötig, die Dinge in Ordnung. Jetzt können Sie schlafen gehen und die Leinwand ruhen lassen bis zum nächsten Tag.

Mein Leben gleicht einem Bild, das ständigem Wandel unterliegt, weil ich es tagtäglich von neuem male, beeinflußt von den Ereignissen des Tages.

Einerseits hörte ich den Ruf Gottes, andererseits folgte ich dem Ruf der Welt. Alles, was Gott mir gab, bereitete mir große Freude, aber ich wurde gefangengehalten von dem, was die Welt mir gab. Man hätte sagen können, daß ich versuchte, die beiden Extreme in Einklang zu bringen oder zwei Gegensätze zu vereinen; das spirituelle Leben einerseits und die irdischen Freuden andererseits.

Teresa von Avila

Wir neigen dazu, unsere Welt in verschiedene Bereiche aufzuteilen. So bezeichnen wir die Dinge entweder als spirituell oder materiell. Wenn wir das spirituelle Leben gewählt haben, versuchen wir, auf die materielle Welt zu verzichten – was uns häufig nicht gelingt. Doch wir leben in *dieser* Welt: Unsere spirituellen Übungen sollen uns dazu dienen, mit ihr verbunden zu bleiben, nicht, uns von ihr zu trennen. Zu große Entbehrungen machen den spirituellen Weg unnötig hart und steinig. Ein Übermaß an materiellen Gütern schränkt auf der anderen Seite unsere Bereitschaft ein, uns zu ändern. Wenn wir das Streben nach Vergnügen nicht mehr als unser alleiniges Lebensziel betrachten, können wir genießen, ohne uns schuldig zu fühlen, und verleugnen doch den Schmerz jener nicht, denen es weniger gut geht als uns. Wenn wir weniger an den Dingen festhalten, haben wir mehr Energie, um alles im Leben willkommen zu heißen. Wir entwickeln mehr Mitgefühl, das wir allen entgegenbringen können.

Meine spirituelle Herausforderung besteht darin, die scheinbaren Gegensätze eines spirituellen Lebens und eines Lebens mitten in dieser Welt zu vereinen.

Juli

Die Herzenshärte ist unter allen schlechten Eigenschaften die schlimmste. Sie richtet sich nicht nur gegen andere, sondern auch gegen das eigene Ich. Der Verzicht darauf, einem anderen Wesen mit Interesse zu begegnen und ihm Barmherzigkeit zu erweisen, ist unmenschlich.

Hildegard von Bingen

Der Schutz unserer nationalen Interessen, unseres Eigentums und unseres Wohlergehens mit Waffengewalt wird uns keinen dauerhaften Frieden bringen. Auch der Schutz unserer Interessen innerhalb persönlicher Beziehungen wird uns keinen Frieden bringen. Nur wenn wir offen sind und einander mit Liebe, Wärme und Fürsorge begegnen – ohne einen bestimmten Menschen zu bevorzugen – werden wir Frieden finden. Wenn eine Person tut, was wir wollen, lieben wir sie. Wenn uns andere verärgern oder enttäuschen, entziehen wir ihnen unsere Liebe. Erst wenn wir bereit sind, Risiken einzugehen und unabhängig von unseren persönlichen Interessen liebevolle Güte zu schenken, eröffnen sich uns Möglichkeiten, Konflikte zu reduzieren und Frieden zu erlangen. Solange wir uns jedoch darauf konzentrieren, immer nur das Beste für uns selbst herauszuschlagen, verursachen wir Aggressionen und Konflikte, denn immer werden wir auf jemanden treffen, dessen selbstsüchtige Interessen mit den unseren kollidieren.

Ich will meine Interessen zurückstellen, denn nur so kann ich Frieden erlangen und Frieden schaffen.

Wenn wir wütend sind, schießen wir leicht über das Ziel hinaus und sind uns dessen gar nicht bewußt. Wir schaden der eigenen Sache durch unsere Wut. Es ist, als ob wir Krieg führen würden. Anaïs Nin

Die Wut, ein Ausdruck feuriger Energie, bewirkt einige positive, aber immer nur vorübergehende Veränderungen. Sie verleitet uns dazu, Dinge zu tun, die wir uns nie zugetraut hätten. Aber unser Zorn erschreckt unsere Umwelt und macht sie ihrerseits wütend. Unsere Gefühle der Güte und Verbundenheit werden überdeckt. Niemand vermag sich mehr Gehör zu verschaffen. Niemand hat die Kontrolle. Die Wut kontrolliert uns. Wir sind blind für andere und vielleicht effizientere Lösungen.

Wandeln Sie Ihren Zorn in eine positive Kraft um: Spüren, erkennen und akzeptieren Sie die Energie, die Sie durchströmt. Es ist nicht schlecht, wütend zu sein. Arbeiten Sie mit der Energie, indem Sie sich Bewegung verschaffen und damit die Energie aus Ihrem Körper entlassen. Bitten Sie eine Freundin, Ihnen zuzuhören, wenn Sie wütend sind. Oder setzen Sie sich hin, atmen Sie tief ein und aus, beobachten Sie und spüren Sie Ihren Zorn. Stellen Sie sich vor, wie die Wut in die Erde sinkt und in eine Energie verwandelt wird, mit der Sie langfristige Veränderungen bewirken können. Atmen Sie jetzt die umgewandelte Energie ein. Jetzt sind Sie bereit, auf klare, ruhige und mitfühlende Weise zu handeln.

Ich will meine Wut in positive Energie umwandeln, die tatsächliche und langfristige Veränderungen bewirken kann.

Wer sagt, daß es einfach ist? Aber wir haben die Macht. Ich sehe, wie die Gesichter um mich herum ernster werden. Es ist die Zeit des Wandels, die Stunde der Rettung. Das Wort ist nicht Angst, das Wort, das wir leben, es ist ein altes Wort mit neuer Bedeutung; indem wir es erlernen, erwecken wir es zum Leben: Liebe. Liebe. Liebe. Liebe.

May Sarton

Diese Zeilen eines Gedichtes von May Sarton mit dem Titel «AIDS» beschreiben auf eindrucksvolle Weise, daß wir uns der Macht der Liebe erinnern müssen, sie neu lernen müssen. Dafür brauchen wir weder AIDS noch irgendeine andere Krankheit. Es ist keineswegs so, daß wir krank werden, weil wir nicht vergeben können. Aber vielleicht können wir erst im Verlaufe einer Krankheit diese Fähigkeit aufs neue erlernen. Erst die Fähigkeit zur Achtsamkeit in allen Situationen beschert uns Weisheit, Mitgefühl und das Wissen darum, wie wir uns in einem bestimmten Augenblick verhalten müssen, das Wissen darum, was notwendig ist. Plötzlich eröffnen sich uns unzählige Möglichkeiten.

Ich will die Liebe und die Vergebung neu erlernen und diesen Begriffen einen neuen Inhalt geben.

Wir werden Frieden finden, weil wir müssen, wir müssen es, weil wir das Leben lieben. Und so abwegig uns das auch vorkommen mag: Es ist kein eitler Traum.

Holly Near

Frieden ist kein Hirngespinst. Wir können und werden Frieden erlangen, wenn wir das Leben lieben. Allzu oft jedoch wird unser Leben von Angst beherrscht. Das, was anders ist als wir, ängstigt uns. Und diese Furcht führt dazu, daß wir unsere Verbundenheit mit allem Leben zu leugnen beginnen. Plötzlich scheint es uns durchaus vertretbar, das Andersartige und deswegen Bedrohliche zu zerstören. Erst wenn uns bewußt wird, daß alles Leben miteinander verbunden ist, fangen wir an, das Leben zu lieben. Wer aber das Leben liebt und schätzt, wird ihm keinen Schaden zufügen. Wenn wir dem Leben keinen Schaden mehr zufügen, werden wir keine Kriege mehr führen. Wir werden unsere Zeit, Energie und unser Geld in friedliche Lösungen für unsere Probleme investieren und nicht mehr in Waffen und Kriege.

Gewalt erzeugt nichts als Gegengewalt. Der Frieden aber muß unsere oberste Priorität sein – und das nicht nur im politischen Bereich.

Ich will den Frieden zur obersten Priorität in meinem Leben machen. Im privaten und öffentlichen Bereich will ich mich für den Frieden einsetzen und meine Energie nicht an Streit und Kriege verschwenden.

Mutter Erde, Schwester See, ihr schenkt Leben, Energie, reicht mir die Hand, berührt mich voller Liebe.

Miriam Therese Winter

Die Mütter in unserer westlichen Kultur haben eine Menge «schlechte Presse» bekommen. Jahrelang haben die modernen westlichen Psychologen die Mutter für alle Schwierigkeiten des Kindes verantwortlich gemacht. Aber keine Mutter kann Fehler vermeiden, und manche davon sind tatsächlich schwerwiegend – das läßt sich nicht bestreiten. Aber die öffentliche Kritik an der Frau bietet keine Hilfe, sondern ist lediglich Ausdruck einer tiefgreifenden Angst und eines beängstigenden Hasses auf die Frau. Es ist ungemein wichtig, sich dieser Angst bewußt zu werden und sie umzuwandeln. Mutterliebe, die leidenschaftliche, alles umarmende Liebe, die Stütze des Lebens, das ist es, was unsere Welt heute braucht. Das Lied von Miriam Therese Winter bringt zum Ausdruck, was wir alle erkennen sollten: Die Frau besitzt eine kreative und spirituelle Macht. Es ist die Macht der Erde, aus der wir geformt sind. Ihre Worte setzen die Weiblichkeit mit dem lebensspendenden Ozean gleich, mit seiner tiefen Mystik, mit dem Gezeitenwechsel.

Die Liebe meiner Mutter ist wie eine sanfte Berührung, die mich erneuert.

Wahres Glück, Sicherheit und Liebe sind keine Güter, die man käuflich erwerben kann. Und wenn es sich nur um Träume und Gedanken handelt, dann sind sie nicht echt. Glück, Sicherheit und Liebe kommen unaufgefordert zu uns, wenn unser Geist ruhig und offen ist und sich nicht nur mit sich selbst beschäftigt. Sie tauchen unerwartet auf, wenn wir keine Wünsche oder Ängste mehr haben, wenn wir nach nichts mehr streben.

Toni Packer

In unserer konsumorientierten Welt kommt es einem vielleicht erstaunlich vor, daß Glück nicht käuflich ist und nichts mit Besitz zu tun hat. Glück ist eine Frage der Gesinnung, nicht des Geldes.

Es stimmt, daß wir Bürgerinitiativen brauchen. Wir brauchen Gesetze, um Gleichberechtigung und unsere Rechte durchzusetzen. Aber Initiativen und Gesetze allein werden die radikalen Veränderungen, die unsere Gesellschaft benötigt, nicht bewirken können. Was wir brauchen, ist ein grundlegender Gesinnungswandel. Jeder einzelne muß seine persönlichen Konflikte erforschen. Wenn sie behoben sind, können wir uns öffnen und ändern. Und erst eine andere Geisteshaltung – die sich in einer umweltbewußten Lebensweise, einem gütigen und einfühlsamen Umgang mit unseren Mitmenschen manifestiert – wird dafür sorgen, daß die Grundrechte des Menschen gewahrt werden und jeder glücklich sein kann.

Mein Glück hängt nicht von der Höhe meines Einkommens ab, sondern von meiner inneren Einstellung.

Nehmt euch Zeit zum Gebet – es ist das süße Öl, das die Scharniere schmiert, damit das Tor zum Garten sich leichter öffnen läßt. Ihr könnt immer dorthin gehen.

Lynn Park

Beten bringt uns in Einklang mit der Macht des Universums. Häufig beten wir nicht, sondern flehen jemanden an, von dem wir glauben, daß er größer ist als wir selbst und mit unserer Person nicht in Verbindung steht. Wir hoffen, daß unsere Gebete erhört werden. Wir hoffen, weil wir Angst haben. Ohne Angst brauchten wir nicht zu hoffen. Im Verlaufe unserer spirituellen Reifung beginnen wir, über Hoffnung und Furcht hinauszuwachsen. Das Gebet ebnet uns den Weg. Dankbar erschließen wir unser Herz der Macht des Universums, der Größe des Lebens. Wir öffnen uns dem Universum. Wir atmen das Universum und das Universum atmet uns.

Beschäftigen Sie sich mit der Dankbarkeit. Beginnen Sie jeden Tag mit einem Dankgebet. Fragen Sie sich, was in Ihrem Leben wirklich gut ist, und danken Sie der Göttin, dem Universum oder dem Geist der Liebe für alles, was Sie haben. Unsere Dankbarkeit öffnet unsere Herzen.

Meine Gebete sollen keine flehentliche Anrufung aus Angst und Hoffnung auf Hilfe sein. Sie sollen mir helfen, mich zu öffnen und dankbar zu sein für alles, was ich empfange.

Echte Aufmerksamkeit ist sehr selten und erfordert völlige Hingabe. Wir müssen alles aufgeben, was wir sind oder zu werden hoffen, um jeden Augenblick ohne jegliche eigene Identität zu erleben, offen allem gegenüber, was da komme, und jeder menschlichen Führung beraubt. Eine andere Bezeichnung für vollständige Aufmerksamkeit ist Liebe.

Flora Courtois

Schon als Kind war ich eine begeisterte Leserin. Ich konnte mich bis zur völligen Selbstaufgabe in ein Buch vertiefen und nahm nichts anderes mehr wahr. In jenen Augenblicken gab ich meine persönliche Identität auf und wuchs über mich hinaus. Wenn Kinder spielen, üben sie für ihr Leben als Erwachsene. Sie spielen Rollen, probieren unterschiedliche Identitäten aus. Wenn wir älter werden, festigt sich unsere Identität. Wenn wir uns nur noch mit unseren Wünschen, Bedürfnissen, Vorlieben und Abneigungen identifizieren, kann unser wahres Selbst nicht mehr wachsen. Wir sind leicht irritiert oder verärgert, wenn wir auf Andersartigkeit treffen. Wenn wir jedoch bereit sind, jeder Situation offen zu begegnen, ohne an unseren persönlichen Meinungen, Gedanken und Anschauungen festzuhalten, werden wir so groß wie das Leben. Wir werden eins mit der Liebe.

Üben Sie, Ihren Mitmenschen schweigend zuzuhören, ohne sofort Ihre eigene Meinung zu äußern. Mit der Zeit verwandelt sich diese Übung in einen meditativen Akt der Aufmerksamkeit und Liebe.

Ich will den Menschen Aufmerksamkeit und Liebe entgegenbringen, indem ich Ihnen wirklich zuhöre.

Wenn wir das Kind, das wir einst waren, schätzen und respektieren, kann der Geist unseres inneren Kindes zum Vorschein kommen. Flora Colao

Tausende von Menschen arbeiten daran, ihr inneres Kind zu heilen, indem sie sich mit den schmerzlichen und verletzenden Ereignissen ihrer Kindheit auseinandersetzen. Erwachsene, die körperlich mißhandelt, sexuell mißbraucht oder emotional vernachlässigt wurden, profitieren durch diese Art der Auseinandersetzung genauso wie Menschen, die einfach nur ihre kindliche Neugier, Kreativität und die Fähigkeit zu spielen wiedererlangen wollen. Wir alle tragen bewußt oder unbewußt die Verschüchterung und Scham unserer Vergangenheit in uns aus einer Zeit, in der wir uns oft klein und hilflos fühlten. Aber es geht um mehr als nur darum, die Schatten der Vergangenheit zu vertreiben. Wir müssen auch lernen, uns wieder spontan zu freuen.

Unser inneres Kind ist geheilt, wenn wir wieder unbefangen sind, der Welt mit Neugier und Staunen begegnen, imstande sind, Risiken einzugehen, zu lernen und zu wachsen. Wenn wir mit dem Geist unseres inneren Kindes wieder in Einklang stehen und Verständnis dafür haben, daß wir uns manchmal unbeholfen, hilflos oder beschämt fühlen, können wir das Leben voller Freude genießen.

Ich kann mein inneres Kind heilen, wenn ich mich mit meiner Vergangenheit auseinandersetze. Ich will es respektieren und schätzen, damit ich das Leben wirklich genießen kann.

Dieses Gefühl, vom Universum im allgemeinen und von bestimmten Geistern im speziellen geliebt und unterstützt zu werden, ist Glückseligkeit. Kein anderes Gefühl ist auch nur im entferntesten damit zu vergleichen. Und vielleicht ist es das, was Jesus uns so unermüdlich zu lehren versuchte: daß unsere Wandlung nicht darin besteht, wie Christus zu werden, sondern darin, Christus selbst zu sein.

Alice Walker

Es ist ein besonderes Vergnügen, ein Konzert der afroamerikanischen Frauengruppe *Sweet Honey in the Rock* zu besuchen. Die Frauen singen ohne Instrumentalbegleitung, sie verwenden nur den eigenen Körper und die Hände als Schlaginstrumente. Sie erzählen in ihren Liedern von den unglaublich leidvollen Zuständen auf dieser Erde: von der Unterdrückung, die farbige Menschen täglich aufgrund von Rassismus erleiden; von dem ständigen Kampf der Frauen, ihre Kinder ernähren zu können, respektiert zu werden und ein Ende von Vergewaltigungen und Mißhandlungen herbeizuführen. Aber ihre Lieder sind ohne Verzweiflung. Sie enthalten stattdessen eine enorme positive Energie. Wir werden dazu inspiriert und aufgefordert, die notwendigen Veränderungen durchzuführen, um aus diesem Planeten ein sicheres Zuhause für alle Völker, Rassen und Lebewesen zu machen.

Ich will mich wandeln, um das Gute selbst zu werden. Ich will für Veränderungen eintreten, die nötig sind, um allen Menschen ein Leben ohne Unterdrückung und Schmerz zu bescheren.

Der Geist ruhig wie Wasser, ich empfinde natürlichen Frieden. Immer ruhig und doch immer wachsam, ich mache Fortschritte. Cui Shaoxuan

Der Taoismus, der Weg zu universeller Harmonie, unterweist uns darin, menschlich zu werden. Zuerst kommt die Offenheit, diese wird zum Geist, dieser verwandelt sich in Energie, die Energie wird zum Blut und das Blut wird zur Form, zum Menschen. Zuerst kommt das Baby, dann das Kind, der Jugendliche, der Erwachsene, der Alte und dann der Tod. Wenn Sie Taoismus praktizieren und im Einklang mit der universellen Harmonie stehen, wird dieser Prozeß umgekehrt und Unsterblichkeit erlangt. Das heißt nicht, daß Sie für immer im selben physischen Körper leben. Es bedeutet nur, daß Sie das Wesen der Energie verstanden haben – von den Anfängen bis hin zu ihrer gegenwärtigen Manifestation.

Cui Shaoxuan teilt mit uns das Geheimnis des inneren Friedens. Ziellos umherwandernde Gedanken erregen und beunruhigen uns. Wenn diese Gedanken verschwinden, finden wir Frieden. Es ist ein Trugschluß, daß wir ohne Gedanken in Lethargie verfallen. Die Leere führt vielmehr zu Offenheit und Klarheit, zu mehr Energie, die uns Kraft gibt, zu Gelassenheit und Harmonie.

Ich will üben, ruhig und gelassen zu werden, meinen Geist von allen Gedanken zu befreien und auf dem Weg zur universellen Harmonie voranzuschreiten.

Die Schöpfung braucht oft zwei Herzen, eines, das Wurzeln treibt, und eines, das blüht, eines, das in Zeiten der Dürre nährt und festhält, wenn der Wind des Schmerzes weht – die zarte Blüte, die in der Pracht ihrer Stunde ein unbesungenes, ungesehenes Herz bezeugt.

Marilou Awiskta

Frauen haben zwei Herzen. Das zweite Herz ist unser Mutterleib, der aus denselben weichen Muskeln gemacht ist wie das Herz in unserer Brust. Wenn wir mit der Erde verwurzelt sind, wenn unser Bauch stark ist, unterstützt er unser Herz in der Brust dabei, sich zu öffnen. Unsere schöpferische Energie befindet sich in der Bauchhöhle, dem zweiten Chakra. Wenn das Bauch-Chakra geöffnet wird, kann die schöpferische Energie über die Wirbelsäule aufsteigen, das Herz öffnen und in das schöpferische Zentrum im Hals fließen.

In Cambridge, Massachusetts, wo ich während der siebziger Jahre lebte, war das «Brot und Rosen» eines der ersten Frauenrestaurants. Sein Name erinnerte daran, daß wir Frauen sowohl Brot brauchen – also die Wurzeln, die uns ernähren – als auch die zarte, kurzlebige Schönheit der Rose.

Ich spüre die zwei Herzen in meinem Körper: mein Herz in der Brust und das Herz in meinem Schoß. Dieses zweite Herz ist das Brot, das mich nährt, die Wurzel, durch die der Lebenssaft zum ersten Herzen fließt, der zarten und vergänglichen Rose.

Genau diese Stelle, an der das «Ich will» vereitelt wird, ist das «torlose Tor» – denn die einzige Möglichkeit, um das «Ich will» in ein «Ich bin» umzuwandeln, besteht darin, die eigene Enttäuschung bewußt zu erleben.

Charlotte Joko Beck

Die meisten von uns glauben, daß wir nur dann glücklich sind, wenn unsere Bedürfnisse befriedigt werden. Nur dann fühlen wir uns erfolgreich. Wir sind verstimmt, wenn unsere Wünsche unerfüllt bleiben. Für gewöhnlich besteht unser Leben aus einer Mischung aus solchen Gefühlen des Erfolgs und Mißerfolgs. Wie erfolgreich wir auch sein mögen, wir sind auch stets mehr oder weniger frustriert. Diese Frustration ist vorhanden, ob sie nun bewußt erlebt oder unbewußt empfunden wird. Selbst Erfolg kann uns nicht vor ihr schützen, weil sich unsere Bedürfnisse ständig ändern und ständig steigern. Sind wir einmal zufrieden, machen wir uns schon wieder Sorgen um die Zukunft.

Intuitiv aber spüren wir, daß es mehr geben muß, als die Befriedigung unserer persönlichen Bedürfnisse. Flüchtig haben wir alle schon einmal erkannt, daß es etwas Größeres gibt als uns selbst. Obwohl es schwierig ist, gemäß dieser Erkenntnis zu leben, macht sie uns froh und zufrieden. Wenn wir unsere Frustration bewußt erleben, statt ihr auszuweichen oder sie zu verleugnen, können wir uns diesem Größeren öffnen und nähern.

Durch bewußtes Erleben meiner Frustration entferne ich mich von meinen Bedürfnissen und nähere mich einer größeren Wahrheit.

Verstehen ist nicht so wichtig wie Sein, denn das Verstehen bringt immer eine Trennung mit sich zwischen dem, der versteht, und dem, das oder den es zu verstehen gilt. Das Wissen aber ist in dir, es entspricht dem Fluß des Atems.

Dhyani Ywahoo

Lassen Sie mich eine meiner Yogalehrerinnen zitieren: «Wir sind unserem Atem verpflichtet. Während der gesamten Sitzung wollen wir uns daran erinnern, uns auf unseren Atem zu konzentrieren, uns der körperlichen Empfindungen – der schmerzhaften wie der angenehmen – bewußt zu werden und immer wieder zur Atmung zurückzukehren. Wir wollen feststellen, wo sich der Atem in unserem Körper gerade befindet, und beobachten, wie er schwer oder leicht wird, wenn wir flacher oder tiefer atmen. Wir wollen spüren, wann unser Atem frei fließt und wann wir ihn zurückhalten.» Wenn wir uns dem Atem verpflichten, verpflichten wir uns dem Leben. Wir erkennen die innere und äußere Welt, aber wir sind in keiner von beiden gefangen. Wenn wir uns fest konzentrieren, behalten wir einen klaren Kopf.

Verpflichten Sie sich dem Atem. Wenn Sie eine Armbanduhr tragen, stellen Sie sie so ein, daß sie jede Stunde piept. Der Piepton soll Sie daran erinnern, Ihre Atmung wahrzunehmen. Wenn Sie keine Uhr tragen, lassen Sie sich durch das Läuten des Telefons oder durch ein anderes Geräusch an Ihre Atmung erinnern.

Ich konzentriere mich auf meinen Atem und lasse mich auf seinem Fluß dahintragen.

Heilige Kornmutter, komme zu mir, segne mich, erfülle mich mit Schönheit, so daß ich anderen Schönheit bringen kann.

Lisa Thiel

Lisa Thiels Lied erinnert uns daran, daß wir mit Schönheit, Energie und Kraft gesegnet sind. In der Mythologie der Indianer wohnen die Kornmütter im Süden. Wir wenden uns gegen Süden und beten darum, wie die Kornmütter zu werden. Wir beten um Überfluß, weil wir wissen, daß wir um so mehr geben können, je mehr wir haben. Unsere Gaben sind nicht nur für uns allein bestimmt. Wir teilen unseren Reichtum mit den anderen, damit die Herzen und die Mägen aller Menschen mit Nahrung gefüllt werden können.

Ich bete um Reichtum und Überfluß – nicht, damit ich ein Leben im Luxus führen kann, sondern damit ich diesen Reichtum mit allen anderen Menschen zu teilen vermag. Ich bete sowohl um materiellen wie geistigen Reichtum, denn wir alle müssen nicht nur unseren physischen, sondern auch unseren geistigen Hunger stillen.

Was, wenn wir die Spiegel zerschmetterten und unser wahres Gesicht sähen? Was, wenn wir die heiligen Bücher verrotten ließen und unseren wahren Geist entdeckten? Was, wenn wir die hölzernen Buddhas verbrennen würden? Die steinernen Buddhas den Bergen zurückgäben? Die Gurus mit Gelächter vertrieben und den Pfad entdeckten, auf dem wir uns seit jeher befinden?

Elsa Gidlow

Der Grund dafür, daß wir weglaufen, uns verstecken, Dinge verleugnen, ist die Angst vor unserem wahren Ich. Die Art und Weise, wie unsere Kultur Kinder erzieht und ausbildet, trägt dazu bei, daß wir an uns zweifeln und wenig Selbstachtung entwickeln. Wir haben Masken aufgesetzt, um unsere Überzeugung zu verbergen, daß wir nicht gut genug sind, oder unseren inneren Zwang, anders sein zu müssen, als wir wirklich sind. Wenn wir in den Spiegel blicken, sehen wir diese Maske. Was verbirgt sich dahinter? Eine Möglichkeit, hinter die Maske zu blicken, besteht darin, unser Verhalten Menschen gegenüber zu beobachten, die uns verärgern. Jene Eigenheiten, die uns an anderen am meisten stören, sind häufig Teil unseres eigenen Charakters. Wenn wir mutig genug sind, uns selbst so zu sehen, wie wir sind, können wir unser Verhalten, unsere Einstellungen und Anschauungen, die unser wahres Gesicht verbergen, ändern.

Ich will die Maske aus Angst und Selbstzweifel abnehmen und mein wahres Gesicht sehen, mein wahres Ich, dem ich mutig gegenübertrete, ohne zu erschrecken.

Mutig genug zu sein, um mit allem im Leben fertig zu werden – darauf kommt es an.

Teresa von Avila

Die westliche Kultur drängt uns, ein materiell vollkommenes Leben anzustreben, ein Leben in Bequemlichkeit und Wohlstand. Immer wird uns die Botschaft vermittelt, daß wir selbst die Macht haben, uns materiellen Wohlstand, die beste Gesundheit und den perfekten Partner zu verschaffen. Das führt jedoch häufig zu Problemen: Erstens bringen harte Arbeit und das Anstreben gesellschaftlicher Anerkennung für Frauen, Menschen der unteren sozialen Schichten und Farbige nicht immer die gleichen Ergebnisse wie für weiße Männer. Zweitens können sowohl harte Arbeit wie soziale Anerkennung dazu führen, daß wir unsere Umwelt manipulieren und immer mehr besitzen wollen. Jene, die anders sind als wir, sehen wir als Konkurrenten oder Feinde, die uns unsere Errungenschaften wegzunehmen versuchen. Wir verschwenden kostbare Lebensenergie, um dafür zu sorgen, daß alles in unserem Sinne läuft.

Ein mutiges Herz akzeptiert und verarbeitet jede Situation im Leben. Jedes Ereignis, ob es uns glücklich oder traurig macht, ist ein Geschenk: Es liefert uns die Energie, die notwendig ist, um unsere gewohnten Denkmuster zu ändern.

Mutig will ich alles annehmen, was mir das Leben bringt, und nicht versuchen, es nach meinen Vorstellungen zu manipulieren.

Das Ich ist gleichzeitig das Ich aller Lebewesen und deshalb kennt auch mein Ich keine Grenzen; das gesamte Universum ist in mir, und mein Ich erfüllt das ganze Universum. Alles Bestehende – bin ich! In allem, was ich liebe, liebe ich mich selbst, denn das, von dem wir glauben, daß wir es nicht lieben, haben wir einfach noch nicht in uns selbst entdeckt! Elisabeth Haich

Jedes menschliche Wesen hat einen guten Kern. Diesen Kern kann man sich als einen goldenen Ring vorstellen. Er symbolisiert unsere Sehnsucht, dem Leben auf kreative und liebevolle Weise Ausdruck zu verleihen.

Entspannen Sie sich und stellen Sie sich vor, Sie würden tief in Ihr Inneres reisen. Tauchen Sie im Ozean des Lebens bis auf den Grund, wo sie auf eine Höhle stoßen. In dieser Höhle befindet sich ein Ring aus Gold. Wenn Sie ihn einmal berührt haben, können Sie ihn nie mehr verlieren. Strecken Sie jetzt Ihre Hand aus und ergreifen Sie den Ring. Pressen Sie ihn, während Sie zurück ans Ufer schwimmen, an Ihr Herz. Nach Ihrer Rückkehr werden Sie erkennen, daß der Ring nicht mehr in Ihrer Hand ist; er ist in Ihr Herz eingebettet. Stellen Sie sich vor, daß Sie jetzt von seinem goldenen Licht erfüllt sind und daß Sie dieses Licht den ganzen Tag über ausatmen und es allmählich alle Wesen umgibt. Stellen Sie fest, was Sie fühlen und denken und wie Sie handeln, während dieser goldene Schein Sie umhüllt.

Auch in meinem Herzen verbirgt sich ein goldener Ring: mein guter Kern, der mich immer wieder antreibt, meinen Mitmenschen mit Liebe und Güte zu begegnen.

Zuflucht bei Buddha, dem Dharma und dem Sangha nehmen heißt nicht, Trost auf eine Weise bei ihnen suchen wie ein Kind bei Mutti und Vati. Vielmehr ist diese Suche nach Zuflucht Ausdruck der Sehnsucht, das Nest zu verlassen, ob man sich nun dazu bereit fühlt oder nicht. Es ist Ausdruck der Erkenntnis, daß man die wahre Reise des Lebens nur in dem Wissen beginnen kann, daß Selbstachtung und Liebe einen auffangen werden, wenn man den Sprung ins Ungewisse wagt.

Pema Chödrön

Als ich die spirituelle Gemeinde, der ich viele Jahre lang angehört hatte, verließ, fühlte ich mich wie ein gerade flügge gewordener Vogel, der aus dem Nest gestoßen wurde. Ich wußte nicht, ob ich bereit war für meinen weiteren Weg. Ich wußte nur, daß ich die Beziehung zu meinem Lehrer und der Gemeinde nicht in der Weise fortsetzen konnte wie bisher. Ich erkannte, daß meine Taten Früchte tragen würden und alles andere unwesentlich war. Es gab nichts, an dem ich hätte festhalten können, nicht einmal an meinem Lehrer oder an den Lehren selbst. Ich hätte mich mit der Frage quälen können: «War es richtig, die Gemeinde zu verlassen?» Aber ich hatte auch eine andere Möglichkeit: Ich konnte die Frage leben. Ich konnte sie auf meinen Geist wirken lassen und erkennen, daß die Antwort eigentlich nicht wichtig war.

Ich will an meiner jetzigen Situation nicht aus Angst vor der Zukunft festhalten, sondern voller Zuversicht den Sprung ins Ungewisse eines spirituellen Lebens wagen – im Vertrauen auf die Kraft der Liebe und Güte.

Selbst wenn ein Fluß von Tränen durch diesen Körper strömt, kann die Flamme der Liebe nicht erstickt werden.

Izumi Shikibu

Wenn das Feuer der Liebe in uns brennt, kann diese Liebe nicht geschwächt werden – selbst wenn wir sehr traurig oder enttäuscht sind. Wir sind so eng mit der Quelle des Lebens verbunden, daß die ihr entströmende Liebe unser Leben völlig durchdringt. Das heißt nicht, daß wir nicht bekümmert oder traurig sein können. Wir alle sind das von Zeit zu Zeit. Aber wir sind in der Lage, selbst schwierigsten Zeiten mit Mut und Güte zu begegnen, da wir über den Schmerz unseres unbedeutenden Ich hinausblicken.

Wir verwechseln Liebe oft mit Vergnügen. Wir glauben, jemanden zu lieben, in Wirklichkeit erfreut uns aber nur, was er tut. Als ich über diesen Unterschied mit einer Freundin sprach, erzählte sie: «Heute freut es mich immer noch sehr, wenn jemand sensibel und nett ist, aber es überrascht mich nicht mehr, wenn ich jemandem begegne, der sozusagen ein Elefant im Porzellanladen ist. Früher war ich über solche Menschen immer ziemlich enttäuscht.» Meine Freundin hat Glück: Heute kann sie durch ihre Liebe die Enttäuschung überwinden.

Ich werde immer wieder traurig und niedergeschlagen sein und auf Menschen treffen, mit denen ich nicht sofort zurechtkomme, aber meine Liebe wird mir über alles Unangenehme hinweghelfen.

Das Gesetz, das Dharma, besagt, daß jede Tat, die wir vollbringen, jedes Wort, das wir aussprechen, jeder Gedanke, den wir denken, nicht nur von allen anderen Bestandteilen im riesigen Netz des Lebens, in das alle Dinge eingewoben sind, beeinflußt wird, sondern alles so weitreichende Auswirkungen hat, daß wir sie weder sehen noch uns vorstellen können. Wir vollbringen eine Tat um ihrer selbst willen, wobei unser Verantwortungsbewußtsein darin begründet ist, daß wir an allem Leben mitbeteiligt sind.

Joanna Macy

Ich sah unlängst eine Wiederholung von *Cagney und Lacy*, einer Fernsehserie über zwei Polizistinnen in New York. Cagney und Lacy treffen auf eine Gruppe von Leuten, die einen Pornofilm produzieren. Lacy hat ein Gespräch mit einer der Darstellerinnen. Sie führt ihr vor Augen, daß Männer, die solche Filme sehen, glauben könnten, daß Frauen sich eine derartige Behandlung wünschen. Und einer dieser Männer könne dann ja zum Beispiel ihre Tochter vergewaltigen. Die Frau erwidert zornig: «Meine Tochter hat damit nichts zu tun.» – «Natürlich hat sie das», widerspricht Lacy ihr.

Jede unserer Handlungen hat weitreichende Konsequenzen! Denken Sie daran, daß sich Ihre Handlungsweise auf andere Menschen und Ihre ganze Umwelt auswirkt. Überlegen Sie, welchen Einfluß Ihre Handlungen haben sollen.

Ich will verantwortungsbewußt handeln, denn da alles Leben wie in einem riesigen Netz miteinander verbunden ist, wirken sich alle meine Taten direkt oder indirekt auf alles andere Leben aus.

Werden wir eines Tages weise genug sein, um zu lieben, wie wir es gerne möchten, um die Ängste zu zerstreuen, die uns erbleichen lassen, um den Dunst der Scham zu verwandeln und den Flammen der Läuterung als etwas ganz anderes zu entsteigen?
Sue Silvermarie

Wir alle haben schon einmal Angst, Scham, Schuld und Schmerz empfunden. Die vorangegangenen Verleumdungen und Erniedrigungen sollen unser liebendes Herz aber nicht gefangenhalten. Wir können durch den Schmerz hindurch zur Liebe vordringen, die in unserem Herzen darauf wartet, sich offen zu zeigen.

Stellen Sie sich vor, daß das Feuer der Liebe am unteren Ende Ihrer Wirbelsäule brennt. Atmen Sie ein und lassen Sie das Feuer Ihrer Wirbelsäule entlang aufsteigen. Das Feuer brennt hell und bringt Wärme und Licht in Ihr ganzes Wesen. Atmen Sie aus. Die Scham, der Schmerz und die Schuld verlassen Ihren Körper in Form von Rauch. Atmen Sie ein und füllen Sie Ihren Bauch mit Wärme und Licht. Atmen Sie den Rauch der Schuld aus. Atmen Sie ein und spüren Sie die Wärme und das Licht des Feuers höhersteigen bis zu Ihrem Herzen. Atmen Sie den Rauch der Angst aus. Atmen Sie ein: Das Feuer der Liebe brennt nun hell in Ihrem Hals. Atmen Sie den Rauch der Scham aus. Atmen Sie ein, und das Feuer der Liebe erwärmt und erhellt Ihren Kopf.

Das Feuer der Liebe ist so intensiv, daß es alle meine Ängste verbrennt und mir nichts und niemand mehr etwas anhaben kann.

Danke Mutter Erde, danke Schwester Wasser, danke für meine Geburt, Dank von deiner Tochter. Danke Bruder Sonne, danke bewegte Luft, danke Euch allen, Erde, Feuer, Luft und Wasser.

Mündliche Überlieferung weiblicher Weisheit

Dieses herrliche Lied entstand, als wir uns auf einem Frauenmusikfestival zum Essen anstellten. Ich singe es häufig als Dankgebet oder vor der morgendlichen Meditation.

Ein sicheres Zeichen dafür, daß jemand ein spirituelles Leben führt, ist seine oder ihre Dankbarkeit. Dankbarkeit heißt, das wertvolle Geschenk des Lebens als solches erkennen. Mit dieser Einstellung ist man für die kleinsten Dinge dankbar: für eine winzige, wild wachsende Blume, für den Regen nach einer Trockenperiode, für den Mond, der durch das Dachfenster scheint, für das Lächeln eines Fremden. Dankbarkeit können wir üben: Bedanken wir uns, daß wir morgens erwacht sind, bedanken wir uns für unser Essen, das Wasser, den Wind, die Sonne. Mit jedem Dankgebet erweitern wir unseren Horizont und sehen klarer.

Ich will dankbar sein für alles, was mir das Leben tagtäglich beschert – für die kleinen und großen, die erfreulichen und weniger erfreulichen Dinge – und ich will meinem Dank immer wieder Ausdruck verleihen.

Gemeinsamkeit bedeutet, daß Sie genau an der Stelle stehen, an der Sie sich befinden, und erkennen, welcher Teil von Ihnen sich mit denen deckt, die auch genau dort stehen, wo Sie sich befinden. Gemeinsamkeit besagt, daß jedes Element gleich wichtig ist, daß es sich selbst zur Mitte hat, sich gleichzeitig jedoch mit jedem anderen Element teilweise deckt.

Judy Grahn

Nur allzuoft sind unsere Beziehungen von Ängsten überschattet, weil wir daran zweifeln, daß wir wirklich gesehen oder gehört werden. Wir glauben, daß wir genauso fühlen, denken oder handeln müssen wie die andere Person, um Konflikte zu vermeiden. Dieser Irrglaube hat bei vielen Menschen zu Verwirrung und Leid geführt: Amerikas Vorstellung, ein «Schmelztiegel» zu sein, entstammt zum Beispiel dieser Angst vor Unterschieden zwischen den Menschen. Amerika wollte, daß jeder Einwanderer die Werte des männlichen, weißen, der Mittelklasse angehörenden Amerikaners angelsächsischer Abstammung übernimmt. Unsere Beziehungen zueinander verstehen heißt, daß wir die Unterschiede erkennen und schätzen, während wir gleichzeitig unsere Verbundenheit akzeptieren. Um den Schmelztiegel in ein wunderschönes Kaleidoskop mit tanzenden Farben zu verwandeln, müssen wir lernen, unsere Unterschiede und unsere Verbundenheit zu erkennen und zu schätzen.

Ich bin ich. Ich kann und will nicht gleich sein wie irgendein anderer Mensch – ich will vielmehr die Unterschiede schätzen lernen.

Um in unsere innere Welt zu reisen, muß die Liebe bereits wach sein. Um die Liebe in uns zu wecken, laß los, laß es sein, sei still, sei ruhig und friedlich, erkenne Gegensätze, lerne achtsam und vergeßlich zu sein.

Teresa von Avila

Wir können keine Liebe hereinlassen, solange wir an Schmerz und Leid festhalten. Selbst angenehme Erinnerungen können unser Herz für die Liebe verschließen. Lassen Sie los! Eine Veränderung findet vielleicht nicht in der Weise statt, wie wir es gerne möchten. Wenn wir das, was wir nicht ändern können, akzeptieren, sind wir einen Schritt weiter, um die Liebe in uns zu erwecken. Seien Sie ruhig! Anstatt von einem Ereignis zum nächsten zu hetzen oder von einem Gedanken zum nächsten, hören Sie still dem Flüstern der Bäume oder dem Lied der Stille zu. Um friedlich und ruhig zu werden, müssen wir uns dem Kommen und Gehen der Gedanken, der Urteile, Hoffnungen und Ängste in unserem Geist bewußt werden.

Werden Sie bedächtiger und schenken Sie dem Augenblick Ihre Aufmerksamkeit, indem Sie sich sagen: «Ich schaue aus dem Fenster und sehe die Sonne auf den Blättern der Bäume. Wenn ich dieses Bild in mich aufnehme, kann ich gelassen handeln und alle Angst und Hoffnung loslassen.»

Um die Liebe in mir zu wecken, will ich innehalten und ganz ruhig werden. Um ruhig zu werden, will ich die Tätigkeit meines Geistes bewußt wahrnehmen, ohne aber an den einzelnen Gedanken festzuhalten.

Wenn du eine Blume in die Hand nimmst und sie wirklich anschaust, dann wird sie für diesen Augenblick zu deiner Welt.
Georgia O'Keefe

Wir sind vielleicht keine genialen Malerinnen wie Georgia O'Keefe, aber wir alle können lernen, genau hinzusehen. Wir können diese Fähigkeit entwickeln, indem wir die Schönheit einer Blume genau betrachten. Lassen Sie sich Zeit, um tief zu atmen und zu schauen. Schenken Sie der Blume Ihre ganze Aufmerksamkeit, Ihre ganze Energie. Vergessen Sie die übrige Welt um sich herum – sie wird sowieso mit all ihren Sorgen und Anforderungen auf Sie warten, bis Sie in sie zurückkehren. Für Sie aber existiert nur das Jetzt, dieser Augenblick, diese Blume. In unserer Hektik nehmen wir Schönheit nicht wirklich wahr, nehmen sie nicht wirklich in uns auf. Schauen Sie genau hin. Vergessen Sie jede andere Blume, die Sie jemals gesehen haben.

Ich will sehen lernen, indem ich eine Blume so genau und aufmerksam betrachte, als wäre es die erste Blume, die ich erblicke – oder die letzte.

Der Gott unter der Kuppel, der nüchterne Gott, wird uns nicht helfen, sondern der Sohn, dessen Blut den Rocksaum seiner Mutter befleckte. Jane Kenyon

Damit die Wahrheit, die in der Religion liegt, unsere Welt verändern kann, dürfen wir sie nicht als abstrakt und von uns losgelöst oder als leeres Versprechen sehen. Diese Wahrheit muß mit der Realität unseres täglichen Lebens zu tun haben. Es gibt den Schmerz in unserem Leben. Das können wir nicht ändern. Das macht unser Leben vielmehr so reich: Alles, was wir erleben, lehrt uns etwas, kann uns verändern. So können wir auch zulassen, daß der Schmerz den Schutzwall unseres Herzens durchbricht. Wir müssen zulassen, daß er uns berührt wie «der Sohn, dessen Blut den Rocksaum seiner Mutter befleckte».

Ich will die Wahrheit erkennen lernen, die die einzelnen Religionen in sich bergen und die ganz konkret mit meinem alltäglichen Leben zu tun hat.

Gestern, heute, morgen, die Tage vergehen, einer nach dem anderen. Hinterläßt ein Plätschern ein Echo? Nur das Heute ist wichtig. Ihren Wünschen und Illusionen ausgesetzt, sind die meisten Lebewesen nicht frei.

Ihre Heiligkeit Dae Haeng Se Nim

Überall wünschen sich die Menschen, glücklich zu sein. Die Gesellschaft lehrt uns, dieses Glück außerhalb unserer selbst zu suchen. Wenn wir die richtige Arbeitsstelle haben, in einem schönen Haus wohnen, mit dem perfekten Partner zusammen sind, die richtige Kleidung kaufen, werden wir glücklich sein. Alle diese Dinge aber sind vergänglich. Angesichts der gegenwärtigen Wirtschaftslage ist keine Arbeitsstelle sicher. Unser Traumhaus kann von einem Erdbeben oder einem Feuer zerstört werden. Vielleicht verläßt uns unser idealer Partner, vielleicht entdecken wir aber auch, daß er gar nicht so perfekt ist, wie wir dachten. Die richtige Kleidung kommt aus der Mode oder trägt sich ab. Wir sind enttäuscht und suchen weiter, um eine andere Stelle, einen besseren Partner, ein neues Haus zu finden. Anhaltendes Glück aber werden wir nur finden, wenn wir imstande sind, allen Lebensumständen gelassen zu begegnen, zu akzeptieren, was wir haben, und nicht immer das anzustreben, was wir nicht haben können.

Wahres Glück kann ich nur in mir selbst finden, in meiner Fähigkeit, dem Leben gelassen zu begegnen.

Hilfsbereitschaft gehörte genauso zu meiner Erziehung wie ein regelmäßiges Frühstück und der Gang zur Schule. Es war klar, daß Hilfsbereitschaft ein Lebenszweck und keine Freizeitbeschäftigung war. Hier geht es nicht darum, zu gewinnen. Man ist dazu verpflichtet, es immer wieder zu versuchen und jeden Tag sein Bestes zu geben.

Marian Wright Edelman

Hilfsbereitschaft wurde in meiner Familie ebenfalls für sehr wichtig gehalten: «Du sollst handeln statt reden» war das Motto meiner Eltern. Meine Mutter stellte ihr ganzes Leben, ihre Energie und ihre Fähigkeiten in den Dienst anderer. Sie fand immer Zeit, Kekse für eine Schulfeier zu backen, Kostüme für mich und meine Mitschülerinnen zu nähen, sich die Sorgen einer jungen Mutter anzuhören, kranke oder alte Menschen zu besuchen, Blumen für ein Gemeindeprojekt zu pflanzen. Unsere Freunde waren immer bei uns willkommen. Egal wie wenig Geld wir hatten, das Essen reichte immer, um einen Gast zu bewirten. Im Leben meines Vaters ging es ebenfalls um Hilfsbereitschaft – seiner Familie, seiner Kirche, seiner Gemeinde gegenüber. Ob mein Vater als Platzanweiser bei der Sonntagsmesse oder im Schulrat tätig war, ob er seine Arbeit unterbrach, um ein verirrtes Kind zu suchen oder ein Heim für eines meiner Kätzchen – immer lebte er nach dem Motto: «Liebe deinen Nächsten wie dich selbst.»

Ich will hilfsbereit sein und meine Mitmenschen so behandeln, wie ich von ihnen behandelt werden möchte.

Die Demut sagt mir, daß schon vor mir Menschen den Weg gefunden haben. Ich bin nur ein Straßenbauer. Für jene, die nach mir kommen, scheine ich den Weg zu finden, und sie werden ihrerseits Straßenbauer sein. Das läßt mich demütig werden. Liebe macht mich demütig.

Maya Angelou

Arrogantes Verhalten verhindert spirituelles Wachstum. Dem arroganten, egozentrischen Menschen fehlt der Sinn für geschichtliche Zusammenhänge. Wir jedoch wollen uns Zeit nehmen, uns an jene Menschen zu erinnern, die vor uns da waren und den Weg für uns geebnet haben. Weil sie sich angestrengt haben, ist unser Leben etwas einfacher. Dementsprechend wird das Leben jener, die nach uns kommen, auch etwas einfacher sein, wenn wir uns anstrengen.

Wir Frauen müssen noch immer um Gleichberechtigung kämpfen. Heute haben wir aber wesentlich mehr Möglichkeiten als unsere Mütter und Großmütter. Nehmen wir uns einen Augenblick Zeit, um uns an unsere weiblichen Vorfahren zu erinnern. Entspannen Sie sich, atmen Sie tief und lassen Sie Ihren Geist in die Vergangenheit reisen, um jenen Frauen zu danken, die vor Ihnen da waren. Erneuern Sie auf diese Weise Ihre Stärke und Ihren Mut.

Ich beuge mich in Demut und Dank vor allen Frauen, die vor mir gelebt und wertvolle Arbeit geleistet haben, so daß es heute etwas leichter für mich ist.

Schwarze Mutter Göttin, Salzdrachen des Chaos, Seboulisa, Mawu. Stehe mir bei, halte mich in Deinen muskulösen, blühenden Armen, schütze mich davor, auch nur einen Teil meines Selbst wegzuwerfen. Audre Lorde

Ich liebe Audre Lordes Gebet an die Schwarze Mutter Göttin. Besonders gefällt mir, daß sie das Wort «muskulös» verwendet. Dieses Wort erzeugt ein Bild von Stärke und Macht. Ich sehe Mawu vor mir, stark und mächtig, wie sie mich hält und mir erklärt, daß ich genau richtig bin, so wie ich bin. Ich brauche keinen Teil meiner selbst zu verleugnen, zu verbergen oder loszuwerden. Die Schwarze Mutter ist wild: Sie ruft mich auf, mir selbst und der Macht meiner eigenen Dunkelheit gegenüberzutreten. Gleichzeitig nährt sie mich und fordert mich auf, mich wiederum selbst zu nähren, indem ich alles an mir akzeptiere.

Rufen Sie in den nächsten Tagen Seboulisa oder eine andere Göttin an. Bitten Sie sie, Sie in Ihrem Schlaf zu beschützen. Begrüßen Sie sie voller Dankbarkeit, wenn Sie morgens aufstehen, und bitten Sie sie um ihren Schutz für den Tag. Huldigen Sie ihr, indem Sie ihr Blumen oder Früchte schenken. Gedenken Sie ihrer, indem Sie Ihr Glück mit anderen teilen. Machen Sie dieses Gebet zu Ihrem Mantra, und lassen Sie es leise in Ihrem Herzen erklingen.

Ich vertraue mich der Macht der Göttin an, die mich ermuntert, mich ganz zu akzeptieren. Die Zufriedenheit, die ich empfinde, wenn ich mich annehme, so wie ich bin, will ich auch anderen zukommen lassen.

August

Wenn wir völlig miteinander verbunden sind, unterscheiden wir nicht zwischen «Ich» und «Du». Es gibt keinen Schmerz, keine Abwehr. Es ist die Freiheit.

Toni Packer

Haben Sie jemals bemerkt, daß Sie anders reagieren, wenn Sie keine Abwehrhaltung einnehmen? Wenn in mir selbst Ruhe und mein Herz offen ist, kann mein Partner müde nach Hause kommen und schroff zu mir sein, ohne daß ich verletzt oder wütend reagiere. Sein Unmut prallt nicht von mir ab, aber er geht mir auch nicht mehr unter die Haut, er verfliegt einfach. Wenn ich in einem solchen Moment selbst müde oder verärgert wäre, würde ich mich wahrscheinlich anders verhalten. Ich würde ein inneres Unbehagen verspüren, das seinen Ursprung in meinem «Ich» hätte, das müde ist und Aufmerksamkeit sucht oder etwas anderes will als das, was gerade passiert.

Wenn Sie erfahren haben, wie es ist, sich vom «Ich» oder «Du» zu befreien, dann haben Sie einen flüchtigen Blick auf eine höhere Realität erhascht. Unsere Ichbezogenheit ist ein beachtlicher Feind, der heftig kämpfen wird. Er kennt unsere Schwachstellen, er wird uns angreifen, wenn wir am wenigsten damit rechnen. Es erfordert viel Kraft, mit den Konflikten umzugehen, die unser Geist erschafft. Aber wir dürfen die Tätigkeiten unseres Geistes auch nicht unterdrücken oder unsere Gefühle verleugnen.

Ich will versuchen, die Grenze zwischen dem «Ich» und dem «Du» zu überwinden, denn diese Überwindung wird mir Freiheit bringen.

Wir alle können unsere Wurzeln zum Großen Baum des Friedens zurückverfolgen. Viele Wurzeln, viele Nationen, viele Religionen, alle auf einer Erde. Und die Wurzel des heiligen Friedensbaumes ist auch in unserem Kopf; der Baum des Lebens und die Spirale der DNS sind Symbole, die uns an das Fortbestehen erinnern.

Dhyani Ywahoo

Die heftigste Kontroverse in der Paläoanthropologie dreht sich heute um die «Suche nach Eva». Einige Paläoanthropologen glauben, daß alle Menschen von einer einzigen Frau abstammen, die vor 200 000 Jahren in der Wüste Süd- oder Ostafrikas lebte. Zu dieser Feststellung kam man, als man verschiedene Plazentaproben untersuchte und die Variationen zwischen den Völkern Asiens, Europas, Afrikas, Australiens und Neuguineas verglich. Unser genetisches Erbe wird über die mitochondriale DNS weitergereicht, die wir nur von der Mutter erhalten. Sie wird über die Mutterlinie vererbt, unabhängig von unserer Rasse.

Diese Forschungen sind zwar aufregend, aber wir brauchen nicht darauf zu warten, bis die Wissenschaft die Verbindung zwischen allen Menschen bewiesen hat, um zu erkennen, daß wir alle Teil einer großen Erdenfamilie sind. Als Teile einer großen Familie müssen wir jetzt beginnen, Frieden für alle zu schaffen.

Ich brauche keine wissenschaftlichen Beweise, um zu wissen, daß wir alle miteinander verbunden sind. Und ich brauche keine politischen Gesetze, um mich für den Frieden aller Menschen einzusetzen.

Mit ganzem Herzen bei der Sache sein zu können, ist ein wertvolles Geschenk, das du dir selber machen mußt. Du mußt den Weg des Herzens finden und darfst dich nicht von ihm abbringen lassen. Wenn du das tust, wird es dir aber immer wieder passieren, daß du unsicher wirst, dir Sorgen machst oder stolperst und fällst.

Pema Chödrön

Wir müssen uns entschließen, im Hier und Jetzt zu leben. Nur wir selbst können das bewirken. Dazu müssen wir die Ängste und Zweifel hinter uns lassen, die uns davon abhalten.

Erinnerungen, Bedauern, Ängste, Tagträume und unsere Wünsche berauben uns unserer Energie. Aufgrund unseres ständigen Mangels an Energie können wir nicht voll und ganz anwesend sein. Es erfordert einige Übung, um dem gegenwärtigen Augenblick unsere volle Aufmerksamkeit entgegenzubringen. Voll anwesend zu sein, ist außerdem riskant und braucht enormen Mut. Wir müssen riskieren, uns zum Narren zu machen, immer wieder hinzufallen und wieder aufzustehen. Niemand kann uns das abnehmen. Während wir dies üben, reinigen wir unseren Körper. Wir öffnen uns. Unsere Belohnung besteht darin, daß sich die Offenheit ausdehnt und sich unser Horizont erweitert. Durch unsere Bemühungen erhalten wir das Geschenk, alles von ganzem Herzen tun zu können.

Was ich tue, will ich von ganzem Herzen tun. Ich will mich nicht von meinem Weg abbringen lassen, auch wenn er steil und steinig ist und mich oft der Lächerlichkeit preisgibt.

Wohlwollen und Ungnade sind bedeutungslos – welchen Sinn hat es, zu streiten? Die vorüberziehenden Wolken behindern den Mondschein nicht.

Wu Cailuan

Das Licht leuchtet unaufhörlich in uns und wartet darauf, seinen Schein verbreiten zu dürfen – so wie die Sonne immer scheint, aber manchmal von den Wolken verdeckt wird. Damit unser inneres Licht nach außen hin sichtbar werden kann, müssen wir lernen, ebenso unbemerkt zu leuchten wie die Sonne. Wir werden leuchten, weil dies unserer wahren Natur entspricht. Es wird uns egal sein, wem wir Licht spenden oder wann wir es tun. Wir werden einfach leuchten. Der Weg dorthin ist steinig. Wenn wir mutig, mitfühlend, geduldig und ausdauernd sind, werden wir das Leben nicht mehr so persönlich nehmen. Wir müssen lernen, uns weder von einer Beleidigung noch aufgrund eines Lobes aus dem Gleichgewicht bringen zu lassen. Es wird immer Menschen geben, die für uns sind, und solche, die gegen uns sind. Wenn wir uns von Lob und Kritik beeinflussen lassen, gerät unser Leben ständig durcheinander, und es kann leicht passieren, daß wir andere oder andere uns manipulieren. Wenn wir Lob und Tadel keine Bedeutung beimessen, leben wir aus der Mitte unseres Herzens.

Um gelassen und im Gleichgewicht zu sein, werde ich Lob und Tadel keine Beachtung mehr schenken. Ich werde beides wie Wolken an mir vorüberziehen lassen, und mein inneres Licht wird ihrer ungeachtet seinen hellen Schein verbreiten.

Wissen ist nicht Wirklichkeit. Erfahrungen gehören der Vergangenheit an. Laßt jene, die nicht jeden Augenblick unmittelbar wahrnehmen, schweigen. Laßt jene, die die Dinge beobachten, damit zufrieden sein, sie zu beobachten.

Yosano Akiko

Wissen wird oft mit Wirklichkeit verwechselt. Zwar hilft uns unser Wissen im Alltag, aber es sagt nichts aus über die letztendliche Wirklichkeit des Lebens.

Unsere Erfahrungen beruhen darauf, wie wir in der Vergangenheit mit bestimmten Situationen umgegangen sind. Vergangene Erfahrungen sind in praktischen Belangen oft hilfreich. Aber sie können uns auch daran hindern, richtig und angemessen auf eine neue Situation zu reagieren. Unser Geist wird durch die Erinnerung an vergangene Situationen in seiner schöpferischen Tätigkeit behindert. Ebenso verhalten wir uns in unseren intimen Beziehungen und Freundschaften. Wir übernehmen Verhaltensmuster, die wir von unseren Eltern her kennen. Und auch unsere Ratschläge sind immer die gleichen. Still zu sein, zu beobachten, fällt uns schwer. Wie aber können wir sonst wissen, wie sich der andere fühlt oder was wir in seiner Situation tun würden?

Ich erkenne, daß die Wirklichkeit des Lebens, daß wahre Weisheit und bloßes Wissen nicht dasselbe sind. Um weise zu werden, muß ich lernen, zu schweigen und zu beobachten und mich in andere Menschen einzufühlen.

Wir werden alle von einer Frau geboren; in der Rose des Mutterleibes tranken wir das Blut unserer Mutter, und jedes Baby, das geboren wird, hat ein Recht auf Liebe wie ein Setzling auf die Sonne. Marge Piercy

Während der letzten Jahre sind einige meiner Freundinnen nach Südamerika gefahren, um Kinder zu adoptieren. Ich freute mich zwar für sie, aber ich fragte mich auch, ob es richtig ist, Kinder aus anderen Ländern in unser eigenes Land zu bringen. Mischen wir uns hier nicht zu sehr ein und spielen uns als «zivilisierte Herrenmenschen» auf?

Ich verbrachte einen Tag mit einem dieser unlängst adoptierten Kinder. Diese Stunden mit einem süßen Baby und seiner Adoptivmutter erinnerten mich daran, daß Liebe und Fürsorge die wichtigsten Dinge in unserem Leben sind. Die anderen südamerikanischen Adoptivkinder, die ich kenne, werden ebenfalls geliebt und umsorgt. Alle ihre neuen Eltern bemühen sich, Musik, Bilder und Gegenstände aus dem Heimatland der Kinder in ihrem Haus zu haben und sorgen dafür, daß sie Verbindung zu Erwachsenen ihrer eigenen Kultur haben.

Wir müssen die Vielfalt der Kulturen und Rassen respektieren und ehren und uns daran erinnern, daß die Auftrennung nach Rassen eine der größten Illusionen ist.

Ich will mir bewußt werden, daß alle Menschen – gleichgültig, welcher Rasse oder Kultur sie angehören – von einer Frau geboren wurden und daß alle Menschen ein Recht auf Liebe und Fürsorge haben.

Die Frau, um die ich weine, lächelt genau in meinem Herzen. Meine Augen werden sanft vor Überraschung.

Sue Silvermarie

Wir werden mit der Sehnsucht nach der Vereinigung mit Gott geboren. Diese Sehnsucht beflügelt unsere spirituelle Suche. Die Rituale und religiösen Traditionen dieser Welt dienen dazu, uns unsere eigene Göttlichkeit zu erschließen. Wir reisen unendlich weit, nur um festzustellen, daß das, was wir suchen, bereits in uns existiert. Die spirituelle Suche führt uns auf einen Weg, der sich gleich einer Spirale nach oben windet. Wir müssen uns verirren, bevor wir diese innere Wahrheit entdecken. Das überrascht und erstaunt uns.

Die Sehnsucht nach Gott, der Göttin, dem Göttlichen, ist von allem Anfang an in mir. Und ebenso ist das Göttliche selbst in meinem Herzen vorhanden vom Moment meiner Geburt an. Dies zu erkennen und das Göttliche in mir zu entdecken, ist das Ziel meines spirituellen Lebens.

Das Wort «Erotik» stammt vom griechischen Begriff «Eros», der Personifikation der Liebe in all ihren Formen. Eros ist aus dem Chaos geboren und der Inbegriff der schöpferischen Macht und Harmonie. Wenn ich von Erotik spreche, betone ich damit die Lebenskraft der Frauen; ihre kreative Energie, die wir heute in unserer Sprache, unserer Geschichte, unseren Tänzen, unserer Liebe, unserer Arbeit, unserem Leben zurückfordern. Audre Lorde

Die westliche und andere Kulturen machen sowohl materielle Güter als auch Frauen und Kinder zu Sexualobjekten. Diese Tendenz hat nichts mit einer positiven Anerkennung unserer Sexualität zu tun. Wir verwenden Sex dazu, alles, von Autos bis Zahnpasta, zu verkaufen, die liebevolle und lebensspendende Energie der Sexualität an sich aber geht dabei völlig verloren.

Den Frauen obliegt es, diese liebende Energie neu zu entdecken, zu erforschen und zu fördern. Die Frauen gebären, sie schenken Leben. Wenn wir uns selbst ehren, ehren wir das Leben. Fangen wir an, unsere Lebensenergie neu zu definieren: Unsere erotische Energie ist identisch mit dem Dasein, mit dem gesamten Kreislauf der Schöpfung. Erforschen wir sie, so erforschen wir die gesamte kreative Energie des Lebens. Es gibt nur *eine* Lebensenergie. Sie durchströmt alle Lebewesen. Wir können diese Energie gebrauchen oder mißbrauchen, sie ist immer vorhanden.

Ich will die wahre, positive und schöpferische Energie der Sexualität und Erotik wiederentdecken und nutzen.

Der Himmel auf Erden ist überall, wo ein Mensch von Liebe zu Gott, zu seinem Mitmenschen und zu sich selbst erfüllt ist. Hildegard von Bingen

Es ist einfach, jene zu lieben, die dieselben religiösen, politischen oder philosophischen Ansichten vertreten wie wir. Es ist einfach, jene zu mögen, die derselben Rasse oder Kultur angehören, die dieselbe sexuelle Orientierung oder denselben sozialen Hintergrund haben wie wir. Die meisten von uns leben isoliert, hinter einem Schutzwall aus Ansichten, Idealen und Einstellungen. Anderen gegenüber offen zu sein, würde diesen Wall, den wir um uns errichtet haben, gefährden. Um alle herzlich aufzunehmen, müssen wir lediglich allen Menschen etwas Güte entgegenbringen. Unmoralisches Verhalten müssen wir nicht einfach hinnehmen. Wenn uns jemand schlecht behandelt, gibt uns das aber auch nicht das Recht, unfreundlich zu sein. Ängste, selbstsüchtige Wünsche und Wutanfälle halten uns davon ab, ein Freund aller Menschen zu sein. Diesen Impulsen nachzugeben, macht uns nicht zu einem schlechten Menschen, es macht uns bloß unglücklich. Der spirituelle Pfad schult den Geist, damit wir uns von solchen Impulsen abwenden. Dieser Wandel führt zu Liebe.

Ich will mich nicht länger hinter meinen Ängsten und Ansichten verschanzen, sondern hinaustreten und alle Menschen mit offenen Armen willkommen heißen.

Wo die Quelle des Absoluten klar ist, dort ist das Fundament des Lebens fest; drehe das Wasserrad neunmal, und die neun Kessel sind voll. Cui Shaoxuan

Die Zahl neun wird im Taoismus mit der Vollendung des kreativen Prinzips gleichgesetzt. Das Wasserrad ist eine taoistische Übung, die die Energie zirkulieren läßt. Über die Psyche wird Hitze im Körper erzeugt, dann stellt man sich vor, wie diese Hitze der Wirbelsäule entlang aufsteigt und an der Vorderseite des Rumpfes wieder hinunterwandert, um einen Kreis, ein Rad zu bilden.

In der Tradition der Cherokee, eines nordamerikanischen Indianerstammes, bedeutet die Zahl neun auch das Erlangen eines universellen Bewußtseins. Der *Tanz der vier Richtungen* spielt in diesem Zusammenhang eine wichtige Rolle: Verbeugen Sie sich in jede der vier Himmelsrichtungen und bewegen Sie sich dabei langsam von links nach rechts. Legen Sie Ihre Handflächen auf Höhe Ihrer Brust aneinander. Strecken Sie dann Ihre Arme über den Kopf und anschließend langsam nach beiden Seiten. Während Sie Ihre Arme senken, beugen Sie Ihre Knie. Dann strecken Sie Ihre Beine langsam wieder und bringen die Arme wieder nach oben, wobei Sie sie wie zum Gebet vor Ihrer Brust falten. Verbeugen Sie sich wieder in jede der vier Himmelsrichtungen. Beginnen Sie nun die Übung von vorne.

Durch körperliche Übungen will ich meinen Geist reinigen und mir Klarheit verschaffen, damit ich um so zielstrebiger auf die Vereinigung mit dem Absoluten, dem Universum zuschreiten kann.

In die Leere vertieft sein heißt, nicht wissen. In der völligen Vertiefung in den Augenblick vergessen wir alles andere, geben unser Selbst hin und entdecken unsere ursprüngliche Ganzheit. Flora Courtois

Unser Selbst hinzugeben bedeutet, unser unbedeutendes Ich, unseren belanglosen Geist aufzugeben. Es ist dieses unser Ich, das nur allzu gerne glaubt, daß wir dieses oder jenes wüßten oder wollten. Solche Gedanken sind es, die uns davon abhalten, die Welt so zu sehen, wie sie wirklich ist. Vielleicht sehen wir sogar die wunderschönen Frühlingsblumen und für einen Augenblick zieht uns ihre Schönheit in ihren Bann. In diesem Augenblick sehen wir wirklich. Wir sehen Farbe und Form. Aber dann beginnen wir, über die Blumen nachzudenken: daß die Blumen in diesem Jahr wegen des Regens üppiger blühen, wie sehr sie unseren Freunden gefallen würden oder wie sehr sie uns an Blumen in der Vergangenheit erinnern. Bald schon gehört unsere Aufmerksamkeit nicht mehr diesem Augenblick, sondern einer Traumwelt.

Wir können in die Gegenwart reisen, indem wir tief einatmen und unsere Erinnerungen ausatmen. Bleiben Sie für einen Augenblick genau dort, wo Sie sind: mit Ihren Füßen auf der Erde, dem Himmel über Ihnen und Ihrem frei fließenden Atem.

Ich will mich ganz dem Augenblick widmen und meine Gedanken und Erinnerungen ausschalten. Ich will mich in diesen Moment vertiefen, um zu meiner Ganzheit zurückzufinden.

Ich mag keine Gewalt. So viel davon ist mir zugefügt worden. Aber indem ich mein ganzes Wesen annehme, entdecke ich auch in mir die Wut und die Fähigkeit zur Gewalt. Das Beste, was ich tun kann, ist eher, sie zu kontrollieren als sie auszulöschen.

Alice Walker

Wie oft zeigen wir mit dem Finger auf jemanden und sagen, daß wir selbst nie so handeln würden? Solange wir glauben, daß gewalttätige Menschen sich grundlegend von uns unterscheiden, distanzieren wir uns nicht nur von ihnen, sondern wir verleugnen auch unsere eigene Neigung zur Gewalt. Ich glaube nicht, daß wir die Gewalt beenden können, solange wir nicht erkennen, daß jeder dazu imstande ist. Wenn wir unsere Gefühle verleugnen, geraten sie außer Kontrolle. Der unkontrollierte, ungeschulte Geist ist gefährlich. Er wird von Gewalt, Gier und Haß beherrscht. Wenn wir bereit sind, zu unserer Neigung zur Gewalt, zu Haß und Angst zu stehen, können wir lernen, uns nicht durch sie beeinflussen zu lassen. Gewalt erzeugt Gegengewalt. Nur Gewaltlosigkeit kann diesen Kreis durchbrechen.

Ich will erkennen, daß auch in mir die Fähigkeit zur Gewalt steckt, denn nur, indem ich dies akzeptiere, kann ich gewaltfrei denken und handeln.

Laßt euch nicht abschrecken, Töchter, von all dem, was ihr bedenken müßt, bevor ihr euch auf die göttliche Reise, den königlichen Weg in den Himmel macht. Wenn wir diesen Weg einschlagen, gewinnen wir so viel Wertvolles, daß es kein Wunder ist, daß uns der Preis dafür hoch erscheinen mag. Es wird die Zeit kommen, da wir erkennen, daß das, was wir bezahlen, nichts ist im Vergleich zu der Belohnung, die wir dafür erhalten. Teresa von Avila

Es fällt uns häufig schwer, diszipliniert unsere Übungen auszuführen. Oft sind wir entmutigt. Wir fallen so oft, daß wir uns fragen, ob wir jemals weiterkommen werden. Manch einer versucht es gar nicht erst. Wir haben Angst, weil wir nicht wissen, ob es möglich ist. Also konzentrieren wir uns auf diejenigen Freuden, die uns erreichbar erscheinen, das heißt auf die irdischen Freuden.

Doch was, wenn wir großen Mystikerinnen wie Teresa von Avila folgen und den Weg bis zum Ende gehen? Eine Teilnehmerin an einem meiner Meditationsseminare teilte uns eines Tages ihre Erfahrungen mit, die sie bei einer Bewegungsmeditation gemacht hatte. Im Verlaufe der Übung war sie an die Grenzen ihres Schmerzes gelangt. Jedesmal, wenn sie der Wunsch überkam, aufzuhören, nahm sie sich vor, noch weitere fünf Minuten auszuharren. Durch diese Art der Disziplin öffnete sie sich ihrem Schmerz.

Ich weiß, daß es nicht leicht ist, den spirituellen Weg zu gehen, daß beständiges Üben und Disziplin vonnöten sind. Ich weiß aber auch, daß der Preis für meine Anstrengungen alles Üben und alle Disziplin aufwiegen wird.

Als Schriftsteller suchen wir immer nach Unterstützung. Als erstes sollten wir erkennen, daß wir bereits in jedem Augenblick unterstützt werden. Durch die Erde unter unseren Füßen und die Luft, die unsere Lungen füllt und wieder verläßt. Natalie Goldberg

Die Erziehung der Frau unterminiert ihre Stärke und läßt sie Schwäche empfinden. Man bringt uns bei, uns an der Außenwelt zu orientieren. Wenn wir darum kämpfen, uns selbst zu finden, uns selbst zu vertrauen und zu festigen, werden wir häufig entmutigt. Wenn wir uns aber andere Menschen, Institutionen oder die Regierungen ansehen, bemerken wir schnell, daß niemand wirkliche Lösungen zu bieten hat. Und was, wenn wir in diesem Moment keine Stütze in unserem Innern finden? Um die Reise in die eigene Innenwelt anzutreten, dürfen wir uns nicht länger als allein und isoliert betrachten. Von Geburt an sind wir ein Teil des Universums. Wir werden auf dieser Erde durch die Schwerkraft festgehalten und ebenso durch die Macht der Mutterliebe. Die Erde ist unter unseren Füßen. Die Luft schenkt uns Leben. Ohne sie könnten wir nur einige Minuten überleben. Unser Atem, der uns mit Leben erfüllt, ist ein kostbares Geschenk. Es ist wunderbar, diese ständige Unterstützung zu spüren, die uns immer zur Verfügung steht. Auf diese Weise sind wir eins mit der gesamten Schöpfung.

Es ist wichtig, eine Stütze zu haben, und die größte Stütze finde ich in meiner eigenen Stärke, die ich der Verbundenheit mit Erde und Luft und dem gesamten Universum verdanke.

Heiliges Leben gibt es nicht ohne die Freude. Sie ist wie die Hefe im Brot. Ohne Freude kann sich das heilige Leben nicht zu seiner vollen Größe entfalten. Genieße deshalb jeden Augenblick und vor allem jede Mühe.

Ayya Khema

Wenn wir an uns selbst arbeiten, um das Beste in uns zum Vorschein zu bringen, können wir nicht verhindern, daß wir Fehler machen, was zuweilen eine harte Prüfung sein kann. Wenn aber unsere Reise ohne Freude verläuft, dann ist es auch keine spirituelle Reise. Dann bemühen wir uns um etwas, streben nach etwas, als ob es sich um materielle Güter handeln würde. Beim heiligen Leben aber geht es um die Reise selbst, nicht um das Ziel. Manche Menschen halten das spirituelle Leben für hart und karg, mühsam und wenig erfreulich. Sie wähnen ihre Belohnung erst in einer fernen Zukunft. Tatsächlich jedoch bringt das spirituelle Leben tagtäglich viel Freude, weil es ein Weg des Herzens ist. Disziplin ist erforderlich, wir müssen uns anstrengen. Aber die Anstrengung muß leichten Herzens erfolgen. Wir müssen bereit sein, hinzufallen und aufzustehen. Wenn wir uns nur auf das Ziel konzentrieren und glauben, wir könnten erst glücklich sein, wenn wir es erreicht haben, werden wir nie glücklich sein.

Ich erkenne, daß der spirituelle Weg zwar viel Disziplin und Ausdauer erfordert, aber auch viel Freude bringt. Nicht nur das Ziel meiner spirituellen Wanderung will ich deshalb

im Auge behalten, sondern jeden einzelnen Augenblick der Wanderung an sich.

Die Menschen unterscheiden sich von den Tieren. Wir haben eine Seele, einen Körper und ein Bewußtsein. Deshalb können wir eine Wahl treffen, für die wir dann auch verantwortlich sind. Wir können Ordnung und Frieden oder Verwirrung und Chaos wählen.

Rosa Parks

Einer meiner Lehrer sprach oft vom Leid in der Tierwelt. Tiere haben keine Wahl. Tiere verbringen die meiste Zeit damit, nach Nahrung zu suchen oder sich vor anderen Tieren zu schützen. Sie werden von den Menschen als Lasttiere verwendet oder geschlachtet, um gegessen zu werden. Ihr Leben ist grundsätzlich unbefriedigend, weil sie keine Wahl haben, etwas anderes zu tun als das, was sie tun. Mein Lehrer wies mich darauf hin, wie glücklich wir Menschen uns preisen können: Das menschliche Leben ist ein wertvolles Geschenk, weil wir sehr wohl eine Wahl treffen können und die Möglichkeit haben, uns mit dem Dharma, dem Gesetz der Verbundenheit, des Verständnisses und der Liebe, auseinanderzusetzen.

Rosa Parks, die sich weigerte, ihren Platz im Bus einem weißen Mann freizugeben, traf eine Wahl, die den Lauf der menschlichen Geschichte veränderte und die amerikanische Bürgerrechtsbewegung auslöste. Sie weigerte sich, ihre Menschlichkeit und ihre Göttlichkeit zu verleugnen, auch wenn die vorherrschende weiße Kultur sie nicht anerkannte.

Ich bin dankbar dafür, daß ich als Mensch die Möglichkeit habe, zwischen verschiedenen Dingen wählen und Entscheide treffen zu können.

Manchmal überkommt mich ein Gefühl der Dankbarkeit und ich spüre, daß jeder von uns Verantwortung für dieses Leben trägt: Verantwortung gegenüber der Schöpfung, von der wir ein Teil sind, und gegenüber dem Schöpfer – eine Schuld, die wir zurückzahlen, indem wir versuchen, immer mehr zu erkennen und zu verstehen.

Maya Angelou

Was für eine wunderbare Einstellung! Was für ein Gegenmittel für die alles vergiftende Vorstellung, daß uns die Welt etwas schuldet! Maya Angelou spricht ganz klar und ohne Schuldgefühle. Sie erkennt, wie schön und wertvoll dieses Leben ist, und tut, was sie kann, um das Leben nicht nur zu erhalten, sondern es besser zu machen. Wir neigen dazu, anzunehmen, daß die schönen Dinge auf dieser Welt nur dazu da sind, daß wir uns ihrer bedienen. Aber wir mißbrauchen sie, statt sie zu schützen und uns für ihre Erhaltung einzusetzen. Besonders beeindruckend ist außerdem Maya Angelous Bedürfnis, die Welt besser und gründlicher zu verstehen, ein sehr einfaches Bedürfnis, das aber völlig ausreicht.

Ich will Dankbarkeit für das Leben zeigen, indem ich Verantwortung dafür übernehme, indem ich es erhalte und schütze und täglich versuche, es besser zu verstehen.

Der Höhepunkt der Meditation besteht darin, all unsere Erfahrungen kommen und gehen zu sehen. Die Fähigkeit aufzuwachen ist in jedem von uns so mächtig vorhanden wie einst in Buddha. Sharon Salzberg

Liebe, Güte und Mut sind in jedem Menschen vorhanden. Wir müssen bloß die Hindernisse aus dem Weg räumen, die sich im Laufe der Jahre durch unsere ererbten und erlernten Verhaltensweisen angesammelt haben, müssen all den Ärger, die Ängste und egoistischen Wünsche abschütteln, damit sich diese positiven Eigenschaften Bahn brechen können. Wie sollen wir vorgehen? Wir können uns nicht dazu zwingen, weniger ängstlich oder egoistisch zu sein. Durch unsere Übungen werden uns all unsere Gefühle und emotionalen Reaktionen jedoch immer bewußter. Der nächste Schritt besteht darin, die körperlichen Empfindungen wahrzunehmen, die mit Gedanken und Gefühlen der Angst, des Zorns und der Trauer einhergehen. Wir lernen, diese Gedanken und Gefühle und die körperlichen Reaktionen bewußt zu erleben. Versuchen Sie nicht, anders zu empfinden. Erleben Sie einfach. Erst nach einiger Zeit – und das kann Jahre dauern – wird die Liebe aus unserem Innern strömen wie Wasser aus einer erfrischenden Quelle.

Ich will all meine Gedanken und Gefühle und meine körperlichen Reaktionen wahrnehmen und bewußt erleben. Indem ich dies immer und immer wieder übe, werde ich schließlich erwachen und mich ganz der Liebe in meinem Innern öffnen können.

Du brauchst Begleiter, um zur Insel der Unsterblichen zu reisen – es ist schwer, die azurblauen Klippen allein zu erklimmen. Wenn du den völligen Stillstand für Fortschritt hältst, dann wird es kein passendes Boot für das schwache Wasser geben.
Sun Bu-Er

Die Insel der Unsterblichen ist der legendäre Wohnsitz der Taoisten. Vielleicht wird es uns nie gelingen, zu diesem Ort zu gelangen. Aber welchen Weg wir auch beschreiten, die Unterstützung spiritueller Begleiter brauchen wir immer und überall. Wie leicht lassen wir uns von unserem Ich hinters Licht führen. Nur das *Sangha* oder die spirituelle Gemeinde kann uns dann helfen und fördern.

Es ist ein Irrtum, den völligen Stillstand, die Stagnation, mit Erkenntnis gleichzusetzen. Denn wir mögen äußerlich friedlich und still erscheinen, wenn wir in Wirklichkeit voller Ablehnung sind. Die Stille, der Frieden, dem wir uns öffnen möchten, ist ein mit pulsierendem Leben erfüllter Zustand, der uns empfänglich und lebendig macht und befähigt, auf jede Situation angemessen zu reagieren. Das «schwache Wasser» ist nicht in der Lage, ein schweres Gewicht zu tragen: Wenn wir blockiert sind, wenn wir festhalten oder Angst haben, sind wir nicht leicht genug, um das Wasser zu überqueren.

Wenn ich mich spirituell weiterentwickle, gelange ich sicher zur Insel der Unsterblichkeit. Meine spirituellen Begleiter und Ratgeber werden mir helfen, wenn ich selbst nicht weiter weiß oder Gefahr laufe, stillzustehen.

Obwohl sich der mystische Mechanismus unmittelbar vor uns befindet, müssen wir nach ihm suchen; erst wenn deine Augen darauf fallen, siehst du das ganze, das letztendliche Bild.
Tan Guangzhen

Tan Guangzhen ist eine Taoistin aus dem zwölften Jahrhundert. Ihr Gedicht weist auf die paradoxe Situation hin, daß die Erleuchtung zwar in uns wohnt und doch unentdeckt bleibt. Wir müssen sie suchen und uns anstrengen, um sie zum Vorschein zu bringen. Eine meiner Lehrerinnen verwendet dafür das Bild einer Schatztruhe, die mit Juwelen gefüllt ist. Die Juwelen sind in der Schatztruhe unseres Herzens verborgen. Das erste Juwel ist das diamantene Licht des klaren Geistes, durch das wir uns selbst innerhalb des heiligen Flusses des Lebens erkennen. Das zweite Juwel ist der Rubin, den das Mitgefühl erstrahlen läßt. Durch ihn entdecken wir, was es heißt, zu vergeben und großzügig zu sein. Das dritte Juwel, der gelbe Topas, symbolisiert das Licht des richtigen Handelns. Er befähigt uns, in Harmonie mit der ganzen Schöpfung zu handeln. Diese Schätze, dieses Wissen steckt zwar in uns, aber wir müssen eifrig arbeiten, um es an die Oberfläche zu bringen.

Alles Gute, Schöne und Positive ist bereits in mir vorhanden, ich muß es nur ans Tageslicht bringen, damit es nach außen hin sichtbar wird. Das ist anstrengend, aber ich scheue die Mühe nicht, meinen inneren Schatz gleichsam auszugraben.

Liebende – Geliebte, Frau, klein und stark in meinen Armen. Ich erkenne die Göttin in dir; Mysterium, fruchtbare Leere, aus der alle Fülle entsteht und Universen erblühen.
Elsa Gidlow

Wir wollen einen Tag der Woche zum Tag der Göttin machen, um die Göttin in uns selbst und in allen Menschen zu ehren, denen wir begegnen. Beginnen Sie diesen Tag damit, daß Sie sich selbst im Spiegel mit einer Verbeugung begrüßen. Schauen Sie sich in die Augen und legen Sie so viel Liebe, Fürsorge und Mitgefühl in Ihren Blick, wie sie können. Stellen Sie sich vor, daß die Liebe Ihr ganzes Wesen erfüllt und Sie Liebe in das Universum aussenden, während Sie ausatmen. Atmen Sie nun Mitgefühl ein, lassen Sie es durch Ihren Körper wandern und erfüllen Sie Ihre Umwelt damit, während Sie ausatmen. Die Energie durchströmt Sie ohne Unterbruch. Es ist immer genug davon vorhanden.

Verneigen Sie sich im Geiste vor jedem, den Sie heute treffen, und denken Sie dabei: Ich verbeuge mich vor der Göttin in dir. Diese Verbeugung erinnert uns daran, daß uns allen eine göttliche Natur innewohnt, wie immer wir uns auch verhalten. Die Verbeugung gibt uns Zeit, nachzudenken und mit Bedacht zu antworten, mit Worten, die wahr, notwendig und gütig sind.

Nicht nur am Tag der Göttin, sondern jeden Tag will ich mich daran erinnern, daß in mir und in allen anderen Menschen das Göttliche verborgen ist.

Jede Frau muß sich selbst kennen, ihre Probleme, ihre Schwierigkeiten. Ich fordere die Frauen auf, die Verantwortung für ihre Entwicklung zu übernehmen. Ich spreche nicht jene von ihrer Schuld frei, die die Entfaltung der Frau behindert haben, aber ich möchte, daß die Frauen erkennen, daß sie ihr eigenes Schicksal in die Hand nehmen können. Dieser Gedanke inspiriert uns.

Anaïs Nin

Sich selbst zu erforschen führt zu Selbsterkenntnis und diese wiederum zu Weisheit. Wenn wir wirklich in uns gehen, lassen wir uns nicht mehr durch den äußeren Schein blenden und sehen uns selbst als Teil des Universums. Wir erkennen, daß unsere Bedürfnisse nicht wichtiger oder weniger wichtig sind als alles andere. Durch diese unpersönliche Betrachtungsweise können wir gelassener reagieren.

Die Zimmergenossin einer meiner Schülerinnen war beleidigt, weil sie zu einem Abendessen mit ihr und ein paar anderen nicht eingeladen war. Sie gab der Schülerin die Schuld daran, daß sie sich in ihrem eigenen Heim unbehaglich und ausgeschlossen fühlte. Diese war frustriert, ließ ihre Frustration aber nicht an ihrer Zimmergenossin aus. Sie öffnete sich vielmehr deren Schmerz. Sie brauchte sich nicht schuldig zu fühlen, weil sie sie nicht eingeladen hatte, noch mußte sie sich rechtfertigen. Durch ihre Gelassenheit war das Problem bald behoben.

Ich bin nicht wichtiger, aber auch nicht weniger wichtig als alle anderen.

Ein Leben voller Freude finden wir nicht, indem wir nach dem Glück suchen, sondern indem wir die Umstände unseres Lebens einfach so, wie sie sind, erleben und annehmen.

Charlotte Joko Beck

Eine Freundin erzählte mir eines Tages von ihrer «Theorie vom roten Luftballon». Manche Menschen haben gelbe, grüne oder blaue Luftballons – es ist nie die Farbe, die sie wollen. Sie wollen einen roten Luftballon. Sie verbringen sehr viel Zeit damit, nach ihm zu suchen. Auf dieser Suche werden sie immer wieder enttäuscht.

Indem ich meine Rückenschmerzen akzeptierte, habe ich etwas Wertvolles gelernt. Ich habe gelernt, die jeweiligen Umstände zu akzeptieren, vor allem an jenen Tagen, wenn die Schmerzen besonders heftig sind. Anstatt mir zu wünschen, in die Berge wandern gehen zu können, freue ich mich, dem Rauschen des Windes zuzuhören oder den Sonnenuntergang zu betrachten. Ich habe gelernt, ganz in der Schönheit des Klangs oder des Lichts aufzugehen. Der Schmerz ist immer noch vorhanden, aber ich empfinde auch Freude und bin dankbar für das, was ich augenblicklich erlebe. Wir leiden, weil wir uns gegen unsere momentane Situation auflehnen, weil wir etwas anderes tun oder anders sein wollen.

Ich will der Mensch sein, der ich bin, und die jetzigen Umstände und die momentane Situation akzeptieren, ohne ständig mich selbst oder die Dinge um mich herum ändern zu wollen. Diese Haltung wird mit Freude belohnt werden.

Jeder Augenblick, den wir in völliger Aufmerksamkeit erleben, ist gleichzeitig ein Anfang und ein Ende, eine Geburt und ein Tod. Solche Aufmerksamkeit öffnet uns dem Unerwarteten, wir lassen zu, daß uns das Leben lebt. Jedes Ereignis, das wir aufmerksam verfolgen, wie gering oder unbedeutend es auch erscheinen mag, öffnet uns das Tor zur Unendlichkeit. Flora Courtois

Als ich einigen Freundinnen Floras Worte über die vollständige Aufmerksamkeit vorlas, fingen wir alle zu lachen an. Wir lachten, weil wir von der Wahrheit, die Flora ausdrückt, begeistert waren. Die kleinen, scheinbar unbedeutenden Ereignisse des täglichen Lebens sind es, die wirklich erstaunlich sind. Das Problem ist nur, daß wir nicht innehalten, um über sie nachzudenken. Wir nehmen diese Ereignisse nur verschwommen wahr, weil wir gleich zum nächsten Augenblick, zur nächsten Aktivität hetzen. Aufmerksam zu sein, hält die Welt an. Wenn wir wirklich wach sind, bemerken wir die prächtigen Farben der kleinsten Blume oder hören das Zirpen der unscheinbaren Grillen. Das Leben ist ein Fest für die Sinne, wenn wir uns ihm öffnen. Ist es nicht zum Lachen, daß wir auf der Suche nach dem Glück die Schönheit direkt vor unseren Augen übersehen?

Ich erkenne, daß das Glück, die Schönheit und die Freude nicht in weiter Ferne liegen, sondern direkt vor mir. Ich will versuchen, nicht nur den großen und scheinbar wichtigen Ereignissen meine Aufmerksamkeit zu schenken, sondern auch den alltäglichen und scheinbar unwichtigen.

Wenn mit gebrochenem Herzen ich erkenne, daß diese Welt nur ein Traum ist, dann erstrahlt die Eiche.

Anryu Suharu

Es gibt Zeiten, in denen ich zutiefst deprimiert bin über einen Verlust oder darüber, daß ich etwas wollte, was ich nicht haben konnte. Wenn ich offen dafür bin, die Depression zu durchleben, ihre Schwere zu spüren und ihr einfach zuzuhören, dann wird mir ein Geschenk Gottes zuteil. Mein Herz wird gebrochen. Ich weine um mich, um all die Verluste und um all jene, die traurig und verzweifelt sind. Während sich mein gebrochenes Herz öffnet und ich den Schmerz körperlich wahrnehme, kann ich ganz deutlich die Schönheit erkennen, die ebenfalls in dieser sich ständig verändernden Welt besteht. Dann ist die Eiche nicht mehr von meinen Wünschen, Anschauungen oder Werturteilen umhüllt, sondern erstrahlt in ihrer ganzen ursprünglichen Schönheit.

Ich bin unendlich traurig – und unendlich froh.

Heiliger Geist, kehre in mein Herz ein, mit deiner Macht reise ich zu dir, Gott, und gewähre mir Nachsicht und Ehrfurcht. Heilige Katharina von Siena

Die heilige Katharina, eine Frau von niedriger Herkunft, wurde zu einer erleuchteten Lehrerin, einer begnadeten Schriftstellerin, einer unvergleichlichen Rednerin und einer Beraterin von Prinzen und Päpsten. Dieses Zitat ist Teil eines Gebetes, das sie niederschrieb, nachdem sie durch ein Wunder des Schreibens mächtig geworden war. Ihr Herz öffnete sich einer höheren Macht und sie erkannte, daß allein diese Macht ihr die Kraft zur Reise in ihr Innerstes gegeben hatte. Sie betete um die milde Gabe der Liebe. Sie bat darum, daß diese große Liebe mit Ehrfurcht erfüllt sein möge.

Üben wir uns in Ehrfurcht und bewundern wir jeden Tag etwas, zum Beispiel die Schönheit der Sterne, denn: Am ehesten verstehen wir, wenn wir Ehrfurcht vor dem haben, was wir nicht verstehen. Mögen sich unsere Herzen einer Liebe in Ehrfurcht öffnen.

Ehrfurcht und ehrfürchtige Liebe zu allem Sein sind wertvolle Güter. Deshalb will ich jeden Tag üben, ehrfürchtig zu sein, und besonders jene Dinge bewundern, deren Größe und Schönheit ich nur erahnen kann.

Nichts in dieser Welt ist heute so wie immer. Das ist der erste Morgen. Izumi Shikibu

Wieviel Freiheit es doch bedeutet, jeden Tag so zu erleben, als ob es der erste Tag unseres Lebens wäre! Für mich war es deshalb eine große Freude, meinen kleinen Kindern zuzuhören und zuzusehen, als sie die Welt zum ersten Mal erforschten. Eifrig, neugierig und ohne Vorurteile oder Erwartungen berührten und erprobten sie alles, was sie in die Finger bekamen.

Legen Sie dieses Buch beiseite und schauen Sie Ihre Hand an. Betrachten Sie sie so, als ob Sie sie noch nie zuvor gesehen hätten. Wie bewegt sie sich? Beobachten Sie, wie sie sich dreht und wendet. Betrachten Sie einen Finger nach dem anderen. Spielen Sie mit ihnen. Biegen Sie sie in verschiedene Richtungen. Fühlen Sie die Haut Ihrer Hand. Wie schmeckt sie? Betrachten Sie Ihre Hand mit Ehrfurcht und Staunen und mit tiefer Dankbarkeit.

Heute will ich leben, als sei dies mein erster Tag auf Erden.

In den Bergen des Nordens ist der Mond eine silberne Schildkröte, die langsam durch die Sterne wandert.

Chrystos

Als ich einer Freundin das Gedicht «Winterabend» vorlas, aus dem das obige Zitat stammt, antwortete sie sofort: «Mir gefällt die Vorstellung, daß der Mond durch die Sterne wandert. Ich weiß zwar, daß er der Erde nahe ist, während die Sterne Lichtjahre entfernt sind. Dieses Bild aber verdeutlicht eine Beziehung zwischen dem Mond und den Sternen, an die ich für gewöhnlich nicht denke.»

Auch mich brachte dieses Bild zum Nachdenken. «Schildkröteninsel» ist eine indianische Bezeichnung für das Gebiet, das wir Nordamerika nennen. Wir errichten unser Heim auf dem Rücken der Schildkröte und am Himmel über uns kriecht eine weitere Schildkröte über das Firmament. Der Mond ist ein Felsblock, der durch den Weltraum kreist. Er dreht sich um die Erde und wir, die wir ihn am Himmel sehen, können seine magnetische Anziehungskraft spüren. Er bewirkt die Gezeiten. Der Mond, selbst ohne Licht, reflektiert auf eindrucksvolle Weise das Licht der Sonne. Er spielt mit dem, was ihm zur Verfügung steht, und ist es zufrieden.

Ich erkenne und akzeptiere das, was ich habe, und mache das Beste daraus – wie der Mond, der das Licht der Sonne nur widerspiegelt und sich nichts daraus macht, langsam und bedächtig wie eine Schildkröte immer und immer wieder über den Himmel zu kriechen.

Was ich mir wünsche, ist so einfach, daß ich es kaum auszusprechen wage: einfach nur Güte. Genug zu essen, genug, um zu überleben. Die Aussicht, daß unsere Kinder eines Tages aufwachsen können, ohne zu zerstören oder selbst vernichtet zu werden.

Hallie, eine Figur aus *Barbara Kingsolvers «Animal Dreams»*

Als ich heute spazierenging, sah ich einen Aufkleber mit folgendem Wortlaut: SEI GÜTIG UND FÖRDERE DIE SCHÖNHEIT DIESER WELT – IMMER UND OHNE DARÜBER NACHZUDENKEN. An Güte denken wir wohl kaum als Erstes, wenn wir darüber nachdenken, was notwendig ist, um die Probleme dieser Welt anzugehen. Wir denken an den ungeheuren Reichtum weniger, der anderen zugute kommen könnte, oder an die vielen, die sich politisch für eine bessere Welt einsetzen. Tatsächlich aber hat allein Güte die Macht, die Welt zu verändern. Es gibt zahllose Möglichkeiten, um Güte zum Ausdruck zu bringen: in einem Lächeln, in einer Berührung, in der Sorge um einen anderen Menschen, in der Pflege eines kranken oder älteren Nachbarn, in dem Topf Suppe für die frischgebackene Mutter und in der Hilfe bei der Gartenarbeit. Denken Sie nicht global. Beginnen Sie heute, die Welt mit einer einfachen gütigen Tat zu verändern. Handeln Sie so, als ob Ihre Güte das wäre, was wir am dringendsten in dieser Welt brauchen. Das tun wir nämlich.

Nur wahre Güte kann unsere Welt zu einem besseren Platz für alle Menschen machen. Aus diesem Grunde will ich heute beginnen, meinen Mitmenschen im kleinen und im großen mit Güte zu begegnen.

Alle Taten in unserem Leben sind kreativ und tragen das innere Lebenslicht in sich. Künstler müssen diese Überzeugung haben. Die Dinge und Menschen dieser Welt in das Lebenslicht zu heben oder uns ihnen anzubieten, damit sie das Licht unserer inneren Flamme empfangen können, ist eine künstlerische Tat, eine menschliche Tat.

M. C. Richards

Ich war nur eine der vielen stolzen Mütter, als ich die Abschlußfeier meines Sohnes an der Kunstschule besuchte. Er hielt für seine Klasse die Abschlußrede. Er sprach davon, wie sich seine Anschauungen während der letzten vier Jahre verändert hatten. Als er mit seiner Ausbildung begann, dachte er, die Kunst sei irgendeine Arbeit, der er tagsüber nachgehe – was er am Abend mache, sei Freizeit, sein wahres Leben, das keine Verbindung zur Kunst habe. Dabei verdeutlichte er seine einst gegensätzlichen Vorstellungen mit zwei großen Tafeln, auf denen LEBEN und KUNST stand. Er redete weiter und hielt die beiden Tafeln zunächst voneinander getrennt, dann tauschte er sie aus und kam dann zu folgendem Schluß: Leben und Kunst sind untrennbar. Warum ist das so? Die Kunst, wie mein Sohn sie mittlerweile sieht, ist nicht einfach irgendein Beruf, sondern eine Geisteshaltung. Ein Künstler ist jemand, der ständig lernt. Sich selbst in Frage stellen – das ist Kunst.

Auch ich bin eine Künstlerin und will mich wie eine Künstlerin verhalten. Denn Künstlerin sein heißt, alles im Leben mit der gleichen Aufmerksamkeit wahrnehmen, sich weiterentwickeln und sein inneres, schöpferisches Licht erstrahlen lassen.

Wir müssen unser Herz öffnen, damit zu jeder Zeit alles, was wir tun, ein Akt der Liebe und des Mitgefühls ist und nichts weniger. Dr. Thynn Thynn

Der Hauptgrund für die Spannungen in unseren Beziehungen sind wir selbst. Das wollen wir aber nicht einsehen und deshalb verschwenden wir Unmengen an Zeit und Energie, um andere Menschen oder unsere Lebenssituation zu ändern. Wenn wir wirklich verstünden, wie und weshalb wir agieren und reagieren, würden unsere Beziehungen völlig anders aussehen. Wir können nur dann eine harmonische Beziehung zu einem anderen Menschen haben, wenn wir in Harmonie zu uns selbst stehen. Solange wir unser Wohlergehen, unsere Tröstung, unsere emotionale oder intellektuelle Unterstützung von einer anderen Person abhängig machen, wird diese Abhängigkeit Angst erzeugen – und der Angst folgt unweigerlich Kummer.

Wenn wir gelassen sind, können wir auf Menschen und Situationen natürlich reagieren. Gelassen zu leben und zu lieben ermöglicht ein harmonisches und freudiges Leben.

Ich bin mit mir in Harmonie, ich liebe mich und nehme mich an, um gelassen und offenen Herzens andere lieben und annehmen zu können.

September

Unschuld bedeutet für mich, daß der Geist völlig entspannt ist, weil er sich vollkommen einem Objekt widmet. Dabei sind wir gleichzeitig empfänglich und absolut konzentriert.

Annie Dillard

Ich fuhr einmal mit einer Freundin in einen Naturpark, wo wir eine lange Wanderung machten. Wir verbrachten mehrere Stunden auf einer Wiese und beobachteten Wapitihirsche. Es war eine Herde von fünfzig weiblichen Tieren, die von einem riesigen Bullen mit einem großen Geweih angeführt wurde. Er schritt um die Hirschkühe herum, beschnupperte sie und stieß seinen Paarungsruf aus, dessen Echo von den Bergen widerhallte. Der Bulle bestieg einige Weibchen, aber jedesmal, wenn er das tat, hielt das Weibchen nur einen Augenblick lang still und entfernte sich dann, scheinbar uninteressiert. Die Szene war sehr friedlich. Die Herde schien zu grasen, wie sie es wahrscheinlich jeden Tag tat, aber die Luft war voller Verheißung. Meine Freundin und ich konzentrierten uns vollkommen darauf, dieses Paarungsritual zu beobachten. Wir vergaßen die Welt um uns herum und fühlten uns wie ein Teil unserer Umgebung: der Herde, des Windes, der Sonne, des golden leuchtenden Grases, des blauen Wassers einer nahen Meeresbucht. Und dieses Einswerden, diese Rückkehr zur Ganzheit, ließ uns für einen Moment unsere Unschuld wiederfinden.

Damit ich meine Unschuld wiedererlange, will ich mich vollständig auf die Dinge konzentrieren, um schließlich eins mit der Schöpfung zu werden.

Die Unterscheidung zwischen «spirituell» und «politisch» ist trügerisch. Denn die Erotik – die Sinnlichkeit – ist die Brücke, die beides verbindet; sie ist Ausdruck des Körperlichen, des Emotionalen und des Psychischen in uns allen, in seiner stärksten und reichhaltigsten Form; sie ist die Leidenschaft der Liebe in ihrer tiefsten Bedeutung.

Audre Lorde

Eine Zeitlang unterteilte man die Feministinnen in die politisch und in die kulturell orientierten. Die politisch orientierten Feministinnen gingen auf die Straße und forderten, daß die Ungerechtigkeiten der Gesellschaft abgeschafft würden. Die kulturell orientierten beschäftigten sich mit Selbsthilfe, spiritueller Entwicklung, Ritualen und der Verehrung der Göttin. Gemeinsam mit einer Freundin versuchte ich damals, eine Brücke zwischen den angeblichen Gegensätzen zu schlagen. Diese Brücke, wie wir damals erkannten, konnte nur in der erotischen Verbindung mit allem Leben bestehen. Denn wenn einer Person oder einer Gruppe Schaden zugefügt wird, dann wird uns allen Schaden zugefügt.

Die Hauptaufgabe politischer wie spiritueller Arbeit besteht im Eintreten für die Rechte aller Erdenkinder, unabhängig von ihrem Geschlecht, ihrer Hautfarbe, ihrer Rasse, ihrer sozialen Herkunft oder ihrer sexuellen Neigung.

Ich will versuchen, eine Brücke zu schlagen zwischen denen, die sich auf politischer, und denen, die sich auf spiritueller Ebene für die Gleichberechtigung einsetzen.

Obwohl ich versuche, den einzelnen Gedanken der Lehren Buddhas in meinem Herzen zu tragen, kann ich nicht anders, als auch die Stimmen der vielen Grillen zu vernehmen, die mich rufen. Izumi Shikibu

Das Wort «Buddha» bedeutet «wach». Wir müssen aufwachen und uns unseres Lebens sowie der Realität, die diesem Leben zugrunde liegt, bewußt werden. Wir müssen aus der Illusion erwachen, daß unser Ich vom Rest der Schöpfung getrennt ist, und erkennen, daß wir Teil der Macht sind, die das Universum erschafft und erhält. Das Rufen der Grillen ist nicht getrennt von den Lehren Buddhas. Um alles wahrzunehmen, selbst den Ruf der Grillen, müssen wir erkennen, daß der Gesang der Grillen der Gesang Buddhas ist, der Gesang der Göttin, die einzige mächtige Melodie des Universums.

Machen Sie folgende Hörübung: Finden Sie Ihre Mitte, indem Sie Ihre Aufmerksamkeit auf Ihren Atem lenken. Weiten Sie Ihre Aufmerksamkeit jetzt aus und nehmen Sie die Geräusche um sich herum wahr. Hören Sie auf das leiseste Geräusch, das vernehmbar ist. Widmen Sie sich ganz diesem Geräusch.

Ich will innehalten, um auf das leiseste Geräusch zu achten, das ich noch hören kann. Denn es ist Teil einer einzigen großen Melodie, so wie ich Teil des einen großen Universums bin.

Machig erschien vor mir am Himmel als tanzendes rotes Skelett, umgeben von feinsten roten Tüchern aus Energie. Sie sagte: «Die sexuelle Vereinigung mit einem anderen Menschen ist eine Erfahrung, für die du keinen von dir getrennten Partner brauchst. Denn das Potential für Glückseligkeit ist immer in dir.»

Tsultrim Allione

Während einer Meditation in der Nähe von Machigs Höhle in Tibet hatte Tsultrim Allione, eine tibetisch-buddhistische Meditationslehrerin, diese Vision von Machig Lapdron. Machig war eine tibetische Mystikerin, die Buddhismus und Schamanismus miteinander verband. Die von ihr entwickelten Übungen dienen dazu, unsere Bindungen abzulegen und unser Mitgefühl zum Ausdruck zu bringen.

Die Tibeter setzen die sexuelle Vereinigung gleich mit spiritueller Glückseligkeit, weil es sich bei der sexuellen Vereinigung um eine uns geläufige Erfahrung handelt. In ihrer Vision versichert Machig Tsultrim, daß wir keinen anderen Menschen dazu brauchen, daß wir in uns selbst unglaubliche Reserven an Glückseligkeit finden. Im alltäglichen Leben neigen wir jedoch dazu, zu glauben, daß wir Glückseligkeit und Freude nur außerhalb unserer selbst finden, nur aus einer Vereinigung mit einer anderen Person erlangen. Doch diese Art des Glücks ist vorübergehend. Erst dann sind wir wahrhaft glückselig, wenn wir Weisheit, Einsicht und Mitgefühl verwirklicht haben.

Ich selbst bin der Quell meiner Glückseligkeit. Ich will deshalb aufhören, sie außerhalb meiner selbst zu suchen.

Das einzige, worauf man sich im Leben mit Sicherheit verlassen kann, ist die beruhigende Gewißheit, daß sich alles ständig verändert; daß der nächste Frühling ganz sicher kommen wird. Sonja Bullaty

Mein Sohn und ich unterhielten uns einmal darüber, wie ähnlich wir das Ende eines jeden Sommers empfanden. Er ging noch zur Schule und arbeitete während der Sommerferien in einem Restaurant – so wie ich das früher getan hatte. Obwohl wir wußten, daß der Sommer wiederkehren würde, verspürten wir beide jedes Jahr aufs neue eine Art Traurigkeit, ein Gefühl des Verlustes, wenn die Tage kürzer und die Luft kühler wurde. Die Fülle des Sommers verging, aber noch war es zu früh, um in die schneller fließende Energie des Herbstes einzutauchen.

Ich erinnere mich, daß ich mich jedes Jahr am ersten Montag im September vom Strand verabschiedete. Ich blickte zurück und dachte über die Erfahrungen während der verschiedenen Jahreszeiten nach. Ich machte diese Bestandesaufnahme ganz spontan am Ende jedes Sommers. Ich bedankte mich für meine Freuden und stand zu den gemischten Gefühlen meiner vor mir liegenden Arbeit. Ich war traurig über das Ende einer weiteren Jahreszeit und zugleich voller ängstlicher Erregung angesichts einer ungewissen Zukunft.

Ich erlebe bewußt den Wechsel der Jahreszeiten, der mir die Vergänglichkeit allen Seins vor Augen führt, der mich aber auch daran erinnert, daß nach jedem Ende ein Anfang kommt und daß alles wiederkehrt.

Meine Wurzeln sind in ihr, meine Wurzeln reichen bis in ihre Mitte, ich nehme ihre Kraft auf, jeder lange Atemzug fängt ihre Kraft ein, erfüllt meinen Stamm, meine Wirbelsäule, und ihr Leben erwacht in mir. Kraft entströmt dem Wipfel meines Hauptes, ich spüre, wie sie durch meine Zweige fließt in einem wilden Tanz, hinauf und dann hinunter, um noch einmal die Erde zu berühren.

Sue Silvermarie

Die Hindus lehren, daß beim Atmen das *Prana*, die Lebenskraft, wichtiger ist als der Sauerstoff. Diese Kraft ist es, die uns am Leben erhält.

Versuchen Sie, abwechselnd durch den linken und den rechten Nasenflügel zu atmen, um Ihr Prana zu steigern: Setzen Sie sich bequem mit geradem Rükken hin. Drücken Sie den rechten Daumen auf den rechten Nasenflügel. Atmen Sie tief und ebenmäßig durch den linken Nasenflügel ein. Drücken Sie nun den linken Nasenflügel mit Ihrem Ringfinger zu. Nehmen Sie Ihren Daumen vom rechten Nasenflügel, und atmen Sie langsam durch ihn aus. Atmen Sie nun, ohne Ihren Finger vom linken Nasenflügel zu nehmen, durch den rechten Nasenflügel wieder ein. Verschließen Sie ihn erneut mit dem Daumen, nehmen Sie gleichzeitig Ihren Ringfinger vom linken Nasenflügel und atmen Sie nun durch diesen aus. Führen Sie diese Übung jeden Tag aus, wobei Sie allmählich immer länger ein- und ausatmen und immer mehr Wiederholungen machen.

Durch spezielle Atemübungen will ich versuchen, mein Prana, meine Lebenskraft, zu steigern, denn es allein erhält mich am Leben.

Wir geben unsere Bindungen nicht auf, indem wir sagen, wir lösen uns von ihnen. Nur wenn wir uns ihrer wahren Natur bewußt werden, weichen sie langsam und kaum wahrnehmbar; wie eine Sandburg, über die die Wellen hinwegspülen, werden sie immer kleiner und schließlich … Wo sind sie? Was war das?

Charlotte Joko Beck

Wir leben in einer maskulin geprägten Welt, in der die aktive Seite unseres Geistes gefördert wird, was im Extremfall zum Ausbruch von Aggressionen führt. Selbst Menschen, die versuchen, ihr Leben ins Gleichgewicht zu bringen, verhalten sich unbewußt oft weiterhin dominant und maskulin. Wir denken, Willensstärke helfe uns, unsere Bindungen zu beherrschen. Wir versuchen energisch, diese Bindungen loszuwerden, um uns nicht länger einzuschränken. Gewalt aber erzeugt Gegengewalt. Je energischer wir unsere Schwächen attackieren, desto mehr Schaden richten wir an. Denn wenn wir eine Gewohnheit ändern, wird sie bald durch eine andere, stärkere, ersetzt werden. Unsere Bindungen werden nur schwächer, wenn wir uns ihrer bewußt werden. Können wir wirklich wir selbst sein – mit all unseren Bindungen, Grenzen und Schwächen? Uns öffnen und uns akzeptieren, so wie wir sind – das ist Liebe. Wenn die Liebe wächst, lassen die Bindungen nach, ganz von selbst.

Um mich von meinen Bindungen zu lösen, will ich nicht gegen sie ankämpfen, sondern einfach akzeptieren, daß sie da sind. Dadurch öffne ich mich der Liebe und meine Bindungen lösen sich ganz von alleine.

Diese Generation dient als Hebamme für die Wiedergeburt von Shechinah. Diese Göttin, die auf uns leuchtet, wenn wir heilige Texte studieren, findet man in Tannenwäldern und Apfelhainen. Sie kommt zu uns mit dem Wind und dem Wasser, dem Ozean und den Bergen.

Rabbi Leah Novick

In der mystischen Tradition der Juden gibt es eine Geschichte, die man «Das Zertrümmern der Gefäße» nennt und die besagt, daß das göttliche Licht während der Schöpfung den Gefäßen entwich, in denen es enthalten war. Teile dieses göttlichen Lichts wurden über das ganze Universum verstreut. Diese Teile nannte man Shechinah, die weibliche Gegenwart Gottes. Shechinah lebt im Exil, aus der Ganzheit des Göttlichen verbannt. Ein solches Exildasein der heiligen Weiblichkeit gibt es in den meisten spirituellen Traditionen, und solange es existiert, werden wir weder unser menschliches noch unser göttliches Potential zur Gänze kennen. Die jetzige Generation der Frauen erinnert sich an die weibliche Gottheit und gibt ihr viele Namen. Erst wenn diese heimkehrt, werden wir unseren geteilten Geist und die gebenden und nehmenden Elemente unseres Seins wiedervereinen können.

Ich will die Göttin in mein Leben aufnehmen, denn ich erkenne die Notwendigkeit ihrer Rückkehr, damit sich ihre weibliche mit der männlichen Göttlichkeit zu einem Ganzen vereinigen kann.

Aus der Sicht der Eingeborenen gibt es kein drinnen oder draußen; jeder im Kreis wird benötigt für das Wohl der gesamten Menschenfamilie und alles, was geht, kriecht, schwimmt oder fliegt. Wir sind alle miteinander verwandt.

Dhyani Ywahoo

Stellen Sie sich einen Augenblick lang vor, wie sich die Welt verändern könnte, wenn jeder von uns denken würde: «Dieser Planet braucht mich. Wer ich bin und wie ich denke und fühle, ist wichtig. Niemand macht es so wie ich. Ich werde wirklich gebraucht.» Wir müssen uns bewußt werden, daß wir für das Wohl unseres Planeten notwendig sind. Das ist etwas anderes als die ichbezogene Vorstellung, daß man besser als andere ist, oder als unsere Versuche, das Beste für uns selbst zu erreichen. Für die Indianer ist das Individuum erst in seiner Bedeutung für die Menschheit, für unseren Planeten wichtig – wenn wir Fertigkeiten entwickeln, die dem gesamten Kreis dienen und nutzen. Wenn wir aus einem Gefühl der Verantwortung heraus handeln und wissen, daß wir Teil der Schöpfung sind, werden wir die Welt verändern.

Ich bin ein Teil der Schöpfung und als solcher für die Welt von Bedeutung.

Das Schöpferische versinnbildlicht Beständigkeit, das Empfangende steht für Flexibilität. Die Meditation strebt als erstes nach Stabilisierung: Warum sollte der helle Mond, mit einer Kelle voll Wasser aus dem Jadeteich, sich mit den sieben Juwelen schmücken wollen?

Fan Yunqiao

Im *I Ging*, dem buddhistischen *Buch der Wandlungen*, steht das schöpferische Prinzip für Aktivität, dafür, etwas herzustellen. Das empfangende Prinzip bedeutet Offenheit, die Fähigkeit zu spüren. Beim Meditieren geht es darum, Seele und Energie oder Geist und Atmung in Einklang zu bringen. Fan Yunqiao verwendet das Bild des Jadeteiches und bezieht sich damit auf den Wohnort der Königinmutter des Westens, die bedeutendste weibliche Unsterbliche. Der helle Mond symbolisiert das reine Bewußtsein, und die «sieben Juwelen» sind das buddhistische Symbol für Äußerlichkeiten. Das zitierte Gedicht drückt die Tiefe und die Schönheit des reinen Bewußtseins aus, das weit heller leuchtet als alle Juwelen, die wir tragen können.

Trinken Sie im Geiste eine Kelle voll Wasser aus dem Jadeteich der Königinmutter und setzen Sie sich dann still neben das klare Wasser. Atmen Sie tief durch und lassen Sie zu, daß die Erfrischung Ihren Geist belebt, ihn von Verwirrung und Zweifeln reinwäscht. Verbeugen Sie sich vor dem Teich und kehren Sie erfüllt nach Hause zurück.

Durch Meditation will ich üben, meine Seele und meinen Geist in Einklang zu bringen und reines Bewußtsein zu erlangen. Denn reines Bewußtsein ist der größte aller Schätze.

Es ist so offensichtlich, daß wir jedermann schätzen müssen. Ich glaube, das ist es, was uns die alten Frauen sagen möchten: daß man jede Seele schätzen muß, daß jede Blume blühen soll. Das ist eine ganz andere Betrachtungsweise der Welt als jene, die uns bisher geschwächt hat und uns denken ließ: Ich kann nur dann blühen, wenn ich deine Blüte zertrete. Alice Walker

Das weibliche Empfinden umarmt und respektiert alles Leben, ist fürsorglich und ermutigt jeden Menschen, sich selbst zu entfalten. Wir werden heutzutage jedoch dazu erzogen, uns im Leben zu behaupten. Damit wir gewinnen können, muß ein anderer verlieren. Wir glauben, daß teilen mit verlieren gleichzusetzen ist.

Wenn wir aber das Leben umarmen, freuen wir uns über den Erfolg der anderen. Das können wir lernen und diese Lebenshaltung als ein Mittel gegen unser Konkurrenzverhalten einsetzen. Der erste Schritt besteht darin, daß wir uns unserer Gefühle der Angst und des Mangels bewußt werden. Nehmen Sie wahr, was in Ihrem Körper vorgeht, wenn Sie einen Mangel empfinden: Fühlen Sie sich benommen oder angespannt? Achten Sie auf Ihre Atmung und wiederholen Sie folgendes Mantra: *Deine Freude ist meine Freude.* Wenn Sie diesen Satz wiederholen – selbst wenn Ihre Freude für den anderen von Ihren eigenen Bedürfnissen überschattet wird –, kann sich Ihr Herz nach und nach öffnen und gütiger werden.

Heute will ich daran denken, daß die Freude der anderen auch meine Freude ist.

Ich weine viel. Ich danke Gott dafür, daß ich auch viel lache. In deiner eigenen kleinen Welt geht es in erster Linie darum, daß du versuchst, genauso viel zu lachen wie zu weinen.
Maya Angelou

Wenn wir nach Erfolg streben, sei er nun materieller oder spiritueller Natur, kann unser Leben sehr ernst und verbissen werden. Um materiellen Erfolg zu erlangen, setzen wir uns einem enormen Druck aus, schneller und besser als unsere Konkurrenz zu sein. Dabei neigen wir dazu, uns zu überanstrengen und uns völlig zu verausgaben. Und auf dem spirituellen Weg vertiefen wir uns unter Umständen derart in unser Leid, daß wir ganz vergessen, daß wir auch etwas Freude brauchen. Ein herzliches Lachen kann uns von allen Sorgen und Schmerzen befreien. Menschen, die leicht lachen, haben nicht unbedingt weniger Sorgen. Sie sind einfach unbeschwerter und können über ihre eigenen Fehler und die Prüfungen und Widerwärtigkeiten des Lebens hinwegsehen. Daß sie lachen, heißt nicht, daß sie ihren Schmerz verleugnen. Diesen Menschen fällt es vermutlich auch leichter, zu weinen und ihren Kummer auszudrücken. Lachen heilt. Ein offenes Herz verleugnet weder Kummer noch Freude, sondern akzeptiert beide als Teile des Lebens.

Ich weiß, daß Lachen heilsam ist und die Last des Schmerzes und des Leids kleiner werden läßt. Jeden Tag will ich mindestens so viel lachen wie weinen.

Ein ursprüngliches, inniges Ritual hilft uns, sowohl Zugang zu Kraft und Einsicht als auch zu Traurigkeit und zum Schmerz unseres menschlichen Daseins zu erhalten. Wenn sich Kraft und Einsicht treffen, können wir die Dinge um ihrer selbst willen richtig erledigen.

Pema Chödrön

Eine mir bekannte Frau, die ihre Arbeit als Prostituierte wie eine rituelle Handlung vollzieht, erklärte mir: «Da ist die Begrüßung, das Annähern, die Erlaubnis, das Zusammenkommen, das Eindringen, der Rückzug und die Verabschiedung. Während des gesamten Rituals fühle ich mich der Erde nahe. Jeder Teil des Rituals ist eine einfache Handlung und doch ungemein mächtig. Ich erlebe die Traurigkeit und den Schmerz. Eine Transformation ist nur möglich, wenn man von ganzem Herzen dazu bereit ist, Harmonie herzustellen. Während ich arbeite, sehe und höre ich Dinge, die mir sagen, wann und warum Energie in eine bestimmte Richtung abgelenkt wird. Wenn sie harmonisch fließt, treffen sich Kraft und Einsicht. Wie Pema sagt: ‹Die Dinge werden richtig erledigt.› Ich betrachte meine Arbeit als etwas, das ich um ihrer selbst willen tue. Wenn ich es richtig mache, schaffe ich Harmonie und Einklang.»

Indem ich meine Arbeit wie ein Ritual um ihrer selbst willen tue, fördere ich meine innere Harmonie.

Gehe deinen eigenen Weg, folge dem Pfad, den du für dich selbst auswählst und der deinem innersten Bedürfnis entspricht. Glaube keiner Aussage, bloß weil ich sie gemacht habe. Selbst wenn sie hundertmal wahr ist, entspricht sie nicht deiner Wahrheit, deiner Erfahrung, gehört sie nicht zu dir. Bringe Wahrheit in dein Dasein und sie wird dir gehören. Nimm das Leben jener, die Wahrheit erlangt haben, nur als Beweis dafür, daß das Ziel erreichbar ist.

Elisabeth Haich

Wir glauben so viele Dinge ohne Vorbehalt. Vieles von dem jedoch, was wir als Wahrheit betrachten, beruht auf Hörensagen. Wir haben unsere eigene Wahrheit noch nicht gefunden und bewiesen. Wir verwechseln das innere Wissen mit dem Wissen, das wir in der Schule erwerben, das nichts ist als eine Reihe von auswendig gelernten Fakten. Oder wir suchen so verzweifelt nach einem spirituellen Lehrer, sind so erpicht darauf, uns führen zu lassen, sind so verloren, daß wir alles akzeptieren, was dieser Lehrer sagt, ohne es zu hinterfragen. Wir beschäftigen uns nicht wirklich mit den Lehren, stellen sie nicht auf die Probe und prüfen nicht, ob sie auch für uns gelten.

Ich werde danach streben, meinen eigenen Weg zu finden, denn die Wahrheit, die für andere gilt, ist nicht unbedingt meine Wahrheit.

Das Unendliche hat die Form der reinen Liebe. Meditiert, um es zu erreichen, und ihr werdet unendliche Liebe, Frieden und Glück finden. Anandi Ma

Anandi Ma, deren Name «Jemand, der glückselig ist und andere glückselig macht» bedeutet, ist eine Hindu und Nachfolgerin eines anerkannten Meisters des Kundalini Maha Yoga. Sie war ein sehr ruhiges Kind, das stundenlang in Tempeln saß und die Statuen von Gottheiten und Heiligen umarmte. Mit vierzehn Jahren verfiel sie in einen derart tiefen Meditationszustand, daß weder Familie noch Freunde sie wekken konnten. Ihre besorgten Eltern gingen zu einem Yogameister, um ihn um Hilfe zu bitten. Der Meister erkannte, daß Anandi Ma eine sehr reife Seele war, und bildete sie mehrere Jahre spirituell aus, um ihre Energien zu bündeln und dann anderen zukommen zu lassen. Heute reist Anandi Ma viel und lehrt Meditation und Yoga. Als ich sie traf, war ich tief bewegt von dem Frieden und der Freude, die sie ausstrahlt, und ich beschloß, ihre Schülerin zu werden. Ich war als Kind sehr fromm, und obwohl meine Eltern aktive Mitglieder der lutherischen Kirche waren, suchte ich nach einer anderen Form der Spiritualität. Mittlerweile habe ich erkannt, daß ich lediglich versuchte, den Inbegriff der unendlichen Liebe zu finden.

Meine Lehrerin weist mir meinen spirituellen Weg. Aber nur ich selbst kann meine Ängste und Zweifel in Liebe und Güte umwandeln – ganz egal, ob ich überhaupt einer religiösen Gemeinschaft angehöre oder woran ich glaube.

Wenn du die wahre Freude und die wahre Gesinnung in dir spürst, dann kommen sie ganz automatisch zum Vorschein. Wenn du wirklich tief in dich gehst, ist alles vorhanden. Du spürst sie, und wenn du willst, daß sie zum Vorschein kommen, dann tun sie es auch.

Mayumi Oda

Mayumi Oda beschreibt das Potential an Freude, das in jedem von uns steckt. Diese Freude ist nicht von äußeren Umständen abhängig. Die Freude, die wir erleben, wenn die Dinge nach unseren Vorstellungen verlaufen, ist vorübergehend, vergänglich. Wenn sich die Dinge ändern – und das tun sie garantiert – schwindet sie.

Es gibt aber eine tiefere und beständigere Art des Glücks, das seinen Ursprung in uns selbst hat. Wenn wir bereit sind, an uns zu arbeiten, können wir es auch enthüllen. Oft sind es unser Schmerz, unsere Wut und unsere Angst, die uns daran hindern, wirkliche Freude zu empfinden. Wir können lernen, nicht mehr vor diesen Gefühlen davonzulaufen und sie stattdessen als Energie zu betrachten, die umgewandelt werden kann. Wenn wir unseren Gefühlen begegnen, ohne sie zu unterdrücken oder ihnen nachzugeben, wird ihre Energie umgewandelt und wir erleben die Freude, die in uns steckt.

Ich weiß, daß wahre Freude tief in mir bereits vorhanden ist und ich sie nur noch an die Oberfläche bringen muß. Um das zu erreichen, will ich unangenehmen Gefühlen mutig gegenübertreten und ihre Energie zu meinen Gunsten nutzen.

Lebe so, als ob du dich liebtest, und du wirst dich lieben; Strecke deine Hand aus, strecke sie immer wieder aus und nimm in dich auf, was du ergreifst. So werden wir lange Zeit leben: nicht für immer, denn jeder Gärtner weiß, daß nach dem Umgraben, nach dem Pflanzen, nach der langen Zeit des Jätens und Wachsens die Ernte kommt.

Marge Piercy

In den frühen siebziger Jahren gehörte ich einer Frauengruppe an, die den Vollmond und den Wechsel der Jahreszeiten feierte, womit wir ein altes, universales Ritual aufgriffen. Indem wir die Macht der Liebe und die Macht der Schönheit in uns selbst offenbar werden lassen, akzeptieren wir den Wechsel und die Veränderung. Jede Jahreszeit ist von einer bestimmten Dauer, und wenn wir sie richtig leben und unsere Lektion aus ihr lernen, werden wir nicht an ihr festhalten. Wir werden unsere Reise des Erwachens fortsetzen und uns die Wahrheit jedes Augenblickes erschließen. Mit einem Ritual, das den Wechsel der Jahreszeiten feiert, läßt sich unsere Verbindung zur Erde wiederherstellen. Es kann ein einfaches Ritual sein: Sie können zum Beispiel die Besonderheiten der neuen Jahreszeit in Ihr Tagebuch eintragen oder eine Kerze anzünden. Vielleicht treffen Sie sich ja auch mit Freunden, um zu singen, zu tanzen und zu feiern.

Mit einfachen Ritualen will ich den Wechsel der Jahreszeiten und damit die Veränderung feiern. Denn nur die Veränderung kann uns weiterbringen und wachsen lassen, damit wir dem Zeitpunkt der Ernte näherkommen.

Wenn sich die emotionalen Einstellungen und Anschauungen der Frau verändern, wird sie effizienter handeln können. Ich spreche nicht von sachlichen, wirtschaftlichen oder sozialen Problemen, denn ich glaube, daß viele davon ohnehin lösbar sind, da Frauen klar denken und intelligente Lösungen finden können. Ich spreche davon, wie wichtig es ist, daß wir uns mit uns selbst auseinandersetzen, denn hier liegt eine Quelle der Kraft.

Anaïs Nin

Wenn wir damit beginnen, uns selbst zu erforschen, möchten wir anfangs alles unter Kontrolle haben; wir möchten unsere Bedürfnisse schützen. Wenn wir allerdings die Kontrolle haben wollen und uns deshalb als getrennt von einer Situation oder einer anderen Person betrachten, schaffen und erhalten wir Spannungen. Sobald wir diese Spannungen erkennen, können wir an ihnen arbeiten und sie werden sich von selbst auflösen.

Als meine Söhne noch klein waren, kam es vor, daß sie weinten und etwas haben wollten, das ich ihnen verweigern mußte. Wenn ich müde oder nervös war, fiel es mir besonders schwer, ruhig zu bleiben. Wenn ich innehielt, durchatmete und akzeptierte, daß ich frustriert war, weil ich nicht vernünftig mit meinen Kindern reden konnte, gelang es mir, ruhig auf sie einzugehen. Und die Kinder, die diese Ruhe spürten, begannen sich dann ebenfalls zu beruhigen.

Ich will mich selbst erforschen und meine inneren Spannungen akzeptieren, denn dadurch werden sie sich von selbst auflösen und ich werde voller Ruhe und Gelassenheit auf meine Umwelt eingehen können.

Halte mich, halte mich, laß mich niemals los. Halte mich wie ein Blatt am Ende eines Zweiges. Und wenn ich sterbe, laß mich fliegen, laß mich fliegen durch die Luft wie ein fallendes Blatt. Izetta Smith

Eine Freundin sang mir dieses Lied vor, als ich um meinen Vater trauerte. Es hat mich getröstet und ist heute eines meiner Lieblingslieder. Izetta Smith arbeitet mit Kindern, die einen Elternteil, einen Bruder oder eine Schwester verloren haben. Diese Worte bringen auf sanfte und wunderschöne Weise unser Dasein, unser Leben zum Ausdruck.

Können wir einander so leicht und doch so fest halten, wie ein Zweig ein Blatt hält? Das Blatt selbst ist ganz, aber es ist Teil des Zweiges, der wiederum zu einem Baum gehört. Das Blatt bleibt Teil des Baumes, bis der Kreis sich vollendet und es Zeit ist, daß der Baum seine Blätter verliert. Die Blätter fallen, mit Natürlichkeit und Anmut. Sie schweben davon. Der Baum versucht nicht, seine Blätter festzuhalten, aus Angst, daß er vielleicht niemals mehr neue bekommt. Darüber denkt er nicht nach. Die Blätter müssen abfallen: Das ist Teil des Kreislaufs, zu dem auch das Sterben gehört.

Ich weiß, daß alles Leben sterben muß. Ich weiß aber auch, daß das Sterben ein ganz natürlicher Prozeß ist, der zum Kreislauf des Lebens gehört.

Heutzutage scheinen alle Menschen in großer Eile zu sein, sie wollen mehr erreichen, reicher werden und so weiter, so daß schon die Kinder nur wenig Zeit für ihre Eltern haben. Die Erwachsenen haben wenig Zeit füreinander und so beginnen wir schon zu Hause, den Weltfrieden zu zerrütten.

Mutter Teresa

Wenn wir aufgeregt sind, wechseln unsere Empfindungen so rasch, daß wir uns nur der heftigeren Regungen, unseres Zorns, unseres Hasses oder unserer Trauer, bewußt werden. Wir bemerken die schnellen und unscheinbaren Stimmungswechsel gar nicht mehr, die dem Zorn vorangehen. Wenn wir uns aber Zeit nehmen, die Vorgänge in unserem Geist zu erforschen und uns mit ihnen vertraut zu machen, lernen wir allmählich, die vielen kleinen und großen Veränderungen wahrzunehmen. Mit etwas Übung erkennen wir, wann wir Freude empfinden, wissen, wann daraus ein Wunsch entsteht. Und wenn dieser Wunsch nicht erfüllt wird, haben wir die Möglichkeit, ihn bewußt loszulassen, so daß sich heftige Empfindungen wie Zorn gar nicht entwickeln können. Wir verwandeln uns in unsere eigenen Zeugen, in Beobachter unserer Seele. Wir sind nicht schlecht, weil wir Wünsche haben. Wir müssen nur lernen, diese zu erkennen und zu akzeptieren.

Ich will mir Zeit nehmen, meine Gefühle zu erforschen. Ich will alle Hast und Nervosität ablegen, damit ich all die kleinen Veränderungen in meinem Empfinden wahrnehmen und mich von meiner Angst, meinem Haß und Zorn lösen kann.

Wir sind miteinander verbunden. Der Begriff «Religion», vom Lateinischen «religio» bedeutet eigentlich Wiedervereinigung, bedeutet, daß wir miteinander verbunden sind, und zwar nicht durch eine Art Klebstoff, sondern durch unsere Menschlichkeit. Wir sind miteinander verbunden durch all die alltäglichen Dinge, durch die Demut und Menschlichkeit jeder Person, durch die Tassen und Untertassen und Serviettenringe, durch die «Macht des Kleinen», wie es das buddhistische «Buch der Wandlungen», das «I Ging», ausdrückt. M. C. Richards

Sich den alltäglichen Dingen widmen heißt, achtsam sein. Es bedeutet, daß wir allem, was wir tun, unsere volle Aufmerksamkeit schenken. Ein Kapitel im *I Ging* beschreibt jene Phasen des Lebens, in denen es unmöglich ist, eine große Veränderung unserer Umgebung oder unserer Situation zu bewirken. Der Erfolg wird sich allmählich einstellen, wenn wir die Gelegenheiten nutzen und uns in kleinen Schritten weiterentwickeln. Das erfordert Entschlossenheit und den Mut, innerhalb unserer Beziehungen offen und flexibel zu sein. Es ist gut, diesem Rat zu folgen. Wir vergessen, daß Veränderung nicht nur möglich, sondern unvermeidlich ist. Wir benötigen Demut und ein hohes Maß an Selbstwertgefühl, um gelassen hinnehmen zu können, daß Veränderung ein langwieriger Prozeß ist.

Ich erkenne gelassen, daß meine Entwicklung, meine innere Veränderung, nur ganz allmählich, in ganz kleinen Schritten erfolgen kann.

Fein säuberlich poliert, ist der Spiegel der Seele hell wie der Mond; in einem Korn kann sich das Universum offenbaren oder verstecken. Sun Bu-Er

Sun Bu-Er bringt mit dem Bild des Universums in einem Korn enormes Potential unseres Geistes zum Ausdruck. Spirituelle Übungen helfen uns, den Geist zu überwachen, so daß wir nicht mehr von unseren Wünschen oder Gefühlen beherrscht werden.

Die folgende Bewegungsübung festigt unsere Verbindung zur Mutter Erde: Stehen Sie auf und spreizen Sie Ihre Beine etwa hüftbreit. Machen Sie mit dem rechten Fuß einen Schritt nach vorn, so daß Ihre Füße jetzt etwa dreißig Zentimeter voneinander entfernt sind. Schieben Sie Ihr Becken nach vorne und beginnen Sie, Ihr Gewicht mit einer sanft wiegenden Bewegung von einem Fuß auf den anderen zu verlagern. Beugen Sie Ihr rechtes Knie, während Sie Ihr Gewicht nach vorne verlagern, und das linke Knie, während Sie Ihr Gewicht nach rückwärts verlagern. Halten Sie die Arme angewinkelt vor Ihren Körper, wobei Ihre Handflächen nach vorne zeigen. Strecken Sie Ihre Arme beim Ausatmen nach vorne. Drehen Sie Ihre Handflächen beim Einatmen nach oben, und nehmen Sie Ihre Arme wieder zum Körper, während Sie Ihr Gewicht auf den linken Fuß verlagern. Denken Sie daran, Kopf und Oberkörper zu entspannen und alle Bewegungen in Ihrem Bauch entstehen zu lassen.

Ich will lernen, Herrin über meine Gefühle und Gedanken zu werden, damit ich zur Einheit allen Lebens zurückfinden kann.

Nur Narren hüten Ihr Herz eifersüchtig wie einen Schatz. Du bist kein Narr. Dein Kummer und deine Sehnsucht bestätigen das. Deine Liebe sehnt sich danach, «Ja» zu rufen. Lynn Park

In einer Beziehung, wie liebevoll diese auch sein mag, gibt es häufig Bereiche, in denen wir uns zurückhalten. Das mag uns gar nicht bewußt sein, und sicher gibt es viele Gründe für ein solches Verhalten. Vielleicht wollen wir uns schützen, vielleicht haben wir Angst, nicht zu bekommen, was wir uns wünschen. Wir sind nicht zu geben bereit, solange wir nicht sicher sind, daß wir etwas ebenso Gutes oder noch Besseres dafür zurückbekommen. Wir halten uns zurück, weil wir fürchten, verlassen zu werden. Doch diese Zurückhaltung schützt uns nicht, sie schränkt uns nur ein. Nach und nach halten wir uns nämlich immer stärker zurück und werden uns des Risikos, einen anderen Menschen zu lieben, immer stärker bewußt.

Liebe, ob in einer Partnerschaft, einer Freundschaft oder anderswo, ist Magie. Wenn wir wenig lieben, bekommen wir wenig Liebe zurück. Wenn wir viel lieben, bekommen wir viel Liebe zurück. Wenn wir uns völlig hingeben, indem wir unser Herz ganz und gar öffnen, werden wir die Liebe selbst.

Ich weiß, daß es ein Risiko ist, einen anderen Menschen zu lieben. Dennoch will ich mich in meiner Liebe ganz hingeben, denn nur durch rückhaltlose Hingabe werde ich selbst Liebe werden.

Wir kosten die Ernte: in diesem Augenblick gerade noch grün, kurz davor, gelb zu werden, ein perfekter Apfel. Wir kosten Frost, Regen, Sonne, weiße Blütenpracht und das Fest der Bienen, kosten die Mühen der weiblichen Käfer, die den Baum sauber gehalten haben.

Elsa Gidlow

Nehmen Sie einen schönen, frischen Apfel oder irgendeine andere Frucht, die Sie mögen, und beginnen Sie mit einer stillen Zeremonie. Waschen Sie die Frucht sorgfältig. Schneiden Sie sie in Scheiben, und legen Sie diese liebevoll auf einen Teller. Schließen Sie Ihre Augen und atmen Sie tief durch. Öffnen Sie Ihre Augen wieder und lesen Sie den oben zitierten Text. Denken Sie an die Obstgärten und den Reichtum auf dieser Welt. Denken Sie daran, daß alles Leben miteinander verbunden ist, und an alles, was notwendig war, damit dieser Apfel reifen konnte. Nehmen Sie jetzt eine Scheibe des Apfels oder der Frucht, die Sie ausgesucht haben, führen Sie sie zum Mund, beißen Sie ein kleines Stück ab und legen Sie den Rest auf den Teller zurück. Beginnen Sie zu kauen. Kauen Sie voller Dankbarkeit für dieses Leben. Bedanken Sie sich für diesen kleinen Bissen mit einem Gebet. Denken Sie über jene Menschen nach, die nicht genug zu essen haben. Schließen Sie die gesamte Erde in Ihr Bewußtsein ein.

Ich will dankbar für alles sein, was ich empfange. Ich will an jene denken, die weniger haben als ich, an jene, die nicht einmal ihre Grundbedürfnisse befriedigen können, und für sie will ich beten.

Die Göttin ist Magie, sie verkörpert die subtilen Kräfte der Planeten, Monde und Sterne und die Macht, die tief in unserem Inneren wohnt. Sie befähigt uns, das zu erlangen, was wir brauchen, und das zu verbannen, was wir nicht mehr brauchen. Laßt uns deshalb zusammenkommen und uns mit den Kräften in uns und um uns vereinen, um den Tod und das Leben unserer selbst und dieser Welt zu bewahren. Shekhinah

Shekhinah ist eine heute lebende Priesterin, die uns mit diesen Worten daran erinnert, daß beides zum Leben gehört – das Gute wie das Schlechte. Allzu oft verdrängen wir nämlich das Bittere oder das, was wir als negativ empfinden. Wir wollen nur das Süße. Um das Leben voll und ganz zu erfahren, müssen wir jedoch alles willkommen heißen, den Tag und die Nacht, die Dunkelheit und das Licht.

Die Göttin verkörpert den Kreislauf des Lebens. Sie ist Geburt, Leben, Tod und Wiedergeburt. Wir mögen uns manchmal verloren fühlen oder die Lebensenergie der Göttin anzweifeln, wenn sie durch unsere Angst oder unseren Schmerz beeinträchtigt wird. Die Göttin ist Energie, eine harmonische Beziehung, ein offenes Herz, das uns das Leben voll und ganz, mit all dem Schmerz und all der Freude, erfahren läßt.

Ich erkenne und akzeptiere, daß Gutes und Schlechtes, Bitteres und Süßes, Helles und Dunkles, Geburt und Tod gleichermaßen zum Leben gehören. Die Göttin gibt mir Kraft zu dieser Erkenntnis und zu einem Leben in Freude und Offenheit.

Jetzt werden der verwilderte Garten und der verwahrloste Wald und der unerforschte, brachliegende Winter zur Quelle und zum wahren Reservoir: Suche in der Herbstblume nach meiner Liebe.
May Sarton

Es ist kein Zufall, daß die Menschen ein Drittel Ihres Lebens mit Schlafen verbringen. Wir brauchen dringend diese täglichen Perioden der Ruhe und der Erneuerung. Viel zu häufig gönnen wir uns nicht genug Schlaf, oder unser Schlaf wird gestört, weil wir nicht in der Lage sind, unseren Körper und unseren Geist zu entspannen. Wir müssen die Zeiten der Einsamkeit, der inneren Einkehr und der Ruhe genauso schätzen lernen wie unsere aktiven Phasen. Um zu wachsen und zu gedeihen, brauchen wir beides. Lassen Sie Ihren Körper und Ihren Geist in folgender entspannter Haltung ausruhen: Legen Sie sich auf den Boden, mit dem Gesäß nahe einer Wand, strecken Sie Ihre Beine nach oben und lehnen Sie sie gegen diese Wand. Lassen Sie Ihre Arme seitlich Ihres Körpers ruhen. Diese Position sollte bequem sein, so daß Sie sich völlig entspannen können. Denken Sie an nichts. Lassen Sie Ihren Geist sich entspannen, indem Sie sich auf Ihre Atmung konzentrieren. Lenken Sie Ihre Aufmerksamkeit ganz auf Ihren Atem. Verharren Sie zehn oder fünfzehn Minuten lang in dieser entspannten Position.

Ruhe, Entspannung und innere Einkehr sind wichtig für mein inneres Gleichgewicht. Ich will deshalb darauf achten, daß ich genügend schlafe und immer wieder Entspannungsübungen mache.

Gott spricht: Wenn du über die Lust der Welt kommst und die Versuchung des Teufels und über den Überschwang des Fleisches und über den verderbten Eigenwillen und wenn du alle deine schlimmsten Feinde niedergeschlagen hast, dann bist du so müde, daß du sprichst: «Schöner Jüngling, mich gelüstet nach dir, wo soll ich dich finden?»

Mechtild von Magdeburg

Göttinnen, Götter, Dämonen und Teufel sind alles Mächte, die in unserem Inneren wohnen. Sie lassen uns entweder die eigene Göttlichkeit erkennen – die Liebe, die Freude und den Sinn und Zweck unseres Daseins – oder sie versperren uns die Sicht. In jedem von uns steckt das Potential, zu erkennen, daß wir alle einer unteilbaren Einheit entstammen. Ob wir diese Reise unternehmen oder nicht und wie lange wir dafür brauchen, liegt an uns. Wir können stehenbleiben und uns immer wieder den vielen Ablenkungen auf unserem Lebensweg zuwenden oder wir können unsere Energie sammeln und einen direkteren Weg einschlagen.

Gebete, Meditation und Achtsamkeit bilden eine solide Grundlage für ein spirituelles Leben. Es erfordert sehr viel innere Stärke, um ruhig und mitfühlend zu bleiben, wenn wir auf Widerstand stoßen. Wenn unser Geist ruhig wird, nimmt der Eigenwille jedoch ab und wir gewinnen Abstand, es entstehen Weisheit und Mitgefühl.

Mein Weg zur anfänglichen Einheit allen Lebens wird kürzer sein, wenn ich Achtsamkeit übe, meditiere und bete. Denn in der Meditation und im Gebet finde ich die notwendige Stärke, um ruhig und gelassen zu werden.

Hingabe ohne Erkenntnis kann uns nicht befreien. Aber Erkenntnis ohne Hingabe ist, als ob man Steine essen würde. Erst die Hingabe ermöglicht es uns, die Früchte von Anfang an zu genießen und Glückseligkeit in jeder Tat zu finden.
Amritanandamay Ma

Eine meiner spirituellen Lehrerinnen erzählte uns einmal eine Geschichte über ihre Ausbildung in Indien. Während der indische Lehrer seinen Vortrag hielt, kamen die Schüler und Schülerinnen, knieten vor ihm nieder und legten Blumen auf und vor seine Füße. Dann berührten sie diese als Zeichen ihrer Ehrerbietung mit der Stirn. Der Lehrer setzte dabei seinen Vortrag fort, als ob nichts wäre. Eine Frau aus dem Westen war bestürzt darüber. Sie hielt den Lehrer für selbstgefällig. Warum reagierte und bedankte er sich nicht bei seinen Schülern? Auch meine Lehrerin verstand dieses Verhalten nicht. Sie, die erpicht darauf war, alles zu lernen, saß Tag für Tag in der ersten Reihe. Eines Tages gab der Lehrer ihr ein Zeichen und deutete auf seine Füße. Zuerst war sie verlegen und verwirrt. Aber als sie sich hinkniete und die Blumen auf seine Füße legte, erkannte sie, daß sie sich vor dem Göttlichen verbeugte und nicht vor dem Lehrer persönlich. Mit ihrer Verbeugung gab sie sich dem Göttlichen hin und öffnete sich ihm.

Um wirklich erkennen zu können, will ich mich dem Göttlichen hingeben. Indem ich mich vor ihm verbeuge, erschließt sich mir die Quelle des Lebens.

Tore sind heilig für Frauen, denn wir selbst sind die Tore des Lebens und müssen entscheiden, was hereinkommt und was hinausgeht. Freiheit ist unser wahrer Reichtum.

Marge Piercy

Der Körper der Frau ist für das Leben geschaffen, dazu, Kinder zu gebären und zu ernähren. Ob wir nun selbst Kinder haben oder nicht, wir sind die Mutter und die Schöpferin unseres eigenen Lebens. Unsere Freiheit und unser Reichtum bestehen nicht nur darin, daß wir die Möglichkeit haben, zu wählen und Änderungen herbeizuführen. Unsere größte Freiheit besteht darin, auf Lebenssituationen eingehen zu können, anstatt bloß auf sie zu reagieren. Solche Reaktionen sind immer mit Spannungen verbunden; der Geist, der reagiert, ist voller Eigeninteresse. Eine Frau, die auf eine Situation eingehen kann, hat ihre Energie freigesetzt, sie hält nicht an ihrer Vorstellung fest, wie die Dinge sein sollten. Sie ist offen für ein breites Spektrum an Möglichkeiten und mißt dem Ergebnis keinen Wert bei. Sie geht lediglich auf Bedürfnisse ein.

Als Frau bin ich heilig, da ich die Schöpferin allen Lebens bin. Ich habe die Macht und die Freiheit, auf alles einzugehen, was das Leben mit sich bringt, und vor allem darauf, die Bedürfnisse anderer zu erkennen und zu stillen.

Wenn ich in den Herbstfeldern wilde Orchideen ausgrabe, dann sind es die tiefsitzenden Wurzeln, die ich begehre, nicht die Blüten. Izumi Shikibu

Blumen haben eine unglaubliche Macht. Ihre zerbrechliche Schönheit und ihr kurzes Leben lehren uns, etwas zu genießen, ohne daran festzuhalten, etwas bewußt zu erleben und gleichzeitig zu wissen, daß es nicht von Dauer ist. So ist das mit allem im Leben. Unsere Freuden sind vergänglich. Wir sind frei, wenn wir in der Lage sind, sie zu genießen, ohne an ihnen festzuhalten, wenn wir in der Gegenwart leben, ohne uns wehmütig an die Vergangenheit zu erinnern oder der Zukunft entgegenzufiebern. Nicht das Vergnügen selbst wollen wir auf unserem spirituellen Weg aufgeben, sondern unsere Abhängigkeit davon. Das Leben ist voller Freude und voller Sorgen; das wahre Leben schöpfen wir aus unserem inneren Quell, ohne an Vergnügen oder Schmerz festzuhalten.

Ich freue und vergnüge mich, aber ich kann Freude und Vergnügen auch loslassen. Bin ich traurig, klammere ich mich nicht an meine Trauer.

Oktober

Es ist das Blut unserer Ahnen, das durch unsere Adern fließt. Die Formen vergehen, doch der Kreis des Lebens bleibt bestehen.

Ellen Klaver

Singen Sie dieses Lied. Lassen Sie es immer und immer wieder in Ihrem Herz und Ihrem Geist kreisen. Es erinnert uns daran, daß wir ständig mit der Vergangenheit verbunden sind. Und wir können die Weisheit unserer Vorfahren nutzen. Beobachten Sie die Natur, um dies zu erkennen: Unser Körper besteht aus den vier Elementen Erde, Luft, Feuer und Wasser, die sich im Tod auflösen, nur um sich ständig aufs neue wiederzuvereinen.

Betrachten Sie einen Baum und beobachten Sie, wie er blüht und austreibt. Allmählich verwelken die Blätter und sterben. Und wenn die Zeit gekommen ist, sprießen die Knospen wieder. Die Sonne scheint, die Blätter werden grün, der Kreis des Lebens bleibt bestehen. Diese tiefe und niemals endende Verbundenheit allen Lebens stärkt uns. Wir können in sie eintauchen. Wir sind immer ein Bestandteil des Kreises, wir haben es nur vergessen: Unser kurzsichtiger Geist sagt uns, daß wir allein sind; und wir glauben nur, was wir mit eigenen Augen sehen können.

Ich öffne meine Augen der weisen Erkenntnis, daß ich in immerwährender Verbindung zu der Vergangenheit und meinen Ahnen stehe. Ebenso bin ich mit jenen verbunden, die nach mir kommen werden.

Zögern und Zurückhaltung ermöglichen Nächstenliebe und Güte. June Jordan

In einer Gesellschaft, in der das Ich an erster Stelle steht, lernen wir, unsere Wünsche zum Ausdruck zu bringen, damit sie erfüllt werden, und wir sind empört, wenn uns etwas versagt wird. Jeder kennt den darauffolgenden Kummer oder Schmerz, der letztlich in Zorn und Aggression endet. Aber Wut und Empörung werden die Gewalt in der Welt nicht mindern. Nur Disziplin und Zurückhaltung machen Güte möglich. Obdachlose, mißhandelte Kinder und Frauen, Tausende, die täglich verhungern – das alles macht uns wütend und unglücklich. Wie können wir die notwendigen Veränderungen bewirken und Ungerechtigkeiten verhindern? Indem wir die Zeiten des sozialen Engagements sich mit Phasen der Einsamkeit, der Meditation und der Kontemplation abwechseln lassen. Wenn wir bereit sind, einfach dazusitzen und zu beobachten, wie sich unsere Empörung und unser Zorn anfühlen, läßt beides langsam nach und wir empfinden statt dessen Gelassenheit und Freude. Daraus erwächst Nächstenliebe.

Indem ich Disziplin übe, mich zurückhalte und mich nicht dem Zorn und der Empörung hingebe, schaffe ich Raum für Nächstenliebe und wahre Veränderung.

Als die schwarze Köchin nach ihren Rezepten gefragt wurde, sagte sie: «Ich kann Ihnen die Rezepte geben, aber Kochen ist wie Religion. Ein Kochrezept macht noch keinen Koch, so wie Gebete keinen Heiligen machen.»

Leah Chase

Die Worte der alten Köchin sind Ausdruck eines wirklich erfüllten Lebens. In der westlichen Kultur werden wir dazu erzogen, klare Erwartungen an unser Leben zu stellen. Wir folgen strengen Regeln, so als ob wir großartige Köche werden könnten, wenn wir nur das Rezept so gewissenhaft wie möglich befolgen. Das ist aber eine Illusion. Wir leben in einer Kultur, in der es auf die Verpackung und auf den Konsum ankommt. Geblendet von allerlei Äußerlichkeiten gehen wir den Dingen nicht auf den Grund.

Die Worte von Leah Chase machen uns demütig. Sie rufen uns dazu auf, unsere Augen der Schönheit und Einfachheit des Lebens zu öffnen, anstatt nach falschem Glanz zu streben. Sie führen uns zur Mitte unseres Herzens zurück.

Das Leben ist kein Kochrezept. Ich will versuchen, mit dem Herzen zu sehen und mich nicht auf starre Regeln zu verlassen.

Mühe lohnt sich. Wenn wir uns nur ein wenig mehr bemühen als zuvor, erweitern wir unseren Geist, und wenn wir ihn ständig erweitern, bleibt er offen und frei. Wenn wir nicht nachlassen in unserem Bemühen, wird er schließlich immer in diesem Zustand bleiben. Er wird biegsam, formbar werden und sich ausdehnen. Er wird in der Lage sein, das Ganze zu sehen und nicht nur jenes stecknadelkopfgroße Fleckchen im Universum, auf dem wir leben.

Ayya Khema

Als meine Kinder noch klein waren, sagte eine Bekannte zu mir: «Wenn man Babys ihr Essen selbst aussuchen ließe, würden sie sich instinktiv ausgewogen ernähren.» Das läßt sich nicht anhand einer einzigen Mahlzeit verifizieren. Erst nach mehreren Tagen können wir beurteilen, ob diese Aussage stimmt. Mit der Meditation ist es ähnlich. Nicht während jeder Sitzung sind wir konzentriert oder achtsam. Vielleicht sind wir manchmal unruhig oder müde oder neigen zum Grübeln. Wenn wir allerdings weiter jeden Tag meditieren und dann auf eine längere Zeitspanne zurückblicken, beginnen wir, Veränderungen zu erkennen. Was einst nur eine flüchtige Erkenntnis während einer kurzen Meditationsphase war, ist zu unserem täglichen Bewußtsein geworden. Unser Geist dehnt sich aus und die kleinen Veränderungen werden immer zahlreicher und spürbarer.

Wenn ich diszipliniert Tag für Tag meditiere, vollzieht sich die Veränderung langsam, aber ganz automatisch.

Willst du das Geheimnis verstehen, beobachte deinen Geist. Ist die Angst gelindert, kann der Geist klar denken. Singe von Gleichmut, erwache mit Gelassenheit. Stehe zu deiner Stimme und Wahl. Locke den mächtigen Traum an: Erleuchtete Welt, strahlender Frieden.

Dhyani Ywahoo

Woran ich mich am besten erinnere, als ich Dhyani Ywahoo zum ersten Mal traf, waren der Frieden, die Freude und die Gelassenheit, die von ihr ausgingen. Ich fühlte mich sehr glücklich. Ich spürte, wie alle meine Sorgen und mein Kummer verschwanden. Es gab nichts auf dieser Erde, was ich mir wünschte oder brauchte. Mir war, als sei alles in diesem Universum gut und nützlich und als müßte niemand mehr verzweifeln. Jenes Gefühl hielt, wie alle Gefühle, nicht an. Aber ich hatte die Freiheit kennengelernt und ich hatte eine Möglichkeit gefunden, sie wiederzuerlangen.

Der Frieden, den Dhyani ausstrahlt, steht uns allen zur Verfügung. Er entstammt einem geschulten Geist, einem Geist ohne Konflikte. Die klassische indische Mystik beschreibt den Geist als einen See. Bei den meisten Menschen, deren Geist ungeschult ist, ist das Wasser ständig aufgewühlt. Zorn, Gier, Angst und Selbstsucht sorgen dafür, daß es in Bewegung bleibt. Selbst wenn die Oberfläche ruhig wirkt, ist das Wasser darunter trüb. Wenn der Geist geschult ist, wird der See still und klar

Auch ich besitze die Fähigkeit, Frieden, Freude und Gelassenheit zu erlangen. Der sicherste Weg dahin ist die Schulung meines Geistes.

Ich, wir, Mütter, Schwestern, Geliebte, unendlich klein außerhalb unserer Unermeßlichkeit, doch auch unsere Wurzeln können Felsen sprengen, die Felsen der Starrheit und Unterdrückung im Umgang mit den Menschen.

Elsa Gidlow

Wir legen Wert auf unsere Individualität, weil wir glauben, daß sie alles ist, was uns ausmacht, alles, was wir haben. Je mehr wir unser kleines Ich aber loslassen, desto mehr öffnen wir uns dem größeren Ich. Wenn wir unserer eigenen Person weniger Bedeutung beimessen, entwickeln wir uns weiter und unsere Wurzeln dehnen sich aus, reichen tiefer in die Erde hinab, in die Unermeßlichkeit unseres Seins.

Machen Sie folgende Übung, um von einer Ansicht oder einem Verhaltensmuster, an dem Sie starr festhalten, loszukommen: Stellen Sie sich vor, Sie schwimmen im Ozean. Stellen Sie sich vor, wie Sie sich ausdehnen und öffnen, wie sich Ihr Bewußtsein der Unermeßlichkeit des Meeres erschließt. Stellen Sie sich vor, wie die Wellen sanft auf die Küste zurollen und sich wieder zurückziehen. Was einst ein großer Felsen war, ist kleiner und kleiner geworden, ein winziger Kieselstein und schließlich ein Sandkorn. Ihr Geist wird leicht und dehnt sich aus. Halten Sie nicht an Ihren Erwartungen fest. Lassen Sie los.

Ich will mich nicht an mein kleines Ich klammern, sondern mein Bewußtsein immer weiter ausdehnen, bis ich zur Unermeßlichkeit des Seins gefunden habe und die Größe des Lebens erkenne.

Dann sprach der Brunnen zu mir. Er sagte: Überfluß wird aus Überfluß geschöpft, doch Überfluß bleibt bestehen.

Anne Sexton

Niemand kann uns Erleuchtung, Freude oder Frieden schenken. Diese Dinge finden wir aber alle in uns selbst, egal wie unvollkommen wir bisher waren: Wenn wir tief genug graben, kommen sie zum Vorschein. Und nie werden die Freude, der Frieden und das Licht versiegen. Sie sind im Überfluß vorhanden – je häufiger wir sie zum Ausdruck bringen, desto stärker erfüllen sie uns.

Die folgende Übung kann Ihnen helfen, Energie aufzunehmen und sich wieder mit dem Universum zu verbinden. Setzen Sie sich ruhig hin und stellen Sie sich vor, Sie befänden sich an einem friedlichen, erholsamen Ort neben einem tiefen Brunnen. Lassen Sie den Eimer hinunter, um ihn mit klarem, kühlen Wasser zu füllen. Nehmen Sie die Kelle und trinken Sie soviel Wasser, wie Sie möchten. Dieser Brunnen wird niemals versiegen. Lassen Sie zu, daß das reine Wasser Ihren Durst nach Freiheit, Gerechtigkeit und Frieden löscht. Erfrischt und erholt werden Sie nun die Herausforderungen des täglichen Lebens meistern können.

In meinem Innern wohnen Erleuchtung, Freude und Frieden. Ich muß sie nur aus der Dunkelheit hervorholen. Und je öfter ich dies tue, desto mehr Raum werden sie einnehmen. Denn sie sind auf immer und ewig im Überfluß vorhanden.

«Begreifen» ist bei dieser Frau der falsche Ausdruck. «Sich einfühlen» – das beschreibt, was wir tun. Wir versuchen, uns in sie hineinzuversetzen. Wir begreifen sie nicht einfach. Wir schlüpfen in ihre Haut.

Judy Grahn

Judy Grahn spricht von Gertrude Stein, aber sie könnte über irgendjemanden, irgend etwas sprechen. Wenn wir etwas begreifen, unterscheiden wir zwischen uns und diesem Etwas. Es ist außerhalb unserer selbst. Um uns in etwas *hineinzuversetzen*, müssen wir uns damit identifizieren. Wir dürfen es nicht als getrennt von uns betrachten. Wir müssen uns ihm öffnen und ganz in ihm aufgehen. Zu lernen, sich in etwas hineinzuversetzen, ist sehr wichtig, denn allzu oft in unserem Leben sind wir so von unseren eigenen Ideen überzeugt, daß wir uns weigern, eine andere Perspektive gelten zu lassen. Nehmen Sie sich heute die Zeit, darüber nachzudenken, ob Ihre Ansichten Sie daran hindern, eine tiefere Weisheit zu entdecken.

Ich will meine Umwelt nicht nur begreifen, sondern versuchen, mich ganz in andere Menschen und Lebewesen einzufühlen, hineinzuversetzen. Denn meine eigenen Ansichten und Meinungen sollen mich nicht daran hindern, wahre Weisheit zu erlangen.

Ich kochte eine Suppe heute abend, und all meine Vorfahren tanzten mit der Gerste, den Bohnen, den Knochen und den Knorpeln und reicherten die Brühe an; und die Frauen fügten Liebe und alte Weisheiten hinzu, ihr Wissen war das Salz und der Pfeffer: Geheimnisse, die Ritual und Vermächtnis sind. Elsa Garcia

Jede Handlung wird zu einem Ritual, wenn wir sie bewußt ausführen, auch wenn sie nur ein kleiner Bestandteil unseres täglichen Lebens ist. Aufmerksamkeit und Genauigkeit machen jede kleine Tat zu einem großen Ganzen. Meditationsseminare mit ihren langsam vergehenden Tagen, die wir in Einfachheit verbringen, helfen uns, Achtsamkeit zu entwickeln. Wir erkennen, daß es nichts gibt, das nebensächlich ist. Indem wir offener und achtsamer werden, lassen wir uns weniger ablenken. Wenn unser Geist friedlich ist und keine sich widersprechenden Gedanken hervorbringt, ist unsere Energie stark. Alles wird einfach, wieviel wir auch zu tun haben. Jeder Augenblick, den wir bewußt erleben, ist erfrischend und neu. Und wir erkennen, daß diese Welt heilig ist.

Auch die kleinste Handlung in meinem alltäglichen Leben ist wichtig und bedeutsam. Deshalb will ich mich allem, was ich tue, mit Aufmerksamkeit widmen und alle Handlungen ausführen, als wären sie Rituale.

Aber denke daran, die alten Streitigkeiten unter dem Kompost zu vergraben. Vergib jenen, die dich beleidigt haben. Vergib dir selbst dafür, daß du im Unrecht warst. Du wirst es wieder sein, denn das Leben folgt keiner geraden Linie und schon gar nicht diese Reise, die uns hin und her, im Zickzack führt, dich dort-, mich hierhin; so gehen wir jeder unseren eigenen Weg, wie die Schnecke.

Marge Piercy

Es gibt eine bestimmte Zeremonie, mit der die Indianer Freundschaft schließen. Es ist ein Ritual der Vergebung, an dem die ganze Gemeinde teilnimmt. Dabei geht man an das Ufer des Flusses und wirft siebenmal eine Handvoll Wasser über die Schulter in den Fluß. Das soll Gewohnheiten oder Gedanken, die dem Wachstum hinderlich sind, fortwaschen. Alle Mitglieder der Gemeinde vergeben jenen, die ihnen Schaden zugefügt haben, und bitten die um Vergebung, denen sie selbst geschadet haben. Jetzt sind sie bereit, das Jahr neu zu beginnen.

Zur Zeit des Matriarchats war geweihtes Wasser ein wichtiges Symbol der Fruchtbarkeit und Kreativität. Erinnern wir uns an die heilende Kraft des Wassers, segnen wir uns selbst mit Weisheit und Frieden, indem wir uns und anderen vergeben. Dazu werde ich mir ein einfaches Wasserritual ausdenken und es ausführen, wann immer es mir notwendig erscheint.

Ich werde immer wieder Unrecht erfahren und Unrecht zufügen. Um so wichtiger ist es, daß ich immer wieder allen Menschen wie auch mir selbst vergebe und von neuem beginne.

Die Liebe sorgt sich, daß dein Herzschlag niemanden töten möge.
Alice Walker

Wahre Liebe richtet niemals Schaden an. Wenn wir mit der Liebe eins sind, gibt es keinen Platz für Unrecht, denn wir haben keine Angst mehr. Ohne Angst brauchen wir niemanden zu verletzen. Allzu viel von dem, was als Liebe bezeichnet wird, ist identisch mit Festhalten, mit Habgier, mit dem Versuch, jemandem zu gefallen oder etwas zu bekommen. Wenn Sie das nächste Mal den Impuls verspüren, eine kritische oder feindselige Bemerkung zu machen oder jemandem etwas Schlechtes zu wünschen, halten Sie inne. Atmen Sie ein paar Mal tief durch und besinnen Sie sich auf die Energie der Liebe. Stellen Sie sich vor, daß Sie mit jedem Atemzug Liebe einatmen und sie verströmen, während Sie ausatmen. Es mag schwierig sein, die eigene Wut zurückzuhalten – besonders, wenn Sie bislang Ihre ganze Mühe darauf verwandt haben, überhaupt erst einmal zu erkennen, daß Sie durchaus Wut empfinden dürfen. Sie sollen die Wut bemerken und spüren und sich dann entscheiden, sie in positive Energie umzuwandeln.

Wenn ich Wut empfinde, will ich ihre Energie in Liebe umwandeln: in wahre Liebe, die selbstlos ist und nie jemandem ein Leid zufügen wird.

Mit den vereinten Kräften unserer Phantasie können wir eine Zukunft schaffen, in der für uns alle Platz ist, in der es keine Abgrenzungen und Ungleichheiten mehr gibt. Und weil unsere Lesben- und Homosexuellengemeinschaft alle Grenzen überschreitet, wenn wir uns eine gemeinsame Zukunft vorstellen können, uns selbst treu und offen unsere Liebe offenbarend, werden wir der Welt auch zu zeigen imstande sein, wie eine Gemeinschaft aussieht, in der alle Menschen frei sind. Minnie Bruce Pratt

Homosexuelle Menschen machen uns Mut, Unterschiede wahrzunehmen. Jeder von uns hat Angst vor allem, was anders ist, ob es sich nun um die Hautfarbe, die Rasse, die sexuelle Neigung, die soziale Klasse oder die Religion handelt. Damit wir uns ändern, müssen wir unser Herz öffnen und Angst und Vorurteile fahren lassen. Unterschiede akzeptieren heißt nicht, daß wir jeden mögen oder ein Verhalten tolerieren müssen, das wir als beleidigend empfinden. Es bedeutet einfach, daß wir auf unsere eigenen oder die Vorurteile anderer nicht reagieren.

Verbringen Sie heute zehn Minuten damit, sich jemanden vorzustellen, von dem Sie glauben, daß er völlig anders ist als Sie. Stellen Sie sich vor, allumfassende Liebe einzuatmen und diese Liebe durch Ihr Herz auszuatmen. Sehen Sie dem Menschen Ihrer Vorstellung dabei in die Augen.

Ich weiß, daß mir Andersartigkeit angst macht, aber ich weiß auch, daß ich den Mut aufbringen kann, um mich dem anderen, dem Fremden zu stellen und ihm Liebe entgegenzubringen.

Gesegnet das Streichholz, das verbrennt, um Feuer zu entfachen. Gesegnet die Flamme, die tief und beständig in unserem Herzen lodert. Gesegnet das Herz voller Kraft, das aufhört zu schlagen, um der Ehre willen. Gesegnet das Streichholz, das verbrennt, um Feuer zu entfachen.

Hannah Senesh

Hannah Senesh ist eine Nationalheldin Israels, eine Schriftstellerin und Märtyrerin. Während des Zweiten Weltkriegs lebte sie in der damaligen Sicherheit Palästinas, aber sie meldete sich freiwillig, um Juden die Flucht aus ihrem Heimatland Ungarn zu ermöglichen. Sie wurde von den Nazis gefangengenommen, hielt Gefängnis und Folter stand und wurde im Alter von dreiundzwanzig Jahren hingerichtet. Ihre Worte erinnern an die Macht und den Kreislauf der Liebe: Das Streichholz ist ein Symbol für das, was die Liebe in unserem Herzen zum Brennen bringt. Das kann beispielsweise ein Mensch sein, der uns mit seinem Leben oder seinen Worten tief berührt und inspiriert. Wenn das Herz in seinem Körper aufhört zu schlagen, bleibt die Energie der Liebe bestehen und bringt eine neue Flamme zum Brennen. Hannah Senesh wurde von Menschen getötet, die erfüllt waren von Haß und Gewalt, aber die Liebe in Hannahs Herz besteht fort, und ihre Macht entzündet die Feuer des Mitgefühls in unserer heutigen Welt.

Ich will mich an der leidenschaftlichen Liebe anderer Menschen entzünden, damit auch ich Liebe verbreiten kann.

Das reifende Feld, das regungslos in der Sonne liegt, scheint das Symbol für den Frieden schlechthin zu sein. Wenn der Wind dann noch sanft darüber streicht, scheint er sich vor dem Frieden zu verneigen und uns zu zeigen, daß die gesamte Schöpfung einen Sinn hat.

Rachael Peden

Mystiker jeder spirituellen Tradition sprechen aus ihrer eigenen, unmittelbaren Erfahrung, wenn sie sagen, daß wir mit der Macht, die das Universum erschaffen hat und erhält, eins sind. Die indischen *Upanishaden* sagen aus, daß in der Macht der Natur die weit eindrucksvollere Macht des menschlichen Bewußtseins zum Ausdruck kommt. Das Vergnügen, das uns die Natur bereitet, ist nur ein Vorgeschmack der Glückseligkeit, die wir erfahren können, wenn wir unser Herz völlig öffnen. Der Frieden, den wir in unserem Geist und unserem Herzen erleben können, ist weit stärker als jenes andere Gefühl, das in uns entsteht, wenn wir Felder sehen, die im Sonnenschein reifen. Es ist für jeden von uns möglich, diesen völligen Einklang mit allem zu erleben. Das ist der Zweck, für den wir geboren werden und den wir automatisch anstreben.

Ich beobachte die wogenden Felder und spüre den Hauch des Friedens. Ich weiß, daß in mir selbst ein weit umfassenderer Frieden vorhanden ist, der mich eins werden läßt mit allem Sein.

Die Wahrheit lebt nicht an der Oberfläche – noch nicht. Wir sind noch nicht transparent. Die Wahrheit ist geheimnisvoll. Sie lebt in der Tiefe und umfaßt zwei Bereiche, das Sichtbare und das Unsichtbare, wie ein Samen. Deshalb müssen wir darin geschult werden, unser Wissen auf diese beiden Bereiche auszudehnen. Und deshalb fordern uns unsere Lehrer auf, das Widersprüchliche, das Gegensätzliche zu erleben, ein seelenvolles Bewußtsein in uns zu erwecken, Phantasie, Inspiration und Intuition, die den Weg des Wissens zwischen dem Menschen und dem Universum darstellen. M. C. Richards

In einigen Meditationsseminaren machte ich mit meinen Schülerinnen Zeichenübungen. Ich habe sie aus meiner Zeit als Kindergärtnerin übernommen. Damals verwendeten wir Zeitungspapier; die Kinder sollten sich gegenseitig skizzieren, so daß jedes Kind ein lebensgroßes Bild von sich haben würde. Während der Seminare zeichneten nun die Frauen einander. Sobald jede einen lebensgroßen Umriß von sich hatte, führten wir eine Visualisierungsübung für unsere *Chakras* durch, die Energiezentren entlang der Wirbelsäule. Wir schauten ein Chakra nach dem anderen an und ließen Farben, Bilder und Symbole in uns aufsteigen, die dieses Chakra repräsentierten. Nach der Visualisierung nahm jede Frau ihre Skizze und zeichnete die Symbole und Bilder ein, die sie gesehen hatte. Diese Übung half uns, unsere innere Wahrheit zu erkennen und uns bewußt zu werden, daß wir ständig wachsen und uns verändern.

Ich weiß, daß die Wahrheit tief in meinem Inneren existiert.

Das Schreiben ist eine Übung für mich. Es erfordert diese Art täglicher Wiederholung und Einsamkeit – erfordert, daß ich mit mir allein bin, mir meines Körpers, meiner Gedanken, meiner Entwicklung bewußt bin. Und da mir das Meditieren alles bewußter werden läßt, werden mir die Fortschritte in meinem Schreiben klarer.

Susan Griffin

Übung und Wiederholung sind in diesem Zitat die Schlüsselworte. Wenn wir üben, wiederholen wir eine Tätigkeit immer wieder. In einer Kultur, in der uns so viele Aktivitäten und Erfahrungsmöglichkeiten zur Verfügung stehen, laufen wir Gefahr, uns rasch zu langweilen und von einem Erlebnis zum nächsten zu eilen. Wir durchdringen niemals die Oberfläche. Es fehlt uns die nötige Disziplin, um von der Langeweile zur leidenschaftlichen Verbindung mit allem Leben zu finden. Unsere Langeweile unterdrückt diese leidenschaftliche Verbindung. Deshalb müssen wir disziplinierter werden. Disziplin hat nichts mit Bestrafung zu tun. Sie bedeutet Mut: den Mut, zu üben und eine Aktivität so lange zu wiederholen, bis wir sie mit Vollkommenheit ausführen.

Durch wiederholtes Üben und viel Disziplin werde ich allmählich meine Gedanken, Gefühle und Bewegungen meistern lernen und eins werden mit allem Leben.

Liebe hat nichts mit dem zu tun, was man zu bekommen erwartet, sondern mit dem, was man zu geben bereit ist – nämlich alles. Was man zurückbekommt, ist von Fall zu Fall verschieden. Aber es steht in keinem Zusammenhang mit dem, was man gibt. Man gibt, weil man liebt und nicht anders kann. Wenn man sehr viel Glück hat, schenkt einem der andere ebenfalls seine Liebe. Das ist herrlich, aber es geschieht keineswegs zwangsläufig.

Katherine Hepburn

Wir beginnen unsere Suche nach Liebe mit einer Menge selbstsüchtiger Wünsche. Wir versuchen, zu bekommen, was wir selbst geben, also schenken wir dem anderen unsere Zuneigung und hoffen, den gewünschten Gegenwert zu erhalten. Aber Liebe ist kein Konto bei der Bank. Sie trägt keine Zinsen. Katherine Hepburn teilt mit uns das Geheimnis der bedingungslosen Liebe. Wenn wir wahrhaft lieben und mit ganzem Herzen zu geben bereit sind, haben wir keine Erwartungen und erhoffen uns keine Belohnung. Üben Sie wahre Liebe, indem Sie gegen Ihre eigenen selbstsüchtigen Wünsche ankämpfen. Fragen Sie nicht: Was kann ich bekommen? Fragen Sie: Was kann ich geben? Allmählich wird Ihre Fähigkeit zu lieben zunehmen, bis Sie Liebe geben, weil es Ihrer wahren Natur entspricht, so wie es der Natur der Rose entspricht, ihren Duft zu verströmen.

Ich will lieben um der Liebe willen und als Ausdruck eines persönlichen Bedürfnisses. Ich erwarte keinen Dank und keine Gegenliebe, sondern liebe einfach aus einem übervollen Herzen.

Abhängig zu sein ist eine Art Schutz; nicht abhängig zu sein ist Tapferkeit, Mut. Pema Chödrön

Viele Menschen in unserer westlichen Kultur sind stolz darauf, wie unabhängig sie sind. Es ist einfach für uns, allein zu reisen, zu leben, zu arbeiten und gesellschaftlich aktiv zu sein. Wenn wir innehalten und über unsere sogenannte Unabhängigkeit nachdenken, sind wir vielleicht überrascht: Denn was wäre, wenn wir kein Auto oder keine Kreditkarte oder nicht all die Annehmlichkeiten hätten, die für uns selbstverständlich sind? Immer wenn wir von irgendeiner Äußerlichkeit abhängig sind, von einer Beziehung, von materiellen Werten, von unserer Arbeit, unseren Ansichten oder unserer Lebensweise, die für uns selbstverständlich geworden ist, haben wir uns unbewußt eine Falle gestellt. Denn wenn sich die Umstände ändern – wie unabhängig sind wir dann?

Ich will darüber nachdenken, von welchen Äußerlichkeiten ich abhängig bin, und versuchen, mich von ihnen zu lösen. Ich bin mutig genug, diesen Schritt in die Unabhängigkeit und Freiheit zu wagen.

Ob schwarz wie die Nacht oder rot wie der Ton, ob golden wie die Sonne oder braun wie die Erde, grau wie der Nebel oder weiß wie der Mond, meine Liebe zu Dir ist der Grund für meine Geburt. Holly Near

Unser Planet ist voller verschiedener Völker, Rassen und Nationen. Uns alle vereint der Funken der Liebe in unseren Herzen. Wenn wir uns dieser Liebe öffnen, öffnen wir uns der Schönheit der Welt, der Schönheit der vielen Hautfarben, der vielen Traditionen. Unsere Liebe will hinaus ans Licht. Die Angst vor allem, was anders ist, die Gier und der Haß, die unser Leben beherrschen, können umgewandelt werden. Wir können unsere Angst vom Feuer der Liebe verbrennen lassen. Wir alle haben etwas zu lehren und etwas zu lernen. Wir haben alle eine gemeinsame Heimat, den Planeten Erde. Wir haben unsere Menschlichkeit gemein und den Wunsch, glücklich zu sein und nicht zu leiden. Wir können das Leben auf diesem Planeten nicht erhalten, ohne dies zu erkennen. Um der Erde Frieden zu bringen und ihre wertvollen Ressourcen zu schützen, müssen wir zusammenwachsen und zusammenarbeiten.

Ich will mich der Liebe öffnen, denn sie läßt mich die Vielfalt des Lebens erkennen und schätzen. Und diese Vielfalt will ich erhalten und schützen, denn so erhalte ich das Leben selbst.

Wenn du weder wütend noch freudig bist, fließt deine Energie harmonisch; lebe in der Gegenwart, laß das Leben auf dich zukommen, so wie die Wolken, die der Wind vor sich hertreibt. Tan Guangzhen

Wenn wir unserer wahren Natur folgen, wird unser Leben leicht wie die Wolken, fähig, sich in alle Richtungen zu bewegen. Tan Guangzhen sagt nicht, daß es schlecht ist, Wut oder Freude zu empfinden. Sie sagt, daß wir leicht zu erschüttern sind, wenn wir uns von Gefühlen beherrschen lassen. Unsere Energie nimmt zu und ab, je nachdem, wie wir empfinden. Jede heftige Emotion, sei es Wut oder Freude, stört unser Gleichgewicht. Es fällt uns wahrscheinlich leichter zu verstehen, daß uns Wut aus dem Gleichgewicht bringt – übermäßige Freude kann aber das gleiche bewirken. Wenn unsere Freude auf äußere Umstände zurückzuführen ist, werden wir versuchen, an diesen Umständen festzuhalten. Dieses Verhalten haben wir uns angewöhnt. Wenn sich die Umstände ändern – und das tun sie immer –, wird unsere Freude ebenfalls vergehen. Beständig ist nur diejenige Freude, die aus unserem Innern kommt; sie entsteht auf ganz natürliche Weise, wenn unser Geist frei von Konflikten ist. Im Buddhismus spricht man von «gelassener, beständiger Freude».

Ich strebe nach einem Zustand innerer Harmonie, den von außen bedingte Wut und Freude nicht beeinflussen können, in dem ich aber wahre innere Freude erfahre.

Von jedem Zweig fallen die Blüten und vermischen sich. Sie sagen: «Jetzt!» – und der Frühling entschwindet, bis man den Weg, den er eingeschlagen hat, nicht mehr sehen kann.
Izumi Shikibu

Ich lebe in einem schönen Haus, auf einem kleinen, mit schattigen Bäumen bestandenen Anwesen, aber es gibt keine Blumen. Dieser Mangel lehrte mich, die unglaubliche Vielfalt, Schönheit und Zartheit der Blumen besonders zu schätzen. Ich mache täglich einen Spaziergang; ich gehe den Hügel hinunter und nehme die herrliche Blütenpracht der Nachbarsgärten in mich auf. Die Blumen gehören mir nicht. Ihre Schönheit ist für alle da und nur von kurzer Dauer.

Dasselbe gilt für jeden schönen Augenblick. Auch er ist nur von kurzer Dauer. Wenn wir bereit sind, innezuhalten, ihn bewußt zu erleben und mit Dankbarkeit in uns aufzunehmen, sind wir offen für den nächsten schönen Moment. Es ist falsch, die schönen Dinge im Leben nicht wahrnehmen zu wollen, weil sie vergänglich sind. Aber auch der krampfhafte Versuch, den Augenblick festzuhalten, wird uns Leid bringen.

Betrachten Sie eine Blume, ihre Farbe und ihre Form. Nehmen Sie ihre ganze Schönheit in sich auf. Atmen Sie ein und aus und sagen Sie: «Danke!»

Ich weiß, daß alle äußere Schönheit vergänglich ist. Auch sie aber will ich wahrnehmen und schätzen, denn auch sie ist ein Teil der Schöpfung.

Denn die wirklich revolutionäre Tat besteht nicht darin, unser Leben wortwörtlich hinzugeben, sondern darin, direkt und unmittelbar zu sehen – was unser natürliches Bedürfnis ist. Flora Courtois

Schon seit Hunderten von Jahren machen sich die Menschen Gedanken darüber, wie sie die Welt verbessern könnten. Aber das ist nicht der richtige Weg, um eine grundlegende Veränderung herbeizuführen, denn Ideen allein vermögen nichts zu bewirken. Eine Idee durch eine andere zu ersetzen ist nur eine Reaktion auf äußere Umstände. Das Neue reagiert auf das Alte, und die Folge sind Konflikte. Wir können nur dann auf harmonische Weise handeln, wenn unser Geist frei von Ideologien, religiösen Anschauungen, Dogmen, Idealen und anerzogenen Verhaltensweisen ist. Ideen und Anschauungen entzweien die Menschen und führen zu Kriegen. Wenn wir allzu patriotisch sind, können wir uns nicht allen Menschen gegenüber geschwisterlich verhalten und fördern Unfrieden und Krieg. Durch Selbsterkenntnis können wir aber unseren Geist von Ideen befreien. Nur wenn wir aufmerksam üben, können wir die Hindernisse und die Barrieren wahrnehmen, die uns blockieren und uns davon abhalten, in Harmonie zu handeln.

Ich will mich selbst erkennen, um mich von meinen Anschauungen befreien und ein Leben in Harmonie und Frieden zum Wohle meiner selbst und aller anderen Menschen führen zu können.

Das Leben ist Bewegung; ein Bach im ständig wechselnden Sonnenlicht. Während ich selbst mich bewege oder sich die Welt um mich herum bewegt, zerfällt die Fülle dessen, was ich sehe.
Annie Dillard

Was für eine anschauliche und poetische Beschreibung der Vergänglichkeit! Das heraufbeschworene Bild verdeutlicht die letztendliche Erkenntnis: alles ist vergänglich, im Fluß, verändert sich. Wenn man etwas konzentriert betrachtet, zerfällt es tatsächlich in seine Bestandteile, löst sich auf. Man erkennt, daß es nicht so ist, wie man bei oberflächlicher Betrachtung zunächst angenommen hat. Annie Dillard erlebte dieses Gefühl, als sie einen Bach betrachtete. Die gleiche Erfahrung kann man machen, wenn man sich des eigenen Atems, seines Körpers oder seiner Äußerungen bewußt wird.

Während Meditationsseminaren bietet sich uns die Gelegenheit, tief in unseren Körper und Geist hineinzusehen. Wir konzentrieren uns und schauen genau hin. Und was uns zuerst wie eine einzige Empfindung vorkam, stellt sich schließlich als eine Reihe vieler winziger Einzelempfindungen heraus, die kommen und gehen, immer wieder, bis das Ganze auseinanderbricht und nichts Festes mehr vorhanden ist.

Ich erkenne, daß alles Leben in Veränderung begriffen ist, daß das Ganze aus vielen kleinen Teilen besteht und daß es keine Grenzen zwischen diesem Ganzen und seinen Teilen gibt, zwischen mir und meiner Umwelt.

Der Sinn einer Beziehung liegt nicht in der Beziehung selbst. Er besteht darin, daß sie unserem Leben und dem Leben allgemein mehr Kraft verleiht. Wenn zwei Menschen gemeinsam stark sind, fließt die Lebenskraft mächtiger in ihnen als bei zwei einzelnen Menschen.

Charlotte Joko Beck

Joko Beck hat wahrscheinlich ganz andere Gründe als wir, eine Beziehung einzugehen. Wir streben nach einer Beziehung, die für beide Seiten zufriedenstellend ist. Wir fragen uns: «Werden meine Bedürfnisse hinreichend befriedigt, so daß es sich lohnt, diese Beziehung aufrechtzuerhalten?» Wir bemühen uns, unsere Bedürfnisse immer klarer zum Ausdruck zu bringen, immer besser zu verhandeln. Wir wollen angenehme und unterhaltsame Gesellschaft, Vertrauen, Treue und Leidenschaft. Können wir uns einer tieferen Beziehung öffnen, ohne diese Bedürfnisse zu verleugnen? Wird es uns gelingen, unsere Beziehungen so zu gestalten, daß sie dem Leben dienen? Tragen wir zur Klarheit oder Verwirrung bei? Schaffen wir Frieden oder Konflikte?

Beziehungen voller Liebe sind ein Geschenk an die Welt. Eine solche Beziehung beruht auf Wechselseitigkeit: Wir sind nicht vom anderen abhängig, beharren nicht auf unseren Bedürfnissen, sondern jeder hilft dem anderen, sich selbst voll und ganz zu entfalten.

Ich will versuchen, meinen Beziehungen einen tieferen Sinn zu geben, indem ich die Entfaltung des anderen über meine eigenen Bedürfnisse stelle. Wenn auch der andere dies versucht, werden wir gemeinsam stark werden.

Ahme die Bäume nach. Lerne, zu verlieren, um gesund zu werden, und denke daran, daß nichts für lange gleich bleibt, nicht einmal der Schmerz, seelischer Schmerz. Harre aus. Laß ihn vorbeiziehen. Laß ihn los.

May Sarton

Dort wo ich aufwuchs, konnte ich Jahr für Jahr im Herbst eine wahre Explosion an Farben erleben, wenn sich die Blätter der Bäume rot, orange und golden verfärbten, bevor sie zu Boden fielen. An Tagen, an denen mich Traurigkeit überkommt, weil sich eine schmerzhafte Arthritis in meinem Rücken bemerkbar macht, erinnere ich mich an die Schönheit der Bäume im Herbst. Ich habe nicht die Macht, den Schmerz zu vertreiben. Ich kann mich nicht dazu zwingen, nicht daran zu denken. Aber ich kann üben, offen und achtsam zu sein. Ich kann empfänglich werden für das, was ich von Augenblick zu Augenblick fühle. Diese Art der Aufmerksamkeit ist liebevolle Güte. Mich mit meinem Schmerz anzufreunden, ihn bewußt zu erleben bedeutet, daß ich das Gefühl der Hoffnungslosigkeit akzeptiere, das ich in diesen Momenten empfinde. Vielleicht weine ich mich auch aus oder rufe eine Freundin an, die sich mit körperlichem Schmerz auskennt und offen dafür ist. Wenn ich mich mit dem Schmerz anfreunde, lasse ich ihn gleichzeitig los. Und die Fähigkeit loszulassen führt zu Weisheit und Sensibilität.

Es liegt nicht in meiner Macht, körperlichen oder seelischen Schmerz zu vertreiben. Aber ich kann mich ihm öffnen, kann ihn akzeptieren und mich auf diese Weise von ihm lösen. Indem ich ihn loslasse, vergeht er von selbst.

Und wenn die Seele jenes Stadium erreicht, in dem sie sich wenig um Lob kümmert, dann kümmert sie sich noch weniger um Tadel; im Gegenteil, sie erfreut sich daran und hält ihn für eine sehr süße Wahrheit.

Teresa von Avila

Mit diesen Worten teilt uns Teresa von Avila folgendes mit: Harmonie und Frieden kommen aus unserem Inneren. Unsere Glückseligkeit hängt nicht von äußeren Umständen ab. Wir sollten unser Urteil über uns selbst nicht von der Meinung anderer abhängig machen. Denn solange wir nach Lob streben, können wir nicht bis zu der tieferen Freude vorstoßen, die in uns steckt. Wir handeln nicht so, wie wir eigentlich möchten. Wir versuchen, anderen zu gefallen, um von ihnen gelobt zu werden. Je weniger wir uns von solchem Lob beeinflussen lassen, desto weniger kann uns Tadel verärgern oder enttäuschen. Im Leben erfahren wir sowohl Lob wie Kritik. Solange wir uns von ihnen abhängig machen, können wir nicht ausgeglichen sein. Wahre Freude jedoch entspringt einem friedlichen Herzen, das ohne Konflikte ist.

Ich erkenne, daß weder Lob noch Tadel wirklich von Bedeutung sind. Und ich will mich nicht von ihnen beeinflussen lassen, damit ich zu wahrem Frieden und wahrer Freude finden kann.

Sich selbst völlig hinzugeben ist für die meisten Menschen die schwierigste Sache überhaupt. Sie glauben, sich selbst zu verlieren. In Wirklichkeit gewinnen wir alles. Alle Religionen sind sich darüber einig. Ayya Khema

Wir liegen falsch, wenn wir das Leben nur mit den sinnlichen Empfindungen gleichsetzen, wenn wir uns einzig mit unserem Körper und seinem Bedürfnis nach angenehmen Empfindungen identifizieren. Die Selbstsucht, die uns dazu veranlaßt, andere so zu manipulieren, daß sie unseren Wünschen nachkommen, ist die Wurzel allen Übels. Unser Geltungsbedürfnis ist ein mächtiger Feind. Das Ich kämpft darum, zu überleben. Die heilige Schrift der Hindus, das *Chandi*, beschreibt diesen Kampf in allen grausigen Einzelheiten. Die Göttin *Durga* kämpft gegen den *Roten Tropfen*. Doch jedesmal, wenn sie einen Schlag vollführt hat und ein kleiner Tropfen Blut zu Boden fällt, entsteht daraus ein neuer Krieger. Die *Göttliche Mutter* verwandelt sich in *Kali*, die das Blut hinunterschluckt, bevor es den Boden berühren kann. Dieser Kampf ist ein Sinnbild für unseren inneren Zustand: Wir versuchen, unsere Gedanken und Wünsche zu kontrollieren, die sich jedoch auf magische Weise ständig zu vermehren scheinen. Wir müssen sie also abwehren, bevor sie uns überwältigen. Wenn wir meditieren und uns öffnen, lernen wir, uns von den Wünschen unseres Ich zu lösen und zu erkennen, daß ihre Erfüllung kein wahres Glück bescheren kann.

Ich werde meiner Selbstsucht und den immer zahlreicheren Wünschen meines Ich nicht mehr nachgeben.

So wie eine hungrige Katze sich sehnt, den Fisch zu fangen und zu fressen, so wie sich ein Baby nach seiner Mutter sehnt, so müssen wir uns nach unserem wahren Ich, dem «Yu In Gong», sehnen. Gib dich diesem Ich bedingungslos hin, denn es ist die Wurzel allen Tuns. Wenn du losläßt, wird dein ganzes Wesen von der Energie gespeist, die das Universum erfüllt. Dann wird dein Leben unbesiegbar.

Ihre Heiligkeit Dae Haeng Se Nim

Das *Yu In Gong* zu verstehen ist der Kern der Lehren Dae Haeng Se Nims. Das wahre Ich ist das, was wir im Westen als die Natur Buddhas oder Christi bezeichnen. Es ist die Energie des Universums, die Energie, die uns verbindet. Es ist die Macht, die bestehen bleibt, wenn sonst nichts mehr übrig ist. Wir sind ein Teil dieser Energie und sie ist ein Teil von uns.

Unsere Betonung der Individualität versperrt uns den Blick darauf, wie sehr wir alle miteinander verbunden sind. Deshalb haben wir Probleme mit unseren Beziehungen, mit unserem Selbstwertgefühl, mit der Arbeit. Unser individuelles Ich erzeugt enorme Angst in uns, denn es gibt ja so viel zu beschützen und zu beherrschen. Nur wenn wir uns der Verbundenheit allen Lebens bewußt werden, nimmt unser individuelles Ich ab und folglich auch unsere Angst.

Ich will mein individuelles Ich ablegen, denn dann bin ich ohne Wünsche und muß keine Angst mehr haben, sie mir nicht erfüllen zu können. Dann werde ich zu meinem wahren Ich finden.

Die Liebe ist eine grenzenlose Macht. Sie ist nicht sentimental. Sie muß nicht schön sein, aber sie verleugnet auch den Schmerz nicht. Sharon Salzberg

Liebe wird oft mit Verliebtheit verwechselt. In diesem Zustand idealisieren wir die geliebte Person. Wir sehen sie nicht so, wie sie wirklich ist. Dann läßt die Verliebtheit allmählich nach und wir sehen die Person mit all ihren Fehlern. Unsere Liebe nimmt ab. Beide Partner haben ein Idealbild aufeinander projiziert. Mit dem anderen wollten wir nur unsere persönlichen Bedürfnisse befriedigen. Manchmal bleibt das Idealbild bestehen und wir haben das Gefühl, gewonnen zu haben. Meist jedoch löst es sich auf und wir verlieren.

Wahre Liebe verfolgt kein Ziel. Sie ist warmherzige, fürsorgliche, gütige Aufmerksamkeit, die wir schenken, ohne eine Gegenleistung zu erwarten. Wenn wir voller Erwartungen sind, werden wir enttäuscht werden. Wenn wir Erwartungen haben, sind wir nicht in der Lage, das zu sehen, was zu haben ist. Wir konzentrieren uns zu sehr auf das, was wir ersehnen, auf das Unerreichbare.

Ich will Liebe von Verliebtheit unterscheiden. Ich will in dem geliebten Menschen das sehen, was wirklich ist, und es akzeptieren. Ich will diesem Menschen wahre Liebe schenken und nichts von ihm dafür erwarten.

Viele religiöse Traditionen personifizieren das Böse in Göttinnen wie «Kali» und «Dakini» oder sprechen von der «Hölle», die unsere Schattenseite darstellt. Die Vorstellung, daß wir unsere eigene Hölle sehen können, ist wunderbar; daß wir das Böse in uns kennenlernen und umarmen können.

Mayumi Oda

In gewissen Meditationsseminaren führen wir regelmäßig rituelle Tänze aus, mit deren Hilfe wir uns der dunklen Kraft in uns selbst stellen. Wir tanzen, berühren die Erde, drehen uns spiralförmig im Kreis und beugen uns nach unten. Wir tanzen in die Dunkelheit und treten ihrer Energie gegenüber. Wir bewegen uns mit ihr, wir öffnen uns der Transformation. In der Nacht der Wintersonnenwende halten wir Nachtwache. Wir singen, wir meditieren, wir tanzen, wir weinen, wir beten, wir lachen. Es werden Geschichten erzählt und es wird geschwiegen. Der Schlafmangel schwächt unsere Abwehrmechanismen, und wir nutzen die kostbare Gelegenheit, um die Schatten zu treffen und mit unseren Dämonen zu tanzen. Wenn wir das Böse in uns kennen, haben wir weniger Angst davor. Es besteht weniger Gefahr, daß wir von ihm beherrscht werden. Wenn wir unsere Schattenseiten kennen, erlangen wir die Macht, gelassen zu sein, die Macht, zu geben und zu sein.

Ich weiß, daß auch eine dunkle Seite in mir steckt. Ich will mich ihrer Macht stellen und sie kennenlernen, damit sie keinen Einfluß mehr auf mich haben kann.

Möge mein Gebet in dem Herzen wohnen, das jubelt, denn siehe: jeder Akt der Liebe und der Freude ist MEIN RITUAL. *Mögen Schönheit und Stärke, Macht und Mitgefühl, Hochachtung und Demut, Heiterkeit und Ehrerbietung in dir sein. Und mögest du, die du danach strebst,* MICH *kennenzulernen, wissen, daß dein Suchen und Sehnen erst dann erfolgreich sein wird, wenn du das Geheimnis kennst: Denn wenn du das, was du suchst, nicht in dir selbst findest, wirst du es niemals finden.*

Doreen Valiente

Dieses Zitat erinnert uns daran, daß unsere Rituale dazu beitragen, unsere innere, spirituelle Macht zum Leben zu erwecken. Das glückliche Herz ist voller Dankbarkeit. Ein einfaches Ritual wie sich verbeugen und tief durchatmen, um jeden Tag zu begrüßen, erweckt Freude in uns. Denn jeder Tag, jede Jahreszeit, jeder Zyklus bietet etwas Schönes. Wir wollen es wahrnehmen und uns dafür bedanken.

Alle spirituellen Lehren gehen davon aus, daß das Göttliche, nach dem wir suchen, die Liebe, nach der wir uns sehnen, in uns selbst ist. Jede Tradition hat ihre eigenen Rituale, Gebete und Übungen, um den einzelnen mit dem Göttlichen zu vereinen. Ein offenes Herz, ein Herz voller Liebe, kann uns helfen, diese Göttlichkeit in uns zu enthüllen.

Mit einem offenen Herzen voller Liebe begebe ich mich auf die Suche nach meiner eigenen Göttlichkeit. Denn diese Göttlichkeit ist in mir, und nur mein offenes Herz kann mich zu ihr führen.

November

Weil du der Reise des Kriegers aus ganzem Herzen verpflichtet bist, fühlst du dich getrieben. Es ist, als ob dir jemand ins Gesicht lachen und dich auffordern würde, doch selbst herauszufinden, was zu tun ist, wenn du nicht weiterweißt. Das macht dich demütig. Es öffnet dein Herz.
Pema Chödrön

Ein Krieger führt kein bequemes Leben. Wir befinden uns im Krieg mit den Räubern, die unseren Geist seines natürlichen Friedens und seiner Klarheit berauben. Es sind gewaltige böse Geister: Gier, Haß und Verblendung. Es ist sehr leicht, sich von ihnen überwältigen zu lassen.

Maching Lapdron, eine der bekanntesten und am meisten verehrten tibetischen Mystikerinnen, entwickelte den *Chod*, eine Form der Meditation, um das eigene Mitgefühl zu fördern. Unsere natürlichen Gefühle des Mitleids werden von unseren Ängsten und unserer Habgier beeinträchtigt. Um dem abzuhelfen, stellen wir uns unseren größten Besitz, unseren Körper, vor und bringen ihn als Opfer dar. Zuerst führt die Meditierende Reinigungsriten durch, dann tut sie so, als ob sie sich den Kopf abschneide, ihren Körper zerstückele und einen Nektar daraus zubereite, den sie sämtlichen Lebewesen als Opfer darbringt. Das scheint uns brutal und grausam, doch es ist eine gute Übung, um uns selbst nicht so wichtig zu nehmen.

Um Gier, Haß und Verblendung zu überwinden, muß ich mich selbst aufgeben. Wenn ich das tue, haben diese Gefühle keine Macht mehr über mich, und ich finde zu wahrem Frieden.

Gott hat sich nicht versteckt, sondern ausgebreitet. Er ist ein Tuch, gewoben aus Geist und Gefühl, das so prächtig und fein ist, so leuchtend hell und mächtig, daß wir nur geblendet nach seinem Saum tasten können.

Annie Dillard

Die Vorstellung, daß Gott tot ist, war in den sechziger Jahren weit verbreitet. Während dieser Zeit starb für viele Leute die kindliche Vorstellung von Gott als wohlwollendem Vater, der unsere Wünsche erfüllt und sich um uns kümmert. Langsam wurden wir uns unserer eigenen Verantwortung bewußt. Gott wurde zu einem Teil unseres Bewußtseins. Gott ist derjenige Teil unseres Selbst, der ahnt, daß auch wir in das Tuch des Lebens eingewoben sind. Und diese Verbindung macht uns verantwortlich für uns und alle anderen Lebewesen auf dieser Welt.

Die Vorstellung von Gott als Vaterfigur schränkt uns ein, wie es jede bildliche Vorstellung von Gott tut. Vorstellungen sind vom Verstand geschaffene Abstraktionen der Wirklichkeit, aber nicht die Wirklichkeit selbst. Wie Annie Dillard schreibt, ist Gott oder die Wahrheit so mächtig und fein, daß unsere Versuche, sie zu verstehen, ein Tasten in der Dunkelheit sind. Gott können wir uns nicht vorstellen. Gott muß jede von uns direkt erfahren.

Ich erkenne, daß ich mir Gott nicht vorstellen, sondern ihn nur erfahren kann. Das gelingt mir, wenn ich Gott in mir selbst und in allem anderen Leben erkenne, wenn ich meine Augen der Verbundenheit aller mit allen öffne.

Komm schnell – so schnell wie sich diese Blüten öffnen, fallen sie. Diese Welt ist wie der Schimmer des Taus auf den Blumen. Izumi Shikibu

Izumi beschreibt auf poetische Weise das sich wandelnde Wesen einer Welt, die wir für beständig und dauerhaft halten. Doch die Jahreszeiten kommen und gehen, der Mond nimmt zu und ab, der Tag macht Platz für die Nacht. Wir können Veränderungen nicht verhindern, aber wir können unsere Herzen lehren, sich Verlusten zu öffnen und trotzdem weiterhin Freude zu empfinden. Denn Festhalten verursacht Leiden. In der Praxis meines Akupunkteurs hängt ein Schild, auf dem steht: SCHMERZ IST UNUMGÄNGLICH. LEIDEN IST FREIGESTELLT. Es besagt, daß es in dieser Welt immer Schmerz geben wird, daß aber nur das Festhalten am Schmerz oder der Freude wirkliches Leiden verursacht. Und wir haben die Wahl: Wenn wir loslassen, können wir unser Herz der Vergänglichkeit öffnen. Ein Freund kann sterben, eine Beziehung auseinandergehen. Aber diese Erfahrungen können uns nichts mehr anhaben.

Nehmen Sie sich heute Zeit, sich mit der Vergänglichkeit auseinanderzusetzen und sie zu akzeptieren. Dieses neue Bewußtsein wird Ihr Leben verändern.

Ich weiß, daß Verlust und Trauer unvermeidlich sind, aber ich weiß auch, daß ich meinen Schmerz überwinden werde, wenn ich mich der Vergänglichkeit öffne.

Wenn wir verstehen, wie wertvoll jeder einzelne Augenblick ist, können wir jeden Atemzug, jeden Augenblick wie ein neugeborenes Kind behandeln. So zärtlich kann Achtsamkeit sein. Michele McDonald

Als ich vor Jahren mit meinen spirituellen Übungen begann, versprach ich mir viel davon. Ich wollte glücklicher sein und Frieden finden. Ich wollte nicht mehr wütend oder besorgt sein. Ich wollte ein angenehmes Leben führen. Obwohl es nicht falsch ist, diese Dinge zu wollen, sind sie nicht das, worum es bei der Spiritualität geht. Und wegen all dieser Ziele und Wünsche lebte ich in der Zukunft. Als ich weiter meine Übungen machte, begann ich zu erkennen, daß es falsch war, mich zwingen zu wollen, anders zu sein, als ich war. Ich lernte, meine wechselnden Gefühle zu beobachten und zu akzeptieren. Jeder Augenblick war plötzlich kostbar für mich. Ich mußte ihn nicht mehr verändern, nur noch erfahren.

Spirituelle Reife zeigt sich darin, daß man sich freut, dem Leben zu dienen. Uns wird klar, daß wir nicht im Mittelpunkt stehen. Sicherlich haben wir auch dann noch Vorlieben und sind nicht vollständig selbstlos. Aber unsere Einstellung verändert sich und wir wissen, daß nicht unsere eigentlichen Übungen, sondern die Gegenwart unsere beste spirituelle Übung ist.

Ich lebe im Jetzt, ich gebe mein Bestes, und ich lerne täglich hinzu.

Schlafe süß, liebe Schwester, in dem Kleid, das du nähtest. Dein Verlangen ist still wie getrocknetes Gemüse in einem Topf.
Anonyme Ehefrau

Die *Therigatha* ist eine Sammlung von dreiundsiebzig Gedichten in der Art der frühen buddhistischen Literatur. *Gathas* sind Gedichte, Lieder oder Verse, *Theri* ist die Bezeichnung für eine weise alte Frau. Also sind die *Therigatha* die Gedichte der weisen Frauen des frühen Buddhismus. Sie legen Zeugnis ab von der spirituellen Macht der Frauen: Wir haben das Recht, unsere Körper, unseren Geist und unsere Seelen selbst zu beherrschen. Wir haben das Recht, zu führen, zu lehren, unsere Schriften zu veröffentlichen und jede Position innerhalb einer Institution einzunehmen. Wir müssen unser eigenes Licht sein. Wir sollen andere nicht imitieren, sondern sie als inspirierende Vorbilder nutzen.

Wir können unser Verlangen erforschen, indem wir tief in uns gehen und erkennen: Wir fühlen uns verraten, wenn wir von dem ferngehalten werden, was wir uns wünschen. Wir versuchen, unsere Bedürfnisse zu befriedigen und das Erreichte zu bewahren. Dieses Begehren und Bewahren verursacht Leiden. Ruhe erlangen wir nur, wenn wir das Band zwischen uns und unseren Wünschen durchtrennen.

Ich will mich von meinen Wünschen lösen. So werde ich die nötige Klarsicht erlangen, um Wirklichkeit und Illusion unterscheiden zu können.

Liebe kennt keine Angst und keine Abhängigkeit. Sie kennt weder Besitz noch Bindung. Sie ist ohne Trauer.

Toni Packer

Liebe ist die Abwesenheit von Angst. Ohne Angst gibt es keine Abhängigkeit. Es ist unser Ich, das um sein Überleben fürchtet. Das Ich versucht, sich selbst Sicherheit, Bequemlichkeit und ein angenehmes Leben zu verschaffen. Außerdem versucht es, zu verhindern, daß ihm das einmal Erreichte wieder genommen wird. Es ist von seinem Besitz abhängig. Veränderungen – die im Leben immer wieder auftreten – werden also immer ein Gefühl von Verlust und Trauer verursachen.

Mit unserer romantischen Vorstellung von Liebe fällt es uns wahrscheinlich schwer, diese Worte zu glauben. Wir gehen davon aus, daß die wahre, unabhängige Liebe – falls sie überhaupt existiert – außerhalb unserer Möglichkeiten liegt. Wir halten sie für die Liebe von Heiligen oder Mystikern, die nicht gemacht ist für Menschen aus Fleisch und Blut.

Bevor Sie Toni Packers Worten zustimmen oder sie ablehnen, sollten Sie innehalten und tief einatmen. Fassen Sie bewußt den Entschluß, geduldig diese Art der Liebe zu erforschen. Denken Sie über die Worte «Liebe kennt keine Trauer» nach. Wiederholen Sie sie täglich, eine ganze Woche lang. Fragen Sie sich, was Sie am Ende dieser Woche über die Liebe und über sich selbst erfahren haben.

Ich bin fähig, Liebe zu empfinden, die nichts erreichen, nichts bewahren, nichts besitzen will – Liebe, die keine Angst vor Verlusten hat und deshalb keine Trauer kennt.

Du solltest wissen, daß es auch einen Himmel auf Erden gibt; ihn entschlossen erstreben heißt, nach Unsterblichkeit streben.

Cui Shaoxuan

Die meisten von uns betrachten die Wirklichkeit als etwas Dauerhaftes und Feststehendes, das außerhalb unserer selbst existiert. Die wirkliche Welt ist für uns die Geschäftswelt, die materielle Welt, die Welt, in der wir Erfolg haben können, in der wir das erreichen können, was uns glücklich macht. Viele Menschen halten die Existenz einer Wirklichkeit, die über das hinausgeht, was sie kennen, für ein Hirngespinst. Andere glauben zwar an die Existenz dieser Wirklichkeit, gehen aber davon aus, daß wir sie erst nach unserem Tode kennenlernen werden, und auch das nur, wenn wir besonders gesegnet sind oder unsere Seele gerettet wird.

Es ist nicht bekannt, wann genau Chi Shaoxuan lehrte. Bekannt ist aber, daß sie Unsterblichkeit erlangte, daß sie also die wahre Natur der Wirklichkeit verstand. Eine Bezeichnung für dieses Verstehen ist *Erleuchtung.* Erleuchtung ist ein Zustand höchster Tugend und Weisheit. Und solche Erleuchtung zu erlangen ist möglich durch fortwährende Betrachtung der uns umgebenden materiellen Welt.

Ich strebe danach, das wahre Wesen der Wirklichkeit zu verstehen, das nicht identisch ist mit der faßbaren Wirklichkeit um mich herum. Wenn mir das gelingt, erlange ich wahre Unsterblichkeit.

Die Taufe, meine Tochter, dauert lang und wird im Meer der Menschheit vollzogen. Und besser ist es, ganz einzutauchen, als völlig unberührt zu bleiben.

Tillie Olsen

Das Leben mit all seinen Veränderungen kann uns manchmal ängstigen und verwirren. Nicht vollständig am Leben teilzunehmen macht uns aber nicht sicherer. Wir müssen ins Leben eintauchen, uns all seinen Freuden und all seiner Trauer öffnen. Wo können wir in dieser sich ständig verändernden Welt Zuflucht finden? Wenn wir sie bei Buddha suchen, bedeutet das, daß wir an die Möglichkeit der Erleuchtung glauben. Wir geloben, unser ganzes Leben damit zu verbringen, Schicht um Schicht unserer Angst und Zweifel abzutragen, so daß wir wahrhaft erwachen können. Mit jedem Mal, da wir uns öffnen und uns von einem persönlichen Bedürfnis trennen – wie dem Wunsch, etwas Bestimmtes und nichts anderes zu bekommen –, werden wir immer unabhängiger von anderen Menschen und von angeblich glücklich machenden Dingen und Umständen.

Finden Sie Sicherheit in Ihrem Atem. Er bewegt und verändert sich. Ebenso wie sich das Leben bewegt und verändert.

Ich will in all die Erfahrungen eintauchen, die das Leben mit sich bringt, will Angenehmes und Unangenehmes gleichermaßen erleben. Ich habe keine Angst davor, denn ich finde Zuflucht in meiner eigenen Stärke.

Die Erde ist meine Schwester; ich liebe ihre tägliche Gnade, ihren stillen Wagemut. Und wie sehr auch sie mich liebt, wie sehr wir gegenseitig unsere Stärke bewundern – alles, was wir verloren haben, alles, was wir erlitten haben, alles, was wir wissen – wir sind verblüfft von so viel Schönheit. Niemals werde ich vergessen, was sie für mich ist, was ich für sie bin.

Susan Griffin

Die Erde Schwester nennen heißt, eine besonders heilige verwandtschaftliche Beziehung anerkennen. Wir könnten ohne diese Erde nicht leben. Die Luftschicht um diese Erde ermöglicht uns das Atmen: Wir könnten nur wenige Minuten ohne Luft leben. Das Wasser dieser Erde löscht unseren Durst: Wir könnten nur wenige Stunden ohne Wasser leben. Wir werden von dieser Erde ernährt, von den Gebeinen unserer Vorfahren, die den Boden düngen, in dem unser Getreide wächst: Wir könnten nur wenige Tage ohne Nahrung leben.

Die Indianer schenken uns die *Weisheit der Erde.* Sie lehren uns, die Erde zu achten und ihr Gleichgewicht zu bewahren. Alle Naturvölker dieser Erde verfügen über eine solche Erdweisheit. Es wird Zeit, daß wir anfangen, ihnen zuzuhören und diese Weisheit von ihnen zu lernen. Es wird Zeit, das Werk der Zerstörung zu beenden. Die Erde wird bestehen bleiben. Und wir?

Ich höre auf die Worte der naturverbundenen Völker und übernehme Verantwortung für meine Schwester, die Erde. Sie zu beschützen und ihre Vorräte zu erhalten will ich mir zur Aufgabe machen, da ich ohne die Erde nicht überleben kann.

Frau, so sanft in meinen Armen. Durch Liebe hast du mir auf grausame Weise mein eigenes dunkles Herz geöffnet und darin meinen Quell des Lichts gefunden und mir gezeigt.
Elsa Gidlow

Eines der Geschenke, das eine enge Beziehung mit einer anderen Frau mit sich bringt, ist die Ähnlichkeit zwischen den beiden Partnerinnen, die ihnen Freude bereitet und ein Gefühl der Geborgenheit vermittelt. Frauen wissen, wie sich der Körper einer Frau anfühlt, wie sie denkt, wie sie gefühlsmäßig reagiert. In den Armen unserer Liebsten blicken wir in einen Spiegel. Wir sehen unser eigenes Bild und sind überwältigt. Wir sehen die Schatten, unsere Charaktereigenschaften, die wir im dunkeln verborgen halten. Ein solcher Spiegel kann unbequem sein, aber wenn wir bereit sind, uns den Ängsten zu stellen und dem Schatten zu öffnen, ist Wandlung und Heilung möglich. Wir erhalten Zugang zur Quelle der Macht, die uns früher verschlossen war. Wir werden ganz und heilig.

Durch ihre Ähnlichkeit können mir andere Frauen einen Spiegel vorhalten und mir meine Schattenseiten zeigen. Indem ich mich der Dunkelheit stelle, erkenne ich das Licht, das in meinem Innern brennt.

Schwebend zwischen Tod und Empfängnis, still freut sich der Mond, daß das Entleeren vorbei ist; seine Unsichtbarkeit befriedigt ihn.

Er ruht sich aus vom Blick seiner Kinder. Trotzdem lehrt er uns: Leert Euer Herz. Werft den Ballast ab. Es wird euch glücklich machen. Es wird euch wahrhaft machen.

Sue Silvermarie

Wir möchten alle glücklich sein und versuchen, Dinge anzuhäufen, von denen wir glauben, daß sie uns dieses Glück bescheren werden, wie materielle Güter, Erfolg oder Lob. Irgendwann stellen wir dann fest, daß uns unsere Besitztümer zur Last geworden sind, vielleicht verlieren wir auch das Interesse an dem, was wir haben, und suchen nach etwas Neuem. Dieses endlose Streben nach Bestätigung ist, als ob man ständig auf der Bühne stehen würde. Schon bald merkt man, wie erschöpfend das sein kann. Wenn wir jedoch Lob und Tadel keine Beachtung mehr schenken und nicht mehr von ihnen beherrscht werden, finden wir Gleichmut, finden Glück im Unsichtbar-Sein. Das bedeutet nicht, daß andere Leute unsere Existenz leugnen oder uns zurückweisen. Es ist eine Unsichtbarkeit, die aus der Offenheit erwächst. Wir lassen unser Streben los und werden durchsichtig. Wenn der Geist nach nichts strebt, ist er friedlich. Das ist wahres Glück.

Ich beobachte den Mond, der zum Neumond wird und mich lehrt, auch selbst unsichtbar zu werden: Indem ich all mein Streben aufgebe, mich meiner Wünsche entledige und mit leerem Herzen offen für alles bin.

Wir kamen als vollkommen friedliche Wesen auf diese Erde. Das ist unsere grundlegende Natur. Und wir wollen nur eines: Gemeinsam ein fröhliches Leben führen, ein Leben voller Frieden, Harmonie, Gelächter und Gesang.

Brooke Medicine Eagle

Babys! Was sind sie doch für winzige und niedliche Wesen, und welche Freude bereiten sie uns! Sie erinnern uns daran, wie wertvoll das Leben ist und wie einfach unsere tatsächlichen Bedürfnisse sind. Ein Baby will nur gefüttert, in den Arm genommen, zugedeckt und trocken gelegt werden. Wir alle haben unser Leben als Baby begonnen. Wenn wir älter werden, scheinen sich unsere Bedürfnisse zu vermehren. Wenn jeder Mensch jedoch sicher sein könnte, daß auch nur seine einfachsten Bedürfnisse – nämlich die des Kindes, das immer noch tief in unserem Inneren wohnt – befriedigt würden, herrschte wohl insgesamt erheblich mehr Glück und Zufriedenheit auf dieser Welt. Stillen Sie Ihre grundlegenden Bedürfnisse. Wenn Ihr inneres Kind versorgt ist, werden Sie auch darauf achten, daß es anderen Kindern gut geht. Sie werden es nicht mehr einfach hinnehmen, daß Kinder verhungern und als Obdachlose auf der Straße übernachten müssen. Ein großer spiritueller Lehrer sagte einst, daß die Erde die grundlegenden Bedürfnisse eines jeden Menschen zu stillen vermag, daß wir aber nicht genug haben, um die Habgier eines jeden Menschen zu befriedigen.

Ich komme den Bedürfnissen des Kindes in meinem Inneren nach und sorge mich auch um das Wohl aller anderen Kinder.

In der Stille wächst du zu einem Ganzen zusammen. Alleinsein zerstört die Illusion, daß du und ich voneinander getrennt sind. Nana Veary

Es gibt einen großen Unterschied zwischen Einsamkeit und Alleinsein. Einsame Menschen fühlen sich von anderen, von der ganzen Schöpfung und der ihnen innewohnenden Weisheit abgeschnitten. Im Alleinsein hingegen bietet sich uns die Möglichkeit, fern des Alltagsgeschehens eine tiefere Wahrheit zu entdecken, die Wahrheit der Verbundenheit aller Wesen und allen Lebens.

Man hat uns gelehrt, eifrig Wissen anzuhäufen. Wir glauben, nur wachsen zu können, wenn wir unseren Besitz und unser Wissen vergrößern. Was wir nicht gelernt haben, ist, einfach still zu sein, abzuwarten oder zuzuhören. Die Stille ängstigt uns, so daß wir es vorziehen, schnellstens wieder aktiv zu werden, statt einfach nur dazusitzen und sie zu erleben. Wir brauchen Zeit, um zu lernen, wirklich nachzudenken und uns zu sammeln.

Wir wollen üben, unseren Geist zur Ruhe kommen zu lassen. Setzen Sie sich hin und nehmen Sie Ihren Atem wahr. Lassen Sie sich nicht von Ihren Gedanken stören. Achten Sie nur auf sein Kommen und Gehen. Mit der Zeit werden Ihre Gedanken langsamer, die Abstände zwischen ihnen größer werden.

Von Zeit zu Zeit will ich mich in die Stille und das Alleinsein zurückziehen, innehalten und mich sammeln.

Wenn jeder Mensch auf dieser Erde einfach ein winziges Stück dieses riesigen Etwas nähme, dieser Tischdecke, dieser Bettdecke, was auch immer, und an ihm weiterarbeitete, ungeachtet der Farbe des Garns, würde auf diesem Planeten Harmonie herrschen. Cicely Tyson

Cicely Tysons Worte ermutigen uns, daran zu glauben, daß jeder einzelne von uns die Macht hat, unsere Welt ein kleines bißchen zu verändern. Statt in Verzweiflung und Hoffnungslosigkeit zu verfallen, sollten wir anfangen zu handeln. Gemeinsam wollen wir das Tuch des Lebens weben. Wir können es ignorieren, wir können ein Loch hineinreißen – oder wir können daran arbeiten. Die gemeinsame Anstrengung wird Harmonie schaffen. Wir jedoch haben viele Gründe, um zu glauben, daß wir nicht mit anderen zusammenarbeiten können. Ein Schleier aus Angst, Haß, Vorurteilen und Ablehnung hindert uns daran, unsere angeborene Fähigkeit zur Zusammenarbeit wahrzunehmen und auszuleben. Denn ohne Rücksicht auf unsere Hautfarbe haben wir alle die gleichen Sehnsüchte, Ängste, Hoffnungen und Wünsche. Wir alle sind miteinander verbunden.

Im Bewußtsein, daß wir alle eins sind, will ich aktiv das Tuch des Lebens mitgestalten und durch meine Zusammenarbeit mit allen anderen Menschen Harmonie und Frieden schaffen.

Was sonst ist nach langer Krankheit, in der wir der Verzweiflung nahe waren, tröstlicher als vier Enten und zwei Gänse?

May Sarton

Als ich mich vor Jahren von einer Verletzung erholen mußte, fuhr ich für ein paar Tage an den Lake Tahoe. Vor meiner Hütte befand sich ein Seerosenteich, an dem eine Schar Gänse lebte, etwa dreißig Tiere. Das erinnerte mich an das oben zitierte Gedicht.

Krankheit und Schmerz können alles dunkel erscheinen lassen. Unser Blick ist getrübt und wir sind nicht mehr in der Lage, irgend etwas Fröhliches oder Schönes um uns herum wahrzunehmen. Der Schmerz beraubt uns unserer Energie und läßt wenig Raum für andere Dinge. Wenn er nachläßt, ist man erleichtert, man fühlt sich im wahrsten Sinne des Wortes wie neugeboren. Aber in meine damalige Erleichterung, als ich die Verletzung auskuriert hatte, mischte sich auch ein Gefühl tiefer Traurigkeit, denn ich empfand tiefes Mitgefühl für alle Menschen, die weiter leiden mußten.

Ich weiß, daß aller Schmerz vergänglich ist. In diesem Wissen will ich auch, wenn ich Schmerzen empfinde, offen für alles Schöne sein und derer gedenken, die noch mehr leiden als ich.

Wenn wir versuchen, mit unserem Geist zu tanzen, ohne die Schattenseite zu kennen, die wir alle haben, berauben wir unsere Bewegungen der Anmut und der Göttlichkeit. Wenn man erst einmal begonnen hat, seine Schattenseite zu erkennen, bleibt einem nichts mehr verborgen. Und wer wirklich sieht, der hat keine Angst mehr.

Mayumi Oda

Wer einen Teil seiner selbst verleugnet, verstümmelt sich selbst. Der Sklave und der Sklavenhalter, der Unterdrücker und der Unterdrückte stecken in jedem von uns. Erst wenn man das erkennt und akzeptiert, wird man zu einem ganzen Menschen zusammenwachsen.

Um sich der Angst zu stellen, benötigt man großen Mut. Nur schwache Menschen verhalten sich grausam und rachsüchtig. Die aggressivsten Menschen sind häufig die schwächsten und die ängstlichsten. Ob dies nun eine besondere Gnade oder Teil des göttlichen Plans ist: Frauen sind jedenfalls häufiger bereit als Männer, sich der Angst und dem Schatten zu stellen. Vielleicht liegt der Grund hierfür darin, daß unsere Erziehung Frauen erlaubt, Angst zu zeigen. Mut ist jedoch nicht die Abwesenheit von Angst, sondern die Bereitschaft, sich ihr zu stellen.

Ich habe den Mut, meine dunklen Seiten zu erkennen und anzunehmen. Ich stehe sowohl zum Guten wie Bösen in mir und werde dadurch zu einem vollständigen Ganzen.

Wenn wir unseren Nächsten nicht lieben, sind wir verloren. Wenn wir diese Liebe nicht in uns spüren, obwohl wir uns voller Hingabe darum bemüht haben und eigentlich glauben, eins mit Gott zu sein, jedoch im stillen Gebet spüren, daß wir Vorbehalte haben – dann, glaube mir, sind wir mit Gott noch nicht eins. Teresa von Avila

Alles, was einer Frau zustößt, wird als ihre Privatsache betrachtet. Stirbt sie an Krebs, ist das ihre Angelegenheit. Schlägt ihr Ehemann sie, ist das auch ihre Sache. Wenn sie geschieden ist und ihr Mann keine Alimente zahlen will, geht das ebenfalls nur sie etwas an. Diese Denkweise hat ihre Wurzeln in einer patriarchalisch organisierten Gesellschaft und verlangt nach Veränderung. Wir müssen uns um Frauen in Not kümmern und in solchen Situationen, die unsere Kultur zur Privatsache erklärt, die Verantwortung für sie übernehmen. Wenn wir nicht für unsere Nachbarin zu sorgen bereit sind, haben wir unsere spirituelle Vollkommenheit noch nicht erreicht, wie perfekt unsere meditative Konzentration auch sein mag.

In der Verantwortung für meinen Nächsten werde ich zu meiner eigenen Vollkommenheit finden. Und mein Verantwortungsgefühl entspringt einem liebenden Herzen.

Wenn man die Welt mit dem Gefühl betrachtet, kann man sie nicht klar erkennen. Wenn man sie mit der Seele betrachtet, wird man verstehen.

Friedenspilgerin

Es ist wichtig, daß wir unsere persönlichen Gefühle wahrnehmen, denn sie können uns einer tieferen Wahrheit zuführen, die über diese individuellen Gefühle hinausreicht. Wenn wir uns und unsere Gefühle besser verstehen lernen, entwickeln wir auch mehr Verständnis für andere. Selbst unsere Feinde betrachten wir dann als Menschen, die einfach nur glücklich sein und leben wollen, ohne zu leiden. Das Festhalten an unseren Gefühlen ist es, das unsere Wahrnehmungsfähigkeit einschränkt, keineswegs sind es die Gefühle selbst.

Daß wir über unsere Gefühle hinauswachsen sollen, bedeutet nicht, daß sie selbst schlecht sind und wir sie unterdrücken müssen. Wir müssen uns vielmehr bemühen, sie direkt wahrzunehmen, ohne über sie nachzudenken. So spüren wir bei Trauer den Druck auf unserer Brust, unsere Erschöpfung und Lustlosigkeit. Und wir merken, wie sich diese Empfindungen von selbst verändern. Wenn wir aber an der Trauer festhalten, verlieren wir uns in unseren trübseligen Gedanken und Erinnerungen. Dann haben nicht wir die Trauer unter Kontrolle, sondern sie kontrolliert uns.

Ich will versuchen, meine Gefühle wahrzunehmen, ohne über sie nachzudenken. So kann ich sie gleichsam aus der Distanz betrachten, sie kommen und gehen sehen, ohne an ihnen unnötig festzuhalten.

Ein jeder unserer Freunde stellt eine Welt in unserem Innern dar, eine Welt, die vielleicht niemals hätte entstehen können, wenn dieser Freund nicht in unser Leben getreten wäre.
Anaïs Nin

Eines Tages traf ich mich mit ein paar Freundinnen in einem Lokal, von dem aus der Blick auf eine Meeresbucht geht. Wir sprachen über unsere Freundschaft und darüber, wie wichtig und heilig sie uns war. «Früher dachte ich, daß es unter mehreren Freundinnen immer eine gibt, die wie die Nabe eines Rades ist, um die sich alles dreht. Jetzt erkenne ich, daß diese Radnabe eigentlich die Freundschaft selbst ist oder besser: der heilige Raum, in dem sie sich bewegt», sagte eine der Frauen. Damit entbrannte eine Diskussion über die Ähnlichkeiten und die Unterschiede zwischen einer Freundschaft und einer Liebesbeziehung. Eine hielt die Sexualität für den einzigen Unterschied: «Ob Freunde oder Partner – in allen Beziehungen befinden wir uns in einem heiligen Raum. Eine intime Beziehung ist sicher verschieden von einer Freundschaft, aber deine Freunde haben ja nicht weniger von dir als dein Lebenspartner. Früher dachte ich, daß eine Liebesbeziehung mehr zu bieten hat als eine Freundschaft. Heute glaube ich, mit diesem Gedanken den heiligen Raum verletzt zu haben.»

Ich will mir immer bewußt sein, daß Freundschaften etwas ganz Besonderes sind. Ich will sie weder über noch unter eine Liebesbeziehung stellen, denn beide Arten von Beziehungen sind gleichermaßen heilig.

Webe wahre Bindungen, schaffe wahre Knoten, baue wahre Häuser. Lebe ein Leben, daß du ertragen kannst; spende liebevolle Liebe. Verknote und webe weiter zusammen und nimm immer mehr auf: für Außenstehende ein undurchdringliches Dickicht, für uns aber verbunden durch unterirdische Bauten und Gänge.

Marge Piercy

Wir sind dazu erzogen worden, andere zu fürchten, zu beneiden und mit ihnen zu konkurrieren. Dadurch haben wir uns isoliert und sind unfähig, wirklich enge Beziehungen einzugehen. Selbst wenn wir warmherzig und freundlich sind, bleiben unsere Beziehungen oft oberflächlich. Wir fürchten uns davor, Menschen zu nahe an uns heranzulassen, weil wir glauben, daß sie unsere Sicherheit gefährden könnten. Die einzig wahre Sicherheit jedoch liegt in der direkten Erfahrung unserer eigenen Göttlichkeit. Je mehr wir uns dieser Göttlichkeit öffnen und sie erleben, desto besser erkennen wir, daß es nichts zu verstecken, zu verlieren oder zu neiden gibt. Je länger wir meditieren, um so mehr sehen wir in jedem anderen Menschen uns selbst. Mit diesem Wissen können wir uns daran machen, «wahre Bindungen» zu anderen Menschen zu weben.

In der Meditation erfahre ich meine eigene Göttlichkeit und die aller anderen Menschen. Ich beginne, mich in den anderen wiederzufinden, und verliere dadurch meine Angst vor zu engen Bindungen.

Wie zu Urzeiten unsere Vorfahren in der Steppe gehen wir Schritt für Schritt voran, wählen hiervon, nehmen davon etwas mit, lassen dieses dort zurück. Wir probieren aus und versuchen im Gleichgewicht zu bleiben, wie die Natur. Wir lassen alles zurück, was uns einmal Probleme bereitet hat.

Le Ly Hayslip

Le Ly Hayslip schreibt von ihren Vorfahren in Vietnam. Sie ruft uns die einfache Lebensweise auf dem Land ins Gedächtnis, spricht von dem Versuch, das Gleichgewicht zu wahren. Früher, als die Menschen Nahrung und Kräuter sammelten, waren sie darauf bedacht, nur das zu nehmen, was nötig war, und achteten darauf, daß das Gleichgewicht der Natur bestehen blieb. Das ist auch heute unsere Aufgabe.

Lange nach dem Vietnamkrieg mußten die Menschen dort noch leiden. Das zeigt uns, daß unsere Handlungen Folgen haben können, die noch lange Zeit nach uns spürbar sein werden. Deshalb wollen wir aufmerksam durch die Welt gehen, gütig handeln und versuchen, die Folgen unseres Handelns zu bedenken.

Ich will mich bemühen, im Gleichgewicht zu sein, in Harmonie zu leben und diese nach außen zu verströmen, so daß auch meine Umwelt im Gleichgewicht ist und mein Handeln keine schmerzlichen Folgen hat.

Für Frauen mit farbenfrohem Geist, die um den Kreislauf des Tages und der Nacht wissen und um den Tanz des Mondes und der Gezeiten, ist nun die Zeit gekommen, sich zu erheben. Dhyani Ywahoo

Dhyani Ywahoo lehrt uns, daß die Einteilung der Menschheit in verschiedene Rassen eine Illusion ist, die uns vom Erkennen der letztendlichen Wahrheit abhält. Wir errichten künstliche Grenzen, die uns als Rechtfertigung dienen, andere zu unterdrücken und ihnen Unrecht zu tun. Die Angst vor Unterschieden hat unser Wahrnehmungsvermögen abgestumpft, uns in die Isolation getrieben und unser Verhalten erstarren lassen. Dhyani lehrt uns, daß im Kreislauf des Lebens jeder einzelne bestimmte Gaben erhält, die er teilen kann, so wie jede Kultur ihre besondere Weisheit besitzt, von der alle Menschen profitieren können.

Dhyani rät den Frauen, ihre Wahrnehmungen «zu beruhigen, zu liebkosen, aufzuschrecken, in Erregung zu versetzen und schließlich zu zerschlagen»: Nur so können wir uns der Zyklen der Erde, die sich in den Jahreszeiten manifestieren und mit denen wir durch unseren eigenen Menstruationszyklus verbunden sind, bewußt werden. Der farbenfrohe Geist ist vom Licht des Regenbogens durchdrungen. Er ist pulsierend, lebendig, schön, sinnlich, leidenschaftlich und mit allem Leben verbunden.

Ich bin Teil des natürlichen Zyklus dieser bunten und vielfältigen Welt.

– Herr, meines Herzens Lust habe ich der Welt entzogen und allen Kreaturen versagt, nun kann ich sie nicht weiter tragen, wohin soll ich sie legen?
– Deines Herzens Lust sollst du nirgendhin legen als in mein göttliches Herz. Da allein wirst du getröstet und mit meinem Geist geküßt.

Mechtild von Magdeburg

Das menschliche Verhalten basiert auf der Suche nach Liebe. Jeder Mensch fühlt das. Das ist es auch, was uns von den Tieren unterscheidet. Unsere Sehnsucht ist uns nicht immer bewußt, weshalb wir zuweilen vom Weg abkommen und uns bereit erklären, weltliche Freuden als Ersatz zu nehmen. Das Glück, das wir in ihnen finden, ist jedoch immer zeitlich begrenzt, weshalb wir letztlich unbefriedigt bleiben.

Materielle Güter sind kein Ersatz für die wahre Liebe. Wir dürfen uns nicht mit ihnen zufriedengeben. Die Reise zum Glück ist weder bequem noch gefahrlos, doch die Belohnung, die am Ende des Weges auf uns wartet, ist die Risiken allemal wert. Treten Sie die Reise an – jetzt gleich: Bringen Sie Ihren Geist zur Ruhe und lauschen Sie den Worten der Göttin, die tief in Ihrem Herzen wohnt.

Ich will mich bemühen, allen Gefahren und Mühen zum Trotz zur wahren Liebe zu finden. Ich will mich dabei weder von materiellen Gütern ablenken lassen noch sie mit wahrem Glück und wahrer Liebe verwechseln.

Es gibt nichts, was man auf Anhieb lernt. In Westafrika spricht man von «tiefem Gespräch». Das bedeutet, daß jeder das Gesagte auf einer bestimmten Ebene versteht. Menschen, die mehr verstehen wollen, nehmen auch die tief in dem Gesagten enthaltene Weisheit wahr. Und wie tief die Erkenntnis auch sein mag, zu der man durchgedrungen ist – wenn man nur lange genug lebt, kann man immer noch tiefer vorstoßen. Mary Angelou

Sich eine neue Fähigkeit anzueignen kann zu Beginn schwierig und mühevoll sein. Mit wachsender Übung verwandelt die Mühe sich zwar in Mühelosigkeit, aber man braucht Geduld und Mut, um tiefer in die Materie einzudringen. In unserer schnellebigen Gesellschaft wird uns wahrscheinlich nur wenig Verständnis für die fortwährende und sorgfältige Betrachtung unserer selbst zuteil werden, die bei der Meditation notwendig ist. Aber so ist der spirituelle Weg nun einmal. Zu Anfang kommt es uns vor, als ob unser Leben ärmer würde, wenn wir die Stille und Einsamkeit suchen und uns der sinnlichen Anregung von außen entziehen. Nur durch Geduld, Ausgeglichenheit und stetiges Bemühen können wir die Oberfläche der gewöhnlichen Wahrheit durchdringen und zum Kern vorstoßen. Wir werden immer noch in der Lage sein, unseren alltäglichen Aufgaben nachzukommen, aber wir werden den Schein nicht länger mit der Wirklichkeit verwechseln.

Ich suche die Stille und übe mich in der Meditation, auch wenn die Leute mich nicht begreifen und ich lange brauchen werde, um ans Ziel zu kommen.

Es ist wichtig, in unserem Selbstverständnis das Bild der Ganzheit am Leben zu erhalten: die Mitte, in *der wir leben, das Leben,* in *dem wir leben, die Liebe,* in *der wir leben, die Verbundenheit,* in *der wir leben. Alle Wesen der Dunkelheit und des Lichts sind die Mitte, in der wir leben. Wenn wir uns mit der Ganzheit des Lebens verbunden fühlen, so bedeutet das, daß wir zu unserer eigenen Mitte gefunden haben, inmitten der Liebe sind.*

M. C. Richards

Wie leicht verlieren wir uns in den Einzelheiten des Alltags. Wie schnell verlieren wir das Ganze aus den Augen. Unsere persönlichen Erlebnisse, die Geschichte unseres Lebens, das, was wir Tag für Tag tun, was wir denken, was wir fühlen, rückt in den Vordergrund, wird am wichtigsten für uns. Zudem lehrt uns unsere Gesellschaft, ständig nach unserer eigenen Freude und Bequemlichkeit zu streben. Im Zuge dieses Strebens teilen wir Menschen, Dinge und Erfahrungen in gut und schlecht ein. Wir arbeiten, um mehr vom Guten zu bekommen und das Schlechte in Grenzen zu halten. Wenn wir etwas Gutes bekommen haben, versuchen wir angestrengt, es zu bewahren und andere davon fernzuhalten. All das fordert ständige Anstrengung und verursacht ständige Anspannung. Um zu unserer Mitte zu finden, müssen wir unsere Vorstellung von Gut und Schlecht aufgeben und das ganze Leben umarmen.

Ich bin mir der Ganzheit allen Lebens bewußt, zu der Gutes und Schlechtes gleichermaßen gehört. Ich will beides annehmen und mich nicht in Einzelheiten verlieren.

Wenn wir uns stärker konzentrieren und uns bemühen, tiefer zum Kern unseres Seins vorzudringen, werden wir feststellen, daß unser Inneres ständig in Bewegung ist. Der Geist versteht, daß ständige Bewegung im Innern auf ständige Bewegung außerhalb unserer selbst schließen läßt. Wo können wir also Beständigkeit finden? Der Körper verändert sich. Es gibt nichts, woran wir festhalten könnten. Die Gedanken verändern sich – wo bin ich also? Wir müssen die Vergänglichkeit erfahren. Ayya Khema

Aus der Medizin wissen wir, daß der Körper in ständiger Veränderung begriffen ist: Alte Zellen sterben und neue werden gebildet. Auf der Ebene der Zellen erneuert sich unser gesamter Körper alle sieben Jahre. Wir sind also nicht derselbe Mensch wie vor sieben Jahren.

Wenn wir meditieren, wenn wir üben, auf den Atem zu achten, bemerken wir, daß auch der Atem nicht still steht. Er wird in den Körper eingesogen und wieder ausgestoßen. Das gleiche gilt für unsere Gedanken und Gefühle. Wenn wir genau aufpassen, merken wir, daß jeder Gedanke nur kürzeste Zeit bei uns verweilt; unsere Gedanken verändern sich so schnell, daß wir sie als kontinuierlichen Gedanken*strom* erleben. Wenn wir sie aufmerksam beobachten, können wir jedoch all die kleinen Veränderungen wahrnehmen.

Am eigenen Leib kann ich erfahren, daß alles sich ständig verändert, vergeht und neu entsteht. Ich will an nichts festhalten, will aber der vielen körperlichen und geistigen Veränderungen in und an mir gewahr werden.

Wir haben die Aufgabe, von den Tieren zu lernen. Das bedeutet, daß wir für sie sorgen und ihre Umwelt bewahren müssen. Wir müssen uns um der Schöpfung willen zurückziehen. Deena Metzger

Ich kenne ein entlegenes Meditationszentrum, das sein Wasser nicht aus normalen Wasserleitungen bezieht. Es wird auf Lastwagen dorthin transportiert, weil die Anwohner befürchten, durch ein Wasserleitungsnetz die dort lebenden Schildkröten zu gefährden. Die meisten von uns sind in Häusern aufgewachsen, in denen das Wasser einfach aus dem Hahn floß und wir nicht besonders darauf achten mußten, woher es kam und wohin es ging. Abhängig, wie wir von unserer Bequemlichkeit sind, fällt es uns wahrscheinlich schwer, unseren Wasserverbrauch einzuschränken.

Die Menschen in dem erwähnten Meditationszentrum lernen, sich der Herkunft des Wassers bewußt zu werden. Sie nutzen die Gelegenheit, aufmerksam mit dem Wasser umzugehen. Verbrauchtes Wasser wird gesammelt und zum Gießen der Pflanzen benutzt. Es wird darauf geachtet, nicht zuviel Wasser zum Spülen, Duschen oder Zähneputzen zu verbrauchen. Für die Bewohner des Zentrums ist das keine Entbehrung, sondern kommt einer Dankesmeditation, einer Übung in Achtsamkeit gleich.

Die Natur ist ein Segen, und ich will achtsam mit ihr umgehen. Ich will nur von ihr nehmen, was ich wirklich brauche, und ihre Vorräte nicht bedenkenlos vergeuden.

Soziale Veränderungen müssen in unseren Herzen beginnen: mit dem Willen, unsere Ichbezogenheit, unsere Habgier und unsere Gelüste in Verständnis, Liebe und Hingabe zu verwandeln und Verantwortung für die Armut und Ungerechtigkeit in unserem Land zu übernehmen.

Schwester Chan Khong

Sanftmütig zu sein fällt uns besonders schwer, wenn wir Angst haben. Angst drängt uns in die Defensive und macht uns aggressiv in Wort und Tat. Manchmal verleitet sie uns auch dazu, uns zurückzuziehen oder die Flucht zu ergreifen. Erst durch die Sanftmut finden wir unsere Mitte, unseren geistigen Frieden, die Fähigkeit, über unseren Schmerz hinauszuwachsen. Wenn wir körperlich leiden, sollten wir uns der tieferen Wunde in unserem Inneren widmen: Die Schrecken des Krieges sind entsetzlicher als ein amputiertes Bein. Sie sind gleichbedeutend mit der Furcht, dem Haß und der Gewalt, die uns dazu bringen, andere Menschen zu töten. Als ruhige Beobachter unserer selbst wird es uns gelingen, unseren eigenen Haß und Schmerz zu erkennen. Und die unmittelbare Erfahrung dieses Schmerzes hat die Macht, ihn in Sanftmut zu verwandeln. Ein sanftmütiges Herz ist ein mitfühlendes Herz. Und ein mitfühlendes Herz ist voller Güte.

Konzentrieren Sie sich auf Ihren Atem, atmen Sie ein und aus. Atmen Sie Sanftmut und Güte.

Ich gestatte der Sanftmut, all mein Handeln zu durchdringen. Denn nur durch sie, die mich Liebe und Hingabe spüren und meine Angst und Aggression überwinden läßt, kann ich wirklich Veränderungen herbeiführen.

Je mehr man diese kleinen Dinge untersucht – wie das lila Veilchen, das ich heute morgen gepflückt und mitgenommen habe, um es unter dem Mikroskop zu betrachten –, desto klarer wird es, daß nichts auf dieser Erde völlig unabhängig und ohne Beziehung zu anderen Lebewesen existiert und daß auch die kleinsten Dinge aus noch kleineren Teilen zusammengesetzt sind.

Rachel Peden

Die Upanishaden, die mystischen Texte der Hindus, sagen, daß nicht die Welt unwirklich ist, sondern die Überzeugung, daß sie von uns getrennt existiert. Alle Lebewesen sind miteinander und der Welt verbunden und bilden eine Einheit. Das ist die Wahrheit, und diese Wahrheit währt ewig. Um sie zu erkennen, müssen wir uns von dem Glauben an eine Trennung zwischen uns und anderen abwenden.

Diese Wahrheit der Einheit allen Lebens ist uns allen zugänglich. Viele beginnen, ähnlich wie Rachel Peden, diese Einheit anhand der Natur zu verstehen. Unsere Beobachtungen lassen uns die Wahrheit sozusagen «sehen». Doch ohne die umfassende Erforschung unseres Geistes können wir sie niemals wahrhaft erkennen.

In der Meditation erfahre ich unmittelbar die Einheit mit der Welt. Ich erkenne, daß nichts getrennt und allein für sich existiert, sondern alles miteinander verbunden ist und ein großes Ganzes bildet.

Die weibliche Macht, die in jeder von uns ruht, ist weder hell noch oberflächlich; sie ist dunkel, sie ist alt und tief in uns verwurzelt. Audre Lorde

Die große dunkle Frauenmacht wird in der alten Hindi-Schrift *Chandi* oder *Die Herrlichkeit der Göttin* versinnbildlicht. Wie die bekanntere *Bhagavad Gita* handelt auch die *Chandi* vom Kampf um den inneren Frieden: Die Selbstdisziplin, die Allumfassende Liebe, der Selbstlose Dienst am Nächsten und andere göttliche Wesen werden aus dem Himmel verbannt. Sie müssen gegen den grausamsten Krieger überhaupt kämpfen: gegen die Selbstsucht. Dieser Krieger wird von seinen Helfern – den Dämonen der Habsucht, der Begierde und des Zorns – unterstützt. Eines Tages treffen diese Dämonen auf eine wunderschöne Frau – die Göttin –, die auf einer Bergspitze sitzt. Sie fordern sie auf, die Sklavin der Selbstsucht zu werden, und versprechen ihr als Gegenleistung allen Reichtum der Welt. Die Göttin erklärt voller Scheu, daß sie das Gelübde abgelegt habe, nur den zu heiraten, der sie im Kampf erobere. Es folgt ein grausamer und schrecklicher Kampf um die Göttin zwischen der Selbstsucht und Shakti, der reinigenden Kraft des Höchsten Bewußtseins.

Diese Geschichte vermittelt uns die Einsicht des Tantra: daß die Welt eine göttliche Einheit darstellt, vom Göttlichen durchdrungen ist.

In mir ruht eine uralte Macht, die Macht der Göttin, die gegen die Selbstsucht siegt und Liebe, Hingabe und Güte triumphierend in mein Herz einziehen läßt.

Dezember

Freude, Liebe und Mitgefühl sind für das spirituelle Wachstum unabdingbar. Wenn wir diese Empfindungen in uns fördern und danach handeln, bereichern wir nicht nur uns selbst, sondern auch unsere Umwelt. Tiefe Freude ist das Ergebnis unserer Vision von Verbundenheit, eine Vision, die den Mythos der Trennung zerstört. So sollen unsere Herzen tanzen, vor Liebe und Mitgefühl jubeln und ganz von der Sehnsucht nach Einheit und Ganzheit erfüllt sein.

Christina Feldman

Die Überwindung unserer Individualität, unseres eigenen Ich, führt keinesfalls zu Passivität. Sie verwandelt unsere Selbstsucht und unsere zerstörerischen Tendenzen vielmehr in Kreativität. Sie steigert unser Mitgefühl, so daß wir unsere eigenen Bedürfnisse nie mehr losgelöst vom Rest des Lebens sehen können. Je größer unsere Freude, desto geringer unsere Neigung, andere auszubeuten. Die Riten, Rituale und Gebete sämtlicher religiösen Traditionen helfen uns dabei, die Voraussetzungen für Freiheit, Liebe und Weisheit in uns zu schaffen. Wir dürfen uns aber nicht an diesen Dingen festklammern, denn sie sind lediglich Hilfsmittel, um unser Leben zu einem Teil der selbstlosen göttlichen Energie zu machen. Wer mit ihr verschmilzt, für den gibt es keine größere Freude.

Rituale können mir helfen, meine Mitte zu finden.

Als Vorbilder habe ich immer ganz gewöhnliche Frauen mit einer natürlichen Anmut betrachtet. Ich war immer erstaunt, daß sie niemals verbittert waren, sondern die Fähigkeit besaßen, einfach immer weiterzukämpfen.

Marian Wright Edelman

Bei unserer Arbeit keine Verbitterung aufkommen zu lassen ist außerordentlich wichtig. Sonst überschattet der Groll all unser Denken und Tun. Denn erst die Art, mit der wir das Leben sehen und darauf reagieren, macht uns zu Menschen mit oder ohne Anmut. «Anmutige Frauen betrachten das Leben nicht als Kampf», sagte eine Freundin einmal zu mir. «Sie arbeiten zwar hart, akzeptieren aber ihr Leben, so daß sie inneren Frieden finden und eine Leichtigkeit ausstrahlen, die mich immer in Erstaunen versetzt. Sie zu beobachten kann uns vieles lehren; es ist wie eine meditative Betrachtung.»

Meine Großmutter war auch so eine Frau. Das konnte ich daran erkennen, wie sie sich an den kleinen Dingen im Leben freute: an den Blumen, den Schmetterlingen und den Libellen. Sie hatte ihre Mitte gefunden, und so bewegte sie sich auch, niemals hastig, immer ruhig und gleichmäßig. Ihr Wahlspruch lautete: «Nie darfst du schneller laufen, als deine Füße dich tragen können, oder mehr tun, als deine Hände leisten können.» Und so eine Lebenshaltung – das ist Anmut.

Ich will versuchen, das Leben mit Leichtigkeit anzugehen, mich an allem Schönen zu freuen und das Schmerzliche ohne Verbitterung an mir vorüberziehen zu lassen.

Der Zustand, den man durch Meditation erreicht, ähnelt demjenigen, in dem wir uns in Momenten von großer Kreativität befinden: Einerseits ist man voller Gelassenheit und Ruhe, andererseits sprudelt man geradezu über an Ideen – wie eine unermüdlich fließende Quelle.

Susan Griffin

Die mystischen Texte der Inder, die *Upanishaden*, lehren uns, daß das wahre Wesen eines jeden Menschen gleich ist. Solange wir unser Bewußtsein nur auf unseren Körper richten, betrachten wir unsere Mitmenschen als fremd, anders und von uns getrennt. Die Wahrheit liegt jedoch in dem, was uns allen gemein ist, sie ist die Essenz des Lebens. Die Trennung zwischen den Lebewesen ist nur Schein, Illusion, denn in Wahrheit sind wir eins mit der Kraft, die das Universum erschafft und erhält, und wurden geboren, um die Einheit mit allem Leben und dem innersten Kern unserer selbst zu erkennen. Das selbstsüchtige Ich ist nicht in der Lage, diese Einheit wahrzunehmen. Aber wir können unseren Geist trainieren. Wir können lernen, uns so lange auf ein Objekt in unserem Inneren, zum Beispiel unseren Atem, zu konzentrieren, daß die uns umgebende, äußere Welt an Bedeutung verliert. Wir sehen, hören und empfinden diese Welt zwar noch, aber unsere Wahrnehmungen lenken uns nicht länger von der letztendlichen Wahrheit ab. Wenn wir die Göttlichkeit in uns erwecken, erreichen wir einen Zustand voller Frieden, Freude und Kreativität.

Durch die meditative Versenkung in mich selbst enthüllt sich mir die Wahrheit der Einheit allen Lebens.

Wir müssen uns uns selbst mit Neugier und Staunen nähern. Dem Leben offen und neugierig zuzuhören ist gleichbedeutend mit Freude – wie auch immer unser Leben momentan verläuft. Charlotte Joko Beck

Oft sind wir hart zu uns selbst und unfähig, uns unsere Angst zu vergeben. Die Folge sind Scham und Verlegenheit oder Zorn, weil wir etwas empfunden haben, das wir für inakzeptabel halten. Lebendig werden heißt, sich mit sich selbst anfreunden. Wir müssen das Kind in uns lieben lernen – all seine verletzten, verängstigten, traurigen und wütenden Facetten. Wenn wir diesem Kind Liebe und Vergebung entgegenbringen, finden wir zu unserer Kindlichkeit zurück: Wir freuen uns wieder an der Welt, sind neugierig und haben keine Angst vor Risiken. Wir sind begierig, zu wachsen und zu lernen. Wie ein Kind zu sein bedeutet, ein Höchstmaß an Kreativität zu besitzen.

Wenn Sie sich das nächste Mal schämen oder innerlich wie abgestorben fühlen, versuchen Sie innezuhalten. Atmen Sie tief ein. Nehmen Sie jetzt Ihr inneres Kind in die Arme und schenken Sie ihm alle Liebe, derer sie fähig sind. Stellen Sie sich nun vor, wie sich das Kind in eine winzige Flamme verwandelt, die sicher und geborgen in Ihrem Herzen brennt.

Ich will das Kind in meinem Innern lieben und mir selbst alle meine Fehler und Schwächen vergeben, damit ich zu meiner kindlichen Neugier und Kreativität zurückfinden kann.

Ich erinnere mich daran, wie ich früher über den Aufkleber «Bete für Frieden» lachte. Jetzt wird mir klar, daß ich ihn nicht verstand, weil ich auch das Beten nicht verstand. Heute weiß ich, daß wir durch unser Gebet die Verbundenheit der materiell faßbaren Welt mit dem Göttlichen bestätigen; ja ich weiß, daß alles, und insbesondere die materielle Welt, mit dem Göttlichen identisch ist.

Alice Walker

Das menschliche Leben ist wertvoll. Wir können nicht ohne die Sonne leben, die auf uns scheint. Wir können nicht ohne die Luft leben, die wir atmen, oder das Wasser, das wir trinken. Wir können aber die Freuden, die das Leben bietet, nicht annehmen, wenn wir nicht dankbar sind. Erst die Dankbarkeit öffnet unser Herz. Und Gebete können uns dabei helfen. Wir beten nicht, um einen zornigen Gott zu besänftigen. Wir beten nicht um Vergünstigungen wie ein Kind, das seine Eltern anbettelt. Zu beten bedeutet, sein Herz voller Mut zu öffnen, um es mit der göttlichen Quelle des Lebens zu vereinigen.

Nehmen Sie sich heute die Zeit, dankbar zu sein. Nehmen Sie sich Zeit, zu beten. Haben Sie den Mut, Ihr Herz dieser Welt, ihrem Glück und ihrem Leid zu öffnen.

Ich will dankbar sein für das Leben und alles, was es mit sich bringt. Im Gebet kann ich meine Dankbarkeit zum Ausdruck bringen und mich eins mit der Göttlichkeit des Lebens fühlen.

Gott liebt mich. Jedes Mal, wenn ich diese Worte ausspreche, steigen Tränen der Dankbarkeit und der Verwunderung in mir auf. Und ich fühle mich wieder als ganzer Mensch, gebend, lebendig, mit dem Recht auf alles, was richtig ist. Maya Angelou

Gott liebt mich. Die Göttin liebt mich. Die Göttin ist Liebe. Ich bin die Liebe. In uns selbst die Göttin zu erkennen ist ein Geschenk der Gnade. Ich habe es während Spaziergängen in der freien Natur, beim Singen, bei der Meditation, bei Ritualen und beim Tanzen empfangen. Zu wissen, daß ich die Göttin bin, gibt mir die Stärke und den Mut, nach den Wahrheiten hinter der materiell faßbaren Realität zu suchen. Zu wissen, daß ich die Göttin bin, daß ich geliebt werde, steigert mein Selbstwertgefühl; ich fühle mich sicher. Dieses Wissen gibt mir auch die Kraft, zu geben. Ich kann nicht geben, was ich nicht habe. Wenn mich Zweifel überfallen und ich vergesse, daß ich ein Recht darauf habe, zu sein, muß ich den Schmerz meiner Zweifel zuerst verklingen lassen. Ich heile mich selbst, indem ich mich um mich kümmere, besonders um mein zweifelndes Selbst: Ich kann beobachten, wie meine Zweifel kommen und gehen, und erkennen, daß ich nicht ihre Gefangene bin. Beim Ausatmen lasse ich sie los und «… fühle mich wieder als ganzer Mensch, gebend, lebendig, mit dem Recht auf alles, was richtig ist.»

Ich lasse meine Selbstzweifel fahren. Gott, die Göttin, geben mir durch ihre Liebe die Kraft, sie zu überwinden und die Wunden zu heilen, die sie hinterlassen haben.

In einer einfachen Hütte zu hausen, nur trockenes Brot zu essen, aber zu wissen, daß man geliebt und geachtet wird, ist mehr wert, als in einem Palast zu wohnen, in dem man keine Liebe und keinen Respekt empfängt.

Maria Lorusso

Die Worte «Ich liebe dich» kommen vielen leicht über die Lippen. Aber ein großer Teil unserer sogenannten Liebe wird von unseren eigenen Interessen bestimmt. Respekt bedeutet, einander mit Achtung zu begegnen. Jemanden respektieren heißt, sich ihm nicht aufdrängen. Je größer unser Interesse an uns selbst ist, desto weniger Respekt bringen wir unseren Mitmenschen entgegen. Unsere Aufgabe besteht nun darin, unser Ich beiseite zu schieben, um einem höheren Willen Platz zu machen. Unsere persönlichen Beziehungen bieten uns die beste Gelegenheit, das zu üben. Dabei ist es keineswegs notwendig, uns zu jedem und allem hingezogen zu fühlen. Unsere Liebe zeigt sich vielmehr in unserem Respekt: darin, daß wir niemandem Unrecht tun, daß wir nicht nachtragend oder feindselig sind.

Ich erkenne, daß wahre Liebe nichts anderes ist als aufrichtiger Respekt vor einem anderen Lebewesen. Nicht jeder Mensch wird mir sympathisch sein, aber jedem Menschen kann ich Respekt entgegenbringen und somit Liebe.

Ich glaube nicht, daß ich von einem wilden Tier lernen kann, wie ich im einzelnen leben soll. Soll ich etwa das noch warme Blut meiner Beute trinken oder mit erhobenem Schweif davongaloppieren? Aber vielleicht kann ich von der Sorglosigkeit der Tiere lernen: von der Reinheit ihres Lebens in und mit ihrem Körper, von der Würde ihres Lebens, das weder Vorurteile noch Beweggründe kennt.

Annie Dillard

Eine meiner spirituellen Lehrerinnen setzt körperliche Übungen als Hilfsmittel bei der Meditation ein: Durch langsame, sanfte Dehnungsübungen richten die Kursteilnehmerinnen ihre Aufmerksamkeit zunächst auf die Atmung und auf die Empfindungen in ihren verschiedenen Körperteilen. Dadurch eröffnet sich ihnen ein tieferes Bewußtsein; sie erreichen einen Zustand großer Achtsamkeit.

Manchmal läßt die Lehrerin ihre Schülerinnen so lange die Arme über den Kopf halten oder nach beiden Seiten ausstrecken, bis sie ihnen schwer werden. Dadurch erleben sie direkt, wie sehr unser Geist den Impuls verspürt, die Flucht zu ergreifen, wenn etwas Unangenehmes geschieht. Durch Konzentration auf ihren Körper können sie also die Regungen des Geistes erforschen.

Wie ein Tier will ich mich immer wieder ganz auf meinen Körper konzentrieren und wahrnehmen, was ich in seinen verschiedenen Teilen spüre. Diese körperliche Achtsamkeit wird mir helfen, auch geistig achtsam zu sein.

Am Anfang war der Gedanke und sein Name war Frau. Sie ist die «Alte Frau», die sich um das Feuer des Lebens kümmert. Sie ist die «Alte Spinnenfrau», die unsere Fäden zusammenwebt. Sie ist die «Älteste Gottheit», diejenige, die sich erinnert und immer wieder erinnert.

Paula Gunn Allen

Die Erde als Mutter, die Mutter als Schöpferin, die Frau als Natur, die Frau als die Erschafferin aller Kultur, taucht in vielen Legenden und Bildern der Indianer auf. Die Pueblo-Indianer aus dem Südwesten Nordamerikas reden von der *Spinnenfrau* als der Schöpferin. In einer ihrer Legenden spannt die Spinnenfrau einen Faden von Norden nach Süden und einen weiteren von Osten nach Westen. Ihre Fäden umspannen das Universum und aus diesem Gespinst werden zwei Töchter geboren. Die Mutter und ihre beiden Töchter gebären die Sonne, den Mond, die Sterne, das Volk der Pueblo-Indianer und alle anderen Völker dieser Erde. Jeder Mensch wird mit dem Mantel der Kreativität und Weisheit umhüllt und durch einen dünnen Faden mit dem Netz der Spinnenfrau verbunden. Jedesmal wenn die Welt zerstört wird, rettet die Spinnenfrau diejenigen, die sich dieser Verbindung erinnern. Es ist deshalb Zeit für uns, diese wieder wahrzunehmen, uns der kreativen Weisheit zuzuwenden und schöpferisch zu werden, indem wir gemeinsam eine Welt des Friedens und der Harmonie schaffen.

Ich bin eins mit der Spinnenfrau, eins mit dem Universum und allen anderen Lebewesen. Auf diese Einheit will ich mich besinnen und Kraft aus ihr schöpfen.

Wir alle sind verletzlich. Alles verändert sich. Nur die Weisheit kann uns Schutz bieten, denn nur sie hilft uns, uns dem Leben zu stellen. Konzentration allein führt noch nicht zu Weisheit, sie ermöglicht lediglich die Erforschung der Seele. Konzentration schafft den Mut und die Stärke, die wir für die Reise in unser Inneres brauchen.

Michele McDonald

Konzentrationsübungen, wie die Rezitation von Mantras, oder Visualisierungen, sollen das Bewußtsein bündeln, indem sie die Sinneswahrnehmungen ausschalten. Der Geist wird ruhiger, unsere Energie sammelt sich und wir erfahren große Freude und Gelassenheit. Doch der Zustand, den man durch derlei spirituelle Übungen erreicht, ist – wie alles – nur vorübergehend, und die Gefühle, die während der Übung vielleicht zum Schweigen gebracht wurden, kehren hinterher nur um so heftiger zurück.

Es existiert allerdings eine spezielle Bewußtseinsübung, bei der wir das Erleben der Gegenwart nicht ausblenden: Konzentrieren Sie Ihr Bewußtsein ganz kurz auf Ihren Atem, einen Klang oder eine körperliche Empfindung, dann wenden Sie sich wieder der Gegenwart zu und das immer und immer wieder. Diese Übung ist außerordentlich schwierig, trägt aber um so mehr dazu bei, daß wir unsere eigene Mitte finden. Durch sie können wir lernen, das Leben weniger persönlich zu nehmen.

Durch Konzentrations- und Bewußtseinsübungen will ich mich stärken auf dem Weg in mein Innerstes, dem Weg zu Wahrheit, Frieden und Ganzheit.

Wesentliche Siege können wir nur selbst erringen; trotzdem ist es eine große Beruhigung, zu wissen, daß andere uns vorangegangen und ins Leben zurückgekehrt sind, um zu berichten. Barbara Myerhoff

Barbara Myerhoff spricht von einer Krebserkrankung. In der Tat müssen wir unsere wichtigen Siege selbst erringen und energische Anstrengungen unternehmen, um uns zu verändern. Die großen Lehrer- und Mystikerinnen können uns inspirieren und den Weg zeigen, aber die zur Veränderung notwendige Arbeit müssen wir selbst leisten. Unsere spirituelle Reise wird lang und mühsam sein. Um Reinheit des Herzens zu erlangen, müssen wir unsere Sinne beherrschen, uns von Eigensinn, Vorlieben und Abneigungen befreien; unsere Bindungen an Menschen und Dinge dürfen keine selbstsüchtigen Gründe haben. Wie schwer die spirituelle Reise ist, zeigt sich schon allein daran, wie wenig Menschen sie antreten. Viele haben entweder kein Interesse daran, weil sie so vollständig in ihrer Welt gefangen sind, oder sie halten das Ziel für unrealistisch und unerreichbar. Die Lehren der Mystikerinnen können uns deshalb eine große Hilfe sein, denn sie vermitteln uns die tröstliche Gewißheit, daß wir unser Ziel durchaus erreichen können.

Ich will die anstrengende Reise zu Wahrheit und Weisheit mit Geduld und Gelassenheit antreten. Ich weiß, daß ich das Ziel erreichen kann, und nehme mir besonders dann ein Beispiel an denen, die es vor mir erreicht haben, wenn mich die Kraft verläßt und ich zu zweifeln beginne.

O meine Freunde, was könnt ihr mir von der Liebe erzählen, deren Pfade voller Merkwürdigkeiten sind? Wenn du dem Großen deine Liebe anbietest, wird dein Körper zuallererst zerstört. Als nächstes mußt du ihm deinen Kopf als Sitz anbieten. Sei bereit, sein Licht zu umkreisen wie eine Motte, in dem Hirsch zu leben, der dem Ruf des Jägers folgt, in dem Rebhuhn, das aus Liebe zum Mond heiße Kohlen schluckt, in dem Fisch, der fern vom Meer mit Freuden stirbt. Wie eine Biene, lebenslänglich gefangen in der sich schließenden süßen Blüte, hat Mira sich ihrem Herrn angeboten. Sie sagt, daß die einzelne Lotosblüte dich ganz und gar verschlucken wird.

Mirabai

Um sich der Liebe öffnen zu können, muß der kleine Geist, der Intellekt, das Ich, einem größeren Wissen Platz machen. Einigen von uns gelingt es erst kurz vor ihrem Tode, sich zu öffnen. Anderen gelingt es niemals. Diejenigen, denen es gelingt, erfahren den Tod als Ganzheit. Wenn der Tod nahe ist, scheint für diese Menschen alles von Licht überstrahlt. Die Luft, die sie umgibt, pulsiert und ist lebendig, auch wenn in ihren eigenen Körpern fast kein Leben mehr ist. Es gibt keine Grenzen mehr. Alles ist offen und fließend.

Ich will mich öffnen, damit der Tod keine Schrecken mehr für mich birgt, sondern ein freudiges Ereignis ist, das ich willkommen heiße.

Es kommt nicht darauf an, viel zu denken, sondern viel zu lieben. Also tu, was immer am meisten Liebe in dir hervorruft. Teresa von Avila

Teresa von Avila reformierte den Orden der Karmeliterinnen und gründete siebzehn Klöster in ganz Spanien. Obwohl die Nonnen äußerst diszipliniert lebten, nahmen sie sich auch Zeit für Erholung, für Tanz und Musik.

Unsere Kultur ist viel zu verstandesorientiert. Auf einem meiner Seminare zum Thema Frieden absolvierten wir nicht nur stille, meditative Übungen, sondern verbrachten auch viel Zeit mit Bewegung und interaktiven Ritualen. Einer der Teilnehmer war empört: Er verstand nicht, was Trommeln und Singen mit Frieden zu tun hatte. Er hielt es für sinnvoller, Ideen darüber auszutauschen, wie der nationale und internationale Frieden erreicht werden konnte. Ich hingegen hatte die Absicht, die Teilnehmer Frieden direkt erleben zu lassen. Durch das Erkunden ihrer eigenen Seele sollten sie zunächst die Erfahrung gemeinsamer Freude machen, um, wieder zu Hause, Liebe und Frieden in ihr Alltagsleben bringen zu können. Menschen, die das Gefühl gemeinsamer Freude kennengelernt haben, sind in der Lage, ihre Liebe weiterzugeben. Offenheit und ihr tiefes Interesse für den anderen ermöglichen es ihnen, ihre Beziehungen harmonisch zu gestalten und Konflikte zu vermeiden.

Ich weiß, daß ich erst dann Frieden verbreiten kann, wenn ich ihn selbst zusammen mit anderen erlebt habe.

Wir wollen den Nektar annehmen, der uns ohne Unterbruch dargeboten wird. Wie alt wir auch sind, wir sind und bleiben Kinder in der Mutter Erde Schoß.

Dhyani Ywahoo

Jeder Tag ist ein kostbares Geschenk aus vierundzwanzig Stunden, in denen wir uns entscheiden können, auf eine Art und Weise zu leben, die uns selbst und anderen Frieden und Freude bringt. Der Friedenskämpfer und Zen-Meister Thich Nhat Hanh reist durch die ganze Welt und erinnert uns immer wieder daran, daß wir in jedem einzelnen Augenblick Frieden finden können. Wir haben die Wahl: Wir können in jeder Minute auf eine Weise lächeln, essen, gehen und atmen, die Frieden ausstrahlt. Dafür müssen wir an keinen speziellen Ort reisen und auch kein Geld ausgeben. Wir können jeden Tag in Frieden erleben, indem wir lächeln und uns daran erinnern, daß wir alle Kinder dieser Erde sind.

Ich will jeden Tag mit einem Lächeln des Friedens beginnen und mich von dem Augenblick, da ich aufstehe, bis zum Moment, da ich schlafen gehe, daran erinnern, daß jede Sekunde von mir genutzt werden kann, um Frieden zu verbreiten.

Es reicht nicht aus, sich nach Frieden, Demokratie und der Durchsetzung der Menschenrechte zu sehnen. Gemeinsam und entschlossen müssen wir dafür kämpfen, im Namen der ewigen Wahrheit Opfer zu bringen und dem schädlichen Einfluß von Verlangen, Bösartigkeit, Unwissenheit und Angst zu widerstehen. Aung San Suu Kyi

Aung San Suu Kyi erhielt im Jahre 1991 den Friedensnobelpreis für ihre Arbeit in der Menschenrechts- und Demokratiebewegung Burmas. Dieses Zitat ist ein Auszug aus ihrem Aufsatz «Freedom From Fear» («Freiheit von Angst»). Er verdeutlicht uns, daß Gesetze nicht ausreichen, um Demokratie und Menschenrechte durchzusetzen und zu wahren: Auf unsere Geisteshaltung kommt es an. Verlangen, Bösartigkeit, Unwissenheit und Angst kennen wir alle. Zorn und Habgier können unsere Sichtweise dermaßen verändern, daß es uns so vorkommt, als ob alles, wonach wir streben, richtig sei. Werden wir von dieser Überzeugung beherrscht, bemerken oder glauben wir nicht, daß eine harmonische Lebensweise überhaupt möglich ist. Wenn wir aber wirklich in Frieden leben, frei von selbstsüchtigen Begierden, fragen wir stets danach, was wir geben, nicht, was wir bekommen können. Durch Meditation und Achtsamkeit können wir unsere Selbstsucht verringern und die Geisteshaltung verändern, die uns von barmherzigem Tun abhält. Denn wir alle sind zu Tugend und Weisheit fähig.

Ich will mich aktiv für Frieden, Demokratie und die Wahrung der Menschenrechte einsetzen, indem ich bei mir selbst beginne und mich meiner Selbstsucht entledige.

Die Freiheit in uns ist das einzig Beständige, weil sie uns angeboren und der Kern unseres Seins ist; sie ist das natürliche Geschenk des Lebens. Alles, was außerhalb unserer selbst liegt, ist Illusion und als solche unbefriedigend.

Dr. Thynn Thynn

Eines der beliebtesten allegorischen Epen des Hinduismus ist das *Durga Sapta Shati*, die siebenhundert Verse über die Mutter des Universums. Eine Episode erzählt die Geschichte eines Königs und eines Kaufmanns, die von der Erkenntnis fasziniert sind, daß das ganze Universum ein Spiel der Göttin ist. In der Folge verpflichten sie sich zu einer tiefen und umfassenden spirituellen Übung, die darin besteht, daß sie ihre gesamte Konzentration ausschließlich auf die Göttin richten. Drei Jahre der intensiven Meditation folgen, bis die Göttin ihnen erscheint. Als Belohnung für ihre große Hingabe gewährt sie den beiden Männern einen Wunsch. Der König bittet darum, sein verlorenes Königreich wiederzubekommen und die Göttin macht ihn zum mächtigsten Herrscher seiner Zeit. Der Kaufmann jedoch hält inne und denkt nach: Wenn sein Freund das Königreich einmal verloren hat, kann es ihm auch noch ein zweites Mal genommen werden. Er entschließt sich deshalb, um etwas zu bitten, das er niemals verlieren kann, etwas, das ihm niemand nehmen kann. Er bittet um geistige Freiheit. In diesem Augenblick erfährt er Erleuchtung.

Durch stetiges Üben will ich geistige Freiheit erlangen, denn sie ist das einzig Beständige, das einzige, was mir niemand nehmen kann.

Du sagst, du gehörst zu mir. Das macht mir angst. Dann erinnere ich mich an die Sterne, die zueinander gehören. Ich denke daran, wie der Wind zum Himmel gehört. Und genauso gehöre ich zu dir. Sue Silvermarie

Als mein Partner dieses Gedicht las, rief er: «Nur auf diese Weise können wir zueinander gehören. Alles andere ist Besitzdenken, ist Sehnen nach Eigentum. Das kann nicht funktionieren. Es macht mir angst, wenn jemand sagt, daß er mir gehört, denn ich empfinde dann eine Art der Verantwortung, die ich gar nicht übernehmen kann. Und das belastet mich. Mir macht auch die Vorstellung angst, meinerseits zu einem anderen zu gehören und dadurch zu versuchen, ihm eine Verantwortung aufzubürden, die er gar nicht bewältigen kann. Wenn wir jedoch zueinander gehören wie die Sterne, dann bedeutet das, daß wir miteinander verbunden sind. Wir gehören einander deswegen nicht. Und wir schulden einander nichts.»

Zueinander gehören heißt nicht, daß wir verantwortlich für den anderen sind. Es bedeutet, daß wir selbst verantwortungsbewußt handeln und aufeinander eingehen. Nur so kann unsere natürliche Güte und unser angeborenes Mitgefühl zum Ausdruck kommen.

Ich gehöre dem anderen nicht, ich gehöre zu ihm. Ich will und kann ihn nicht besitzen, denn Besitz bedeutet Verantwortung, und diese kann ich nur für mich selbst übernehmen.

Weisheit entsteht, wenn du dich ganzen Herzens dem widmest, was du gerade tust. Denn aus allem im Leben können wir Lehren ziehen. Pema Chödrön

Jeder Aufgabe, bis hin zum Zähneputzen, können wir uns mit ganzem Herzen widmen. Putzen Sie also Ihre Zähne, ohne daran zu denken, was Sie als nächstes tun werden, und ohne auf das zurückzublicken, was Sie bereits getan haben. Richten Sie all Ihre Aufmerksamkeit auf Ihr gegenwärtiges Tun. Widmen Sie sich ihm mit Ehrfurcht. Gehen Sie auf die gleiche Weise durch den ganzen Tag. Erfüllen Sie jede Aufgabe, wie klein oder groß sie auch sein mag, mit all Ihrer Kraft. Alles, was wir tun, eine Tasse Tee trinken, einen Brief schreiben, zur Arbeit gehen oder nach Hause zurückkehren, in einer Schlange anstehen, Musik hören – alles benötigt unsere ganze Aufmerksamkeit, macht es unabdingbar, daß wir mit ganzem Herzen in der Gegenwart leben. Lösen Sie sich von den Gedanken an Zukünftiges, von Ihren Ängsten und Erwartungen in bezug auf das, was Sie gerade tun. Erledigen Sie Ihre Aufgaben, als ob Ihr Leben davon abhinge: Das tut es nämlich auch!

Ich richte meine volle Aufmerksamkeit auf die Gegenwart und denke weder an Vergangenes noch an die Zukunft. Ich löse mich von meinen Ängsten vor kommenden Aufgaben und von meinen Gedanken an bereits erledigte, um mich voll und ganz meinem jetzigen Tun zuwenden zu können.

Es gibt nur ein Ziel: die Erfahrung der Liebe. Das gesamte Universum ist der Herzschlag Gottes. Ein Öffnen und Schließen, Öffnen und Schließen. Während du meditierst, erfährst du das Öffnen – das ganze Universum öffnet sich dir.

Gurumayi

Wie sorglos sprechen wir die Worte «Ich liebe Dich» aus, wie häufig benutzen wir sie als Entschuldigung, um einander ein Leid zuzufügen oder um dem anderen keinen Respekt erweisen zu müssen. Bei der Liebe, von der Gurumayi spricht, handelt es sich um ein Gefühl der Güte und Wärme dem gesamten Leben gegenüber. Solche Liebe existiert unabhängig davon, ob andere Menschen einem Befriedigung verschaffen. Sie ist bedingungslos und voller Respekt.

Wir brauchen Geduld, um einen anderen Menschen lieben zu können. Immer und immer wieder müssen wir uns bemühen, ihn zu verstehen, ihm Güte, Mitgefühl und Offenheit entgegenzubringen. Vor allem aber müssen wir ihn respektieren. Und je mehr Respekt wir anderen entgegenbringen, um so stärker wird unsere Liebe.

Ich will geduldig immer wieder versuchen, meinen Mitmenschen Liebe und Respekt entgegenzubringen. Denn alle und alles zu lieben ist das Ziel meines spirituellen Weges.

Wir blicken in die Morgenröte. Die Wintersonnenwende naht – wie wir nach dem segensreichen Regen der Nacht deutlich spüren –, das Jahr neigt sich seinem Ende zu und wir sind uns noch stärker als sonst bewußt, daß wir zwischen Leben und Tod schweben. Wir denken nur selten daran, aber: Ob wir uns in der Mitte des Tages, des Jahres oder unseres Lebens befinden – wir schweben immer zwischen Leben und Tod. Elsa Gidlow

Ein Mensch, der in der Gegenwart lebt und dem Leben wach gegenübersteht, hat sich mit dem Tod angefreundet. Und der Tod ist ein Teil des Lebens. Menschen, die in westlichen Kulturen aufgewachsen sind, haben oft Angst vor ihm und verleugnen seine Unvermeidbarkeit. Wir lernen, den Gedanken an den Tod für morbide zu halten. Doch wir müssen uns unserer Todesangst stellen, müssen zulassen, daß sie unser Herz aufbricht, damit wir sie überwinden können. Dann erst wissen wir: Das Leben ist kostbar. Das Leben ist heilig. Das Leben ist bedeutungsvoll.

Was würden Sie anders machen, wenn Sie den Tod als etwas Unvermeidliches akzeptiert hätten? Wie würde dieses neue Bewußtsein Ihr Leben durchdringen? Stellen Sie sich vor, daß der Tod auf Ihrer linken Schulter sitzt. Lassen Sie sich von ihm durch den Tag begleiten. Achten Sie auf die Gedanken und Gefühle, die diese Übung in Ihnen hervorruft. Setzen Sie Ihre Prioritäten jetzt anders?

Ich will leben, als ob jeder Tag mein letzter wäre. Aber nicht aus Angst vor dem Tod, den ich als ständigen Begleiter akzeptiere und willkommen heiße, sondern aus Freude am Leben.

Ich sehne mich danach, eine große und noble Tat zu vollbringen, aber meine Hauptaufgabe besteht darin, kleine Taten so zu vollbringen, als ob sie groß und nobel seien.

Helen Keller

In der Nacht der Wintersonnenwende hält man in vielen spirituellen Traditionen Nachtwache. Vor allem Menschen, die mit ihren spirituellen Übungen gerade erst begonnen haben, stellen sich dann freiwillig ihrer Angst vor der Dunkelheit, dem Unbekannten, dem großen Rätsel. Durch diese bewußte Konfrontation mit der Nacht bringen sie ans Licht, was ihnen bislang verborgen war. Sie versuchen nicht, sich von etwas zu befreien. Sie stellen sich vielmehr mutig ihrer Angst und umarmen damit alles Lebendige.

Auch ohne Nachtwachen haben wir viele Möglichkeiten, in unserem Alltag unserer Angst, dem Zweifel und der Verwirrung entgegenzutreten. Größe erlangt ein Mensch nur dann, wenn er in der Lage ist, Freundlichkeit, Mitgefühl, Klarheit und Einsicht zu zeigen. Und das gelingt nur, wenn wir ein Leben voller Güte und Offenheit führen. Und wie können wir das tun? Dadurch, daß wir jeder Aufgabe unsere volle Aufmerksamkeit schenken und kleine Taten so vollbringen, «als ob sie groß und nobel seien».

Ich werde all meine Aufgaben, die kleinen und die großen, als edle, bedeutsame Taten betrachten und ihnen meine ganze Kraft widmen.

Ich wurde dazu erzogen, taub zu sein, ich wurde geboren, um mit einer Nummer versehen und angepflockt zu werden, ich wurde zur Passivität erzogen wie eine Milchkuh. Das Erwachen ist der heftigste Schmerz, den ich je kennengelernt habe. Jede Schranke, die fällt, reißt einen Teil meines Fleisches mit sich und läßt mich blutend zurück. Wie lerne ich, mich weit zu öffnen? Marge Piercy

Freiheit erfordert, daß wir erwachen und die Wahrheit erkennen. Wir haben unsere Augen viel zu lange geschlossen gehalten und unsere Wahrnehmungen und Gefühle verleugnet – ja sogar die Existenz unserer eigenen Weisheit. Diese unbequemen, aber uns zur Gewohnheit gewordenen Einschränkungen vermitteln uns das trügerische Gefühl von Sicherheit. Ob wir uns diese Einschränkungen nun selbst auferlegen oder ob sie uns von anderen aufgezwungen werden – diese falschen Vorstellungen unterdrücken unser wahres Ich und machen uns zu Gefangenen. Aufwachen ist weder sicher noch bequem. Wir müssen bereit sein, Schmerz zu empfinden, bereit, der Unsicherheit und den Unannehmlichkeiten entgegenzutreten: Wir müssen der Angst vor dem Unbekannten ins Auge sehen. Wir können uns nur öffnen, wenn wir Risiken eingehen und unsere Fesseln zerreißen.

Ich streife die Fesseln meiner alten, liebgewordenen Gewohnheiten ab und öffne mich dem Schmerz des Erwachens, dem Gefühl der Unsicherheit und Angst. Ihnen will ich mich stellen, denn dadurch werde ich erleuchtet werden.

Meine Mutter sagte immer, daß Kinder Geschenke Gottes seien, die uns geliehen würden. Es sei unsere Aufgabe, sie mit offenen Herzen und Händen zu lieben. Wir müßten weise genug sein zu wissen, wann wir sie gehen lassen müssen.

Marie Sherman

Die Geburt meines ersten Neffen, dem dritten Enkel meiner Mutter, bereitete der ganzen Familie große Freude. Als das Baby zwei Monate alt war, hielt seine Mutter eine Taufzeremonie bei sich zu Hause ab. In einer wunderbaren Atmosphäre bei Kerzenlicht erhielt das Baby umgeben von Familie und Freunden seinen Namen. Mit dieser Feier bekundeten wir die Einheit des Universums, das uns alle hervorbringt. Meine Schwester und ihr Lebensgefährte versprachen, ihr Kind zu lieben und zu leiten, und beteten darum, daß ihnen rechtzeitig die Erkenntnis zuteil würde, wann sie es loslassen müßten. Gemeinsam gelobten sie: «Voller Ehrfurcht werden wir Dir, o Gott und Göttin, das wiedergeben, was Du in unsere Obhut gegeben hast – das, was immer schon Dir gehörte: Dich selbst.»

Ich will mir bewußt sein, daß die Kinder nur unserer Obhut anvertraut sind, uns aber nicht gehören. Ich werde nicht versuchen, sie festzuhalten, wenn es an der Zeit ist, sie gehen zu lassen.

Neues Wissen voller Aufrichtigkeit in sich aufnehmen heißt, es gleichzeitig glauben und nicht glauben, es gleichzeitig für richtig und für falsch halten. Das Wissen ist neu für uns. Deshalb müssen wir eine Zeitlang gleichsam dieses Wissen selbst sein, müssen es zulassen. Wir sind dann in einem Zustand der Verwandlung, in dem es möglich ist, seine Meinung auch wieder zu ändern.

Judy Grahn

Was für eine großartige Beschreibung dafür, wie man seinen Geist für neue Erfahrungen offenhalten kann! Wir verhalten uns nur zu selten in dieser Weise. Wir sind meistens zu sehr damit beschäftigt, uns zu überlegen, ob wir einer Sache zustimmen sollen oder nicht, so daß wir diese Sache, dieses Wissen, gar nicht richtig in uns aufnehmen können. Judy Grahn erklärt den Unterschied zwischen blind alles anzunehmen und vollständig abzulehnen. Wenn das nächste Mal jemand mit Ihnen spricht, hören Sie so genau wie möglich zu, auch wenn man Ihnen eine Geschichte erzählt, die Sie schon einmal gehört haben. Stellen Sie sich vor, daß Sie sie zum ersten Mal hören. Seien Sie voller Neugierde auf das, was der Sprecher zu sagen hat. Vergleichen Sie es nicht mit der Version, die Sie schon kennen oder mit einer ähnlichen Begebenheit. Spüren Sie, wie Sie sich dabei öffnen, wie Sie alles in sich aufnehmen und Ihren Geist schweben lassen.

Ich will alles Neue in mich aufnehmen, ohne es gleich einer Bewertung zu unterziehen. Ich will mich diesem Neuen vollständig öffnen und bedachtsam entscheiden, ob es mich auf meinem Weg weiterbringen kann.

Als Gott im Bauch der Jungfrau mit unserem Körper verbunden war, nahm Gott unsere Sinnlichkeit und vereinte sie mit unserem Körper. Deshalb ist die Mutter Gottes unsere Mutter, die uns alle umschließt, und in Christus werden wir von ihr geboren. Julian von Norwich

In der christlichen Überlieferung nahm Jesus im Leib der Jungfrau Menschengestalt an. Er offenbarte durch sein eigenes Beispiel die Macht der persönlichen Verwandlung. Unser Körper ist das, was die Gene erschaffen haben, aber unser Charakter und unser Benehmen sind weder von dem genetischen Code begrenzt noch unveränderlich festgelegt. Unsere Gefühle können die ganze Bandbreite zwischen Zorn und Mitgefühl, Habgier und Großzügigkeit, Angst und Mut umspannen. Mit diesem kostbaren Körper, mit unseren fünf Sinnen können wir feststellen, daß wir von diesem selben Körper und diesen selben Sinnen nicht eingegrenzt werden. Wir sind Geist. Wir können unsere eigene Lebendigkeit erforschen und ihre Quelle finden. Wir können herausfinden, daß die Macht, die das Universum erschafft und erhält, unser wahres Selbst ist, das uns allen innewohnt. Die Indianer sagen dazu: «Wir sind alle Kinder im Schoß der Erde.»

Ich bin niemals von dem Göttlichen getrennt und niemals allein. Denn das Göttliche ist in mir und ich bin das Göttliche. Es ist in meinem Geist, der nicht, wie mein Körper, ein Produkt meiner Gene ist.

Wachstum ist nicht gleichbedeutend mit unendlicher Ausdehnung. Es ist hilfreich, im Leben und bei der Arbeit festzustellen, wie die Bewegungen des Erweiterns und Zusammenziehens sich rhythmisch folgen, wie zum Beispiel beim Gestalten des Tons auf der Töpferscheibe, wenn eine bestimmte Form des Seins geschaffen werden soll. Um diese Form zu erlangen, muß der Ton in die Umfassung der Hände gebracht werden. M. C. Richards

Die westliche Kultur versteht unter Wachstum lediglich Erwerb: Mehr ist besser. Die Habgier wird durch Worte wie Wachstum, Fortschritt, Entwicklung und Evolution, also durch Dinge, die für unabdingbar gehalten werden, nur schlecht überdeckt. Habgier aber führt zur Zerstörung der Erde. Mehr denn je brauchen wir die Frau mit ihrer intimen Verbindung zum natürlichen Zyklus des Lebens, die allein uns wieder auf den ökologisch gesunden und harmonischen Weg des Lebens zurückführen kann. Denn wir Frauen achten sowohl auf die Zeiten der Ausdehnung wie die Zeiten des Zusammenziehens.

Es wird immer Phasen geben, in denen wir das Gefühl haben, daß wir nicht weiterkommen. Diese Phasen unseres Lebens können wir als Teil eines natürlichen Kreislaufs verstehen. Wie die Felder, die in Wechselwirtschaft betrieben werden, brauchen auch wir Zeiten der Ruhe und Einkehr.

Mein Leben ist ein natürlicher Zyklus mit Wachstum und Zerfall, mit Momenten des Glücks und solchen der Traurigkeit – es ist ein beständiges Sichausdehnen und Zusammenziehen.

Die Beschaffenheit unseres Lachens und unserer Freude, das Wissen um unsere Gedanken und Taten, weben ein Tuch der Schönheit, das sich über unser Land legt.

Dhyani Ywahoo

Der *Weg der Schönheit* in den Lehren der nordamerikanischen Indianer ist der Weg des Gleichgewichts, des Lebens in Harmonie mit allem Leben. Beides, Harmonie und Gleichgewicht, sind in uns vorhanden. Mit dem Wissen darum werden wir geboren. Durch unsere Erfahrungen als einer bestimmten Rasse, Kultur oder einem Geschlecht angehörend, ist diese Harmonie jedoch verlorengegangen. Und gerade heutzutage scheint es besonders schwer, sie wiederzufinden. Trotzdem können wir aus Dhyanis Worten großen Trost und große Freude schöpfen. Wohin uns unser Leben auch führen mag, die Harmonie ist in uns und wartet nur darauf, entdeckt zu werden. Wenn wir sie zum Ausdruck bringen, schaffen wir damit Harmonie und Schönheit in der ganzen Welt.

Eine einfache Meditation hilft uns, Harmonie zu erleben: Singen Sie irgendeinen Ton, mal höher, mal tiefer, mal lauter, mal leiser. Erkunden Sie ihn. Bewegen und strecken Sie sich während des Singens. Beobachten Sie, wie Ihr Körper sich öffnet und ausdehnt. Hören Sie mit den Bewegungen auf, aber singen Sie weiter. Spüren Sie Ihre innere Harmonie.

Die Harmonie und Schönheit in meinem Innern können die Welt verändern. Deshalb will ich sie in mir aufsteigen und ins Freie lassen.

Früher habe auch ich immer die Fehler anderer bemerkt. Dann betete ich zum Meister und legte durch seine Gnade diese Gewohnheit ab. Es ist die Natur des Menschen, Fehler wahrzunehmen. Du mußt aber die Tugenden schätzen lernen. Menschen irren leicht und häufig, aber das solltest du nicht beachten. Wenn du immerzu die Fehler anderer siehst, wirst du nur noch Fehler sehen.

Heilige Mutter

Jeder macht Fehler. Wir können nicht Risiken eingehen und wachsen, ohne Fehler zu machen. Wir sind aber dazu erzogen worden, unablässig über unsere Fehler unterrichtet zu werden, damit wir sie beheben können. Die Absicht dahinter ist zwar durchaus positiv, was aber nicht klar wird, und das wiederum führt häufig zu einem Gefühl der Unsicherheit, zu dem Gefühl, nicht geliebt zu werden. Außerdem schafft es eine schlechte Gewohnheit, nämlich die, ständig nach Fehlern Ausschau zu halten. Je mehr wir suchen, um so mehr werden wir auch finden. Das ist Energieverschwendung.

Wir können unsere Gewohnheit, nach Fehlern zu suchen, umwandeln und die positiven Seiten sehen lernen. Seien Sie sich selbst gegenüber ehrlich: Haben Sie vielleicht den gleichen Fehler wie Ihr Gegenüber? Sagen Sie nun im Geiste zum anderen: «Ich vergebe dir diesen Fehler. Und ich vergebe mir selbst, daß ich diesen Fehler überhaupt bemerkt habe.»

Ich werde mich bemühen, über die Fehler meiner Mitmenschen hinwegzusehen, und meine Energie auf das Positive in mir selbst und den anderen lenken.

Warum bist du verschwunden in den leeren Himmel? Sogar der zarte Schnee fällt in diese Welt, wenn er fällt.

Izumi Shikibu

Izumis Gedicht stellt die tiefe Trauer einer Mutter dar, die den Tod ihrer Tochter beweint. Der Schmerz wird direkt angesprochen, so daß wir ihn nachfühlen können. Es wird kein Versuch unternommen, ihn zu verstecken oder mit dem Verstand zu analysieren. Wir können sehen, wo der Schnee landet, wenn er fällt. Aber wir können nicht sehen, was nach dem Tod geschieht. Alle Vorstellungen, die wir darüber haben, was danach geschehen wird, sind bloße Gedanken unseres Geistes. Nur unsere Fähigkeit, diese Welt mit ihrer Trauer und ihrer Freude unmittelbar zu erleben, bringt uns an einen Ort jenseits von Verstand und Gefühl, jenseits von Hoffnung und Trauer.

Um meine Trauer über den Tod zu überwinden, will ich mich ihr öffnen und den Schmerz in mein Herz einziehen lassen. Ich will mich nicht damit beschäftigen, was nach dem Sterben kommt, sondern Freude und Glück empfinden angesichts der mich umgebenden gegenwärtigen Schönheit.

Vom einen Wechseln der Windeln zum nächsten Wechseln der Windeln, vom einen Waschtag zum nächsten Waschtag geht eine tiefere Veränderung vor sich – die Windeln werden weicher, sie werden immer saugfähiger und durchscheinender und nutzen sich ab, bis sie nur noch Lumpen sind. Und das Baby wächst. Das mühsame Waschen der übelriechenden Windeln offenbart, was in unserem Universum geschehen kann – die Welt macht uns die Erneuerung zum Geschenk.

Susan Ackley

Religiöse Traditionen auf der ganzen Welt richten sich mit ihren Lehren und Bräuchen meistens an die Männer. Und wie häufig sind nur Geschichten von Männern überliefert, die sich in einen Tempel, eine Höhle oder in ein Kloster zurückziehen, um ihre Praktiken zu vertiefen. Die Frauen werden nicht ernst genommen; viele religiöse Lehrer glauben, Frauen könnten keine spirituellen Übungen machen, weil ihre Kinder der Ruhe und Einkehr im Wege stünden.

Tatsächlich können Kinder selbst als die spirituelle Übung betrachtet werden. Durch Kinder führen wir ein Leben der Spiritualität auf einer ganz alltäglichen Ebene: Wir leben im Dienst anderer, wir kümmern uns so um das Leben eines anderen, als ob es unser eigenes wäre. Wir lernen, ohne eigene Wünsche ganz präsent zu sein.

Ich weiß, daß spirituelle Lehren für Männer und Frauen gleichermaßen bestimmt sind und daß Kinder mich auf meinem spirituellen Weg weiterbringen können. Indem ich mich ihnen widme, komme ich auch der Wahrheit näher.

Welches Wort oder Sprichwort soll ich auf dieser Erde hinterlassen, auf der nicht einmal ein Tropfen Tau auf einem Grashalm bestehen bleibt? Asan

Zen-Dialoge kommen einem manchmal etwas seltsam vor, weil sie kurz und prägnant Erfahrungen auszudrücken versuchen, die sich eigentlich nicht in Worte fassen lassen. Asan war eine erleuchtete Frau aus Shinano in Japan, die bei bekannten Zen-Meistern lernte. Als Asan alt geworden war und im Sterben lag, versammelte sich ihre Familie um sie und bat sie um ein paar letzte weise Worte. Sie lachte und gab obige Antwort.

Jetzt sind wir also am Ende des vollen Kreislaufs angelangt. Gibt es irgend etwas, das in diesem sich ständig wandelnden Fluß menschlicher Erfahrung bleibt, wie es war? Gibt es irgendeinen roten Faden der Kontinuität?

Was immer ich an Beständigem suche, an Güte, Liebe, Weisheit, Harmonie, Frieden und Wahrheit – das finde ich in mir selbst. Und mit dieser Erkenntnis will ich den neuen Kreislauf beginnen.

In der Reihe *Meditationsbücher für Frauen*
sind bisher erschienen:

Maureen Brady
Mitten im Leben
Tägliche Meditationen zur Selbstbestärkung
und inneren Erfüllung

*

Amy E. Dean
Ruhe finden
Tägliche Meditationen für alle,
die sich vom Druck des Alltags befreien wollen

*

Caroline Adams Miller
Ich lebe gerne
Tägliche Meditationen der Zuversicht
und inneren Stärkung

*

Carol Staudacher
Tage der Trauer, Tage der Heilung
Tröstende und stärkende Meditationen

*

Ellen Sue Stern
Das Leben neu gewinnen
Tägliche Meditationen zur Überwindung
von Trennung und Abschiedsschmerz

SCHERZ